(اردو ایڈیشن)

غالب الف سے ی تک

بیت بازی کے شرکاء کے لیے

ترتیب و تدوین

شاہ فضل عباس

غالبؔ الف سے ی تک

☆

شاہ فضل عباس

☆

اشاعت اوّل : دسمبر 2020ء

اشاعت دوم : جون 2021ء

☆

کمپوزنگ/ لے آؤٹ

خالد مرزا (0335-0253945)

☆

طابع : فضلی سنز پرائیویٹ لمیٹڈ

☆

قیمت : -/800 روپے

☆

ناشر

کوہی گوٹھ پبلی کیشنز

کوہی گوٹھ ویمن اسپتال، دیہہ لانڈھی، کراچی

فہرست

- غالب الف سے ی تک .... ڈاکٹر شیر شاہ سیّد v
- پیش لفظ .... شاہ فضل عباس x

-1 الف 1
-2 ب 25
-3 پ 42
-4 ت 52
-5 ث 66
-6 ج 67
-7 چ 81
-8 ح 86
-9 خ 91
-10 د 97
-11 ڈ 119
-12 ذ 121
-13 ر 122
-14 ز 131
-15 س 136
-16 ش 147
-17 ص 154
-18 ض 156
-19 ط 158
-20 ظ 159
-21 ع 160
-22 غ 167
-23 ف 176
-24 ق 180
-25 ک 186
-26 گ 210
-27 ل 219
-28 م 225
-29 ن 247
-30 و 266
-31 ہ 277
-32 ی 307
دیوانِ غالب 318

اس کتاب کی تیاری کے دوران بڑی شدت سے آصف اسلم فرخی یاد آئے وہ اس قسم کی چیزوں کی نہ صرف یہ کہ حوصلہ افزائی کرتے تھے بلکہ دامے، درمے، سخنے ہر قسم کی مدد کے لیے تیار رہتے تھے۔

''آپ کو بھولنا بہت مشکل ہے آصف''

الف سے ی تک'' اردو ایڈیشن میں دیوانِ غالبؔ کی غزلوں کو حروف تہجی کے مطابق شائع کیا گیا ہے جبکہ کتاب کا دوسرا ایڈیشن غالبؔ کے چند شائقین ڈاکٹر نبیل ظفر اور ان کے دوستوں کی فرمائش پر رومن اُردو میں شائع کیا جا رہا ہے۔

غالبؔ الف سے ی تک

ایک زمانہ تھا جب اسکول کالجوں، یونیورسٹیوں اور یہاں تک کہ ریڈیو پاکستان کے پروگرام ''بزمِ طلبا'' میں بیت بازی کے مقابلے ہوتے تھے۔ ریڈیو پاکستان سے انہیں نشر بھی کیا جاتا تھا۔ مقابلے کے شرکاء شعر سنا کر ایک دوسرے پر سبقت لے جانے کی کوشش کرتے، شعروں کے حوالے سے شاعروں سے شناسائی ہوتی، علم کا شوق بڑھتا اور آگہی کے دروازے کھلتے جاتے تھے۔

افسوس کہ یہ شعبہ بھی تنزلی کا شکار ہوگیا ہے۔

کچھ عرصہ قبل کراچی سے ملتان تک ریل کے سفر میں ایک بیت بازی سننے کا موقع ملا۔ برابر والے کمپارٹمنٹ میں نوجوان شرکاء کا جوش وخروش اپنی جگہ پر مگر شعروں کے انتخاب سے کافی مایوسی ہوئی اور وہ پرانا زمانہ یاد آگیا جب میرؔ، غالبؔ، مومنؔ، اقبالؔ، دردؔ، جوشؔ، مجازؔ، فیضؔ، قمرؔ، ناصرؔ کاظمی، منیرؔ نیازی، فرازؔ اور خالد علیگؔ جیسے شاعروں کی

شاعری پر بیت بازی ہوتی تھی۔ آج کل ہمارے اسکولوں، کالجوں، یونیورسٹیوں اور مدرسوں میں جس قسم کی تعلیم دی جا رہی ہے اس میں ان قسم کی سرگرمیوں کی گنجائش نہیں رہی۔

کراچی کے اردو بازار میں بیت بازی سے متعلق کچھ کتابیں دستیاب ضرور ہیں مگر ان میں بھی معیار کا کوئی خاص خیال نظر نہیں آتا۔

پچھلے دنوں واشنگٹن میں انجمن ارباب ذوق کے مہتمم جناب شاہ فضل عباس صاحب سے ملاقات ہوئی تو میں نے ان سے اپنے اس تجربے کا ذکر کیا اور ہم دونوں بہت دیر تک اپنے تعلیمی ادارے جامعہ ملیہ اسکول ملیر کا ذکر کرتے رہے، جہاں بیت بازی کے مقابلوں میں اچھے شعر سنانا لازمی ہوتا تھا اور بعض اوقات تو شاعر کا نام بھی بتانا پڑتا تھا۔

شاہ فضل عباس کو مرزا اسد اللہ خاں غالبؔ سے خاص دلچسپی ہے۔ باتوں باتوں میں انہوں نے ان کے کچھ اشعار بھی سنائے اور ان کی تشریح بھی کی، تو مجھے پھر سے بیت بازی کا زمانہ یاد آ گیا، جہاں جب کبھی کوئی مشکل شعر سنایا جاتا تو اس کی تشریح کا مطالبہ بھی کیا جاتا تھا۔

میں نے شاہ صاحب سے کہا کہ کیا ہی اچھا ہو کہ غالبؔ کے اشعار کو حروفِ تہجی کی ترتیب سے شائع کیا جائے، اس طرح شاید جس قسم کی بھی بیت بازی ہو رہی ہے اس میں کم از کم غالبؔ کے کچھ اشعار بھی

سنائے جاسکیں گے۔ اور کچھ اس قسم کی مزید باتیں کرکے اور واشنگٹن ایئرپورٹ پر چائے پی کر دونوں جدا ہوگئے۔

کچھ دنوں کے بعد شاہ صاحب کا فون آیا اور انہوں نے کہا کہ میں اپنا ای میل دیکھوں، کہ انہوں نے میرے لیے کچھ بھیجا ہے۔

ای میل کھولا تو میں یہ دیکھ کر حیران ہوگیا کہ شاہ فضل عباس نے غالبؔ کے دیوان میں موجود غزلوں کے اشعار کو حروف تہجی کے مطابق ترتیب دے کر بھیجا ہے۔ ساتھ ہی چند وہ اشعار بھی شامل کیے ہیں جو اہم ہیں مگر ان کے چھپنے والے دیوان میں موجود نہیں ہیں۔

مجھے یہ دیکھ کر بھی خوشگوار حیرت ہوئی کہ انہوں نے غزلوں کی ترتیب کی فہرست رومن اردو میں بھی شامل کردی ہے تاکہ غالبؔ کے وہ قدرداں جو اردو پڑھ نہیں سکتے ہیں کم ازکم غزلوں کی فہرست سے کچھ مشہور غزلیں تلاش ضرور کرلیں گے، اور پڑھنے کے لیے بھی کسی کی مدد درکار نہیں ہوگی۔

میں نے شاہ صاحب کی میل پڑھنے کے بعد اپنے دوست عرفان خان صاحب سے مشورہ کیا، جنہوں نے بتایا کہ غالبؔ کا کلام اس طرح سے موجود نہیں ہے اور ساتھ ہی انہوں نے کچھ گراں قدر تجاویز بھی دیں۔ پھر طے یہ ہوا کہ شاہ فضل عباس صاحب کی میل کو کتابی صورت

میں شائع کیا جائے تاکہ بیت بازی کے مقابلوں میں شامل شرکاء کو غالبؔ کے اشعار سے استفادہ کرنے میں آسانی ہو سکے۔

جناب طارق رحمن فضلی کے مشورے اور تعاون سے موجودہ کتاب ''غالبؔ الف سے ی تک'' حروف تہجی اور دیوانِ غالبؔ کے ساتھ شائع کی جا رہی ہے۔ جبکہ کتاب کا دوسرا ایڈیشن سمندر پار رہنے والے شائقینِ غالبؔ کے لیے خاص طور پر رومن اردو میں شائع کیا جا رہا ہے۔

کتاب میں غالبؔ کے اشعار ''الف سے ی'' تک شائع کیے گئے ہیں تاکہ بیت بازی میں شرکت کرنے والے شرکاء غالبؔ کے اشعار حروف کے حوالے سے یاد کر سکیں یا پڑھ سکیں اور مقابلوں میں معیاری کارکردگی دکھا سکیں۔

اس کتاب کی اشاعت پر میں شکر گزار ہوں جناب شاہ فضل عباس کا جنہوں نے مرزا اسد اللہ خان غالبؔ کی غزلوں کو ''الف سے ی'' تک ترتیب دیا اور ایک سے زیادہ بار پروف پڑھ کر غلطیوں کی نشاندہی کی تاکہ پڑھنے والوں کی آنکھوں کو گراں نہ گزرے۔

جناب شعیب سوبانی (کراچی) اور جناب اظہر سید (اٹلانٹا امریکا)، جناب حمید پراچہ (واشنگٹن امریکا)، جناب آصف حسن (برطانیہ) اور

محترمہ جین کو (نیو یارک) کا خصوصی شکریہ جن کی غالبؔ میں دلچسپی نے مجھے حوصلہ دیا کہ یہ کتاب شائع کی جائے۔

آخر میں جناب خالد مرزا کا شکریہ جنہوں نے غالب کے اشعار کو صفحہ پر خوبصورتی سے سجایا اور نہایت توجہ سے کمپوزنگ کی اور میری دخل اندازی پر ناراض بھی نہیں ہوئے۔

شیر شاہ سیّد

دسمبر 2020

پیش لفظ

وہ دور بھی تھا جب مرزا غالبؔ کے متعلق عیشؔ دہلوی نے کہا تھا ''مگر ان کا کہا یہ آپ سمجھیں یا خدا سمجھے۔''

لیکن اب تقریباً دو سو سال گزرنے کے بعد، جب غالبؔ پر سو سے بھی زیادہ کتابیں لکھی جاچکی ہیں۔ مگر آج بھی مرزا کے کلام کا طلسم، اس کی آفاقیت اور ان کی روایت شکن طبیعت کو سمجھنے کی کوشش جاری ہے۔

اتنا طویل عرصہ گزرنے کے بعد بھی غالبؔ کے کلام میں باسی پن نہیں آیا۔ وہ نہ صرف آج کے شاعر لگتے ہیں بلکہ ایسا لگتا ہے کہ آنے والے وقتوں میں بھی ان کی شاعری کا راج رہے گا۔

غالب نے اپنی شاعری کا جو عظیم محل تعمیر کیا اس کی بنیاد ہی کچھ مختلف نظر آتی ہے۔ غالب کی زندگی، ان کی نثر نگاری اور شاعری میں اتنا کچھ ہے کہ آج بھی اس سے بہت کچھ سیکھا جاسکتا ہے۔ آج کے

دور میں غالبؔ کے کلام کی ضرورت اور زیادہ شدت سے محسوس ہوتی ہے۔ یہ کتاب اسی کاوش کی کڑی ہے۔

اگر اس کتاب میں سے ہر حرف تہجی کے چند اشعار حافظے میں محفوظ کر لیے جائیں تو نہ صرف ایک ادبی کھیل ''بیت بازی'' میں شرکت کی جاسکتی بلکہ اپنی پسند کے اشعار میں خوشی اور راحت کا احساس اور کچھ نہ کچھ ادبی ذوق کی تسکین کا سامان بھی ڈھونڈا جاسکتا ہے۔

اس کتاب کے دو حصّے ہیں۔ پہلے حصّہ ''الف سے ی تک'' میں غالبؔ کی غزلوں کے تمام اشعار حرف تہجی کے لحاظ سے ترتیب دیے گئے ہیں۔ یہ چونکہ اس کتاب کا دوسرا ایڈیشن ہے، اِس ایڈیشن میں ہر شعر کے اوپر ایک نمبر درج ہے اور یہ نمبر اس غزل کا ہے جہاں سے وہ شعر لیا گیا ہے۔

دوسرا حصّہ ''دیوانِ غالبؔ'' ہے۔جس میں ہر غزل کے اوپر 1-235 تک کے نمبر درج ہیں، جو ایک طرح سے غزل کا نمبر ہے۔

غالب کے چند اشعار جو مشہور تو بہت ہیں مگر دیوان میں شائع نہیں ہوئے ان کو غزل '' xxx '' میں درج کیا گیا ہے۔

ڈاکٹر شیر شاہ نے نہ صرف اس چھوٹی سی کاوش کی حوصلہ افزائی کی بلکہ کتابی شکل دینے کی بھی ٹھان لی۔جس کے لیے میں ان کا ممنون

ہوں، ڈھیر سارے شکریے کے ساتھ۔

اگر آپ کی کوئی رائے ہو تو مجھ سے ضرور رابطہ قائم کریں۔

میرا ای میل ہے: shahfazalabbas@gmail.com

اس کتاب کی ساری آمدنی کوہی گوٹھ اسپتال میں زیر علاج خواتین اور بچیوں پر صرف ہوگی۔

شاہ فضل عباس

16 فروری 2021

ا

الف

(1)

آگہی دامِ شنیدن جس قدر چاہے بچھائے
مُدّعا عنقا ہے اپنے عالمِ تقریر کا

(3)

آشفتگی نے نقشِ سویدا کیا درست
ظاہر ہُوا کہ داغ کا سرمایہ دُود تھا

(7)

احباب چارہ سازیِ وحشت نہ کر سکے
زنداں میں بھی خیال بیاباں نورد تھا

(8)

اسدؔ ہر جا سخن نے طرح باغ تازہ ڈالی ہے
مجھے رنگِ بہار ایجادیِ بیدل پسند آیا

غالبؔ الف سے ی تک

ا

(10)

اُگا ہے گھر میں ہر سو سبزہ ویرانی تماشا کر
مدار اب کھودنے پر گھاس کے ہے میرے درباں کا

(14)

اُس کی امّت میں ہُوں میں، میرے رہیں کیوں کام بند
واسطے جس شہ کے غالبؔ گنبدِ بے دَر کھلا

(16)

آج کیوں پروا نہیں اپنے اسیروں کی تجھے
کل تلک تیرا بھی دِل مہر و وفا کا باب تھا

(17)

ایک ایک قطرے کا مجھے دینا پڑا حساب
خونِ جگر ودیعتِ مژگانِ یار تھا

(17)

اب میں ہُوں اور ماتمِ یک شہرِ آرزو
توڑا جو تو نے آئنہ تمثال دار تھا

ا

(20)

آج واں تیغ و کفن باندھے ہوئے جاتا ہُوں میں
عذر میرے قتل کرنے میں وہ اب لاویں گے کیا

(21)

اُسے کون دیکھ سکتا کہ یگانہ ہے وہ یکتا
جو دُوئی کی بو بھی ہوتی تو کہیں دو چار ہوتا

(24)

اسدؔ ہم وہ جنوں جولاں گدائے بے سر و پا ہیں
کہ ہے سر پنجۂ مژگانِ آہو پشت خار اپنا

(29)

اعتبارِ عشق کی خانہ خرابی دیکھنا
غیر نے کی آہ، لیکن وہ خفا مجھ پر ہُوا

(30)

اہلِ بینش نے بہ حیرت کدۂ شوخیِ ناز
جوہرِ آئنہ کو طوطیِ بسمل باندھا

ا

(36)

آہ وہ جرأتِ فریاد کہاں
دِل سے تنگ آ کے جگر یاد آیا

(41)

آئینہ دیکھ اپنا سا منہ لے کے رہ گئے
صاحب کو دِل نہ دینے پہ کتنا غرور تھا

(49)

اب جفا سے بھی ہیں محروم ہم اللہ اللہ
اِس قدر دشمنِ اربابِ وفا ہو جانا

(50)

ایک عالَم پہ ہیں طوفانیٔ کیفیتِ فصل
موجۂ سبزۂ نوخیز سے تا موجِ شراب

(51)

افسوس کہ دنداں کا کیا رزق فلک نے
جن لوگوں کی تھی درخورِ عقدِ گہر انگشت

(54)

آمدِ خط سے ہُوا ہے سرد جو بازارِ دوست
دُودِ شمعِ کشتہ تھا شاید خطِ رخسارِ دوست

(54)

اے دِلِ ناعاقبت اَندیش ضبطِ شوق کر
کون لاسکتا ہے تابِ جلوۂ دیدارِ دوست

(55)

آتا ہے ایک پارۂ دِل ہر فُغاں کے ساتھ
تارِ نفس کمندِ شکارِ اثر ہے آج

(55)

اے عافیت کنارہ کر، اے انتظام چل
سیلابِ گریہ درپۓ دیوار و دَر ہے آج

(58)

آئے ہے بیکسیِ عشق پہ رونا غالبؔ
کس کے گھر جائے گا سیلابِ بلا میرے بعد

(61)

آتش پرست کہتے ہیں اہلِ جہاں مجھے
سرگرمِ نالہ ہائے شرر بار دیکھ کر

(61)

آتا ہے میرے قتل کو پُرجوشِ رشک سے
مرتا ہُوں اُس کے ہاتھ میں تلوار دیکھ کر

(61)

اِن آبلوں سے پاؤں کے گھبرا گیا تھا میں
جی خوش ہُوا ہے راہ کو پُرخار دیکھ کر

(63)

اَبرو سے ہے کیا اس نگہٗ ناز کو پیوند
ہے تیر مقرّر مگر اِس کی ہے کماں اور

(65)

اسدؔ بسمل ہے کس انداز کا، قاتل سے کہتا ہے
کہ مشقِ ناز کر، خونِ دو عالم میری گردن پر

غالبؔ الف سے ی تک

ا

(67)

آئے ہو کل، اور آج ہی کہتے ہو کہ جاؤں
مانا کہ ہمیشہ نہیں اچھا کوئی دن اور

(72)

اَے ترا غمزہ، یک قلم انگیز
اَے ترا ظلم، سر بہ سر انداز

(72)

اسدؔ اللہ خاں تمام ہُوا
اَے دریغا! وہ رندِ شاہد باز

(79)

آہ کو چاہیے اِک عمر اثر ہوتے تک
کون جیتا ہے تری زُلف کے سر ہوتے تک

(80)

آتا ہے داغِ حسرتِ دِل کا شمار یاد
مجھ سے مِرے گنہ کا حساب اے خدا نہ مانگ

ا

(81)

آزادیِ نسیم مبارک کہ ہر طرف
ٹوٹے پڑے ہیں حلقۂ دامِ ہَوائے گُل

(81)

ایجاد کرتی ہے اِسے تیرے لیے بہار
میرا رقیب ہے نفَسِ عطر سائے گُل

(86)

ایسا آساں نہیں لہو رونا
دِل میں طاقت جگر میں حال کہاں

(87)

آج ہم اپنی پریشانیِ خاطر اُن سے
کہنے جاتے تو ہیں پر دیکھیے کیا کہتے ہیں

(87)

اَگلے وقتوں کے ہیں یہ لوگ، انہیں کچھ نہ کہو
جو مَے و نغمہ کو اندوہ رُبا کہتے ہیں

ا

(87)

اِک شرر دِل میں ہے اس سے کوئی گھبرائے گا کیا
آگ مطلوب ہے ہم کو جو ہَوا کہتے ہیں

(88)

آبرو کیا خاک اس گل کی کہ گلشن میں نہیں
ہے گریباں ننگِ پیراہن جو دامن میں نہیں

(95)

اُلفتِ گُل سے غلط ہے دعویٰ وارستگی
سرو ہے باوصفِ آزادی گرفتارِ چمن

(99)

اُتنا ہی مجھ کو اپنی حقیقت سے بعد ہے
جتنا کہ وہمِ غیر سے ہُوں پیچ و تاب میں

(99)

اصلِ شہود و شاہد و مشہود ایک ہے
حیراں ہُوں پھر مشاہدہ ہے کس حساب میں

(99)

آرائشِ جمال سے فارغ نہیں ہنوز
پیشِ نظر ہے آئنہ دائم نقاب میں

(100)

اپنے پہ کر رہا ہُوں قیاس اہلِ دہر کا
سمجھا ہوں دل پذیر متاعِ ہنر کو میں

(102)

اہلِ بینش کو ہے طوفانِ حوادث مکتب
لطمۂ موج کم از سیلیِ اُستاد نہیں

(109)

آہ کا کس نے اثر دیکھا ہے
ہم بھی اک اپنی ہَوا باندھتے ہیں

(109)

اہلِ تدبیر کی واماندگیاں!
آبلوں پر بھی حنا باندھتے ہیں

ا

(112)

اِن پری زادوں سے لیں گے خُلد میں ہم اِنتقام
قدرتِ حق سے یہی حوریں اگر واں ہوگئیں

(113)

اس سادگی پہ کون نہ مر جائے اے خدا
لڑتے ہیں اور ہاتھ میں تلوار بھی نہیں

(114)

اسدؔ زِندانیٔ تاثیرِ اُلفت ہائے خوباں ہُوں
خمِ دستِ نوازِش ہوگیا ہے طَوق گردن میں

(118)

اگر وہ سرو قد گرمِ خرامِ ناز آجاوے
کفِ ہر خاکِ گلشن شکلِ قمری نالہ فرسا ہو

(120)

اُس فتنہ خو کے دَر سے اب اُٹھتے نہیں اسدؔ
اِس میں ہمارے سر پہ قیامت ہی کیوں نہ ہو

ا

(121)

ابھی ہم قتل گہ کا دیکھنا آساں سمجھتے ہیں
نہیں دیکھا شناور جوئے خوں میں تیرے توسن کو

(122)

اللہ رے ذوقِ دشت نوردی کہ بعدِ مرگ
ہلتے ہیں خود بہ خود مرے اندر کفن کے پانو

(123)

اپنے کو دیکھتا نہیں، ذوقِ ستم کو دیکھ
آئینہ تا کہ دیدۂ نخچیر سے نہ ہو

(125)

اُبھرا ہُوا نقاب میں ہے اُن کے ایک تار
مَرتا ہُوں میں کہ یہ نہ کسی کی نگاہ ہو

(126)

اَدب ہے اور یہی کشمکش تو کیا کیجے
حیا ہے اور یہی گومگو تو کیوں کر ہو

ا

(126)

اُلجھتے ہو تم اگر دیکھتے ہو آئینہ
جو تم سے شہر میں ہوں ایک دو تو کیوں کر ہو

(129)

از مہر تا بہ ذرّہ دِل و دِل ہے آئنہ
طُوطی کو شش جہت سے مُقابل ہے آئنہ

(137)

اُنہیں منظور اپنے زخمیوں کا دیکھ آنا تھا
اُٹھے تھے سیرِ گُل کو دیکھنا شوخی بہانے کی

(138)

اُس شمع کی طرح سے جس کو کوئی بجھا دے
میں بھی جلے ہُوؤں میں ہُوں داغِ ناتمامی

(144)

ایک جا حرفِ وفا لکھا تھا، سو بھی مٹ گیا
ظاہراً کاغذ ترے خط کا، غلط بردار ہے

(144)

آگ سے پانی میں بجھتے وقت اُٹھتی ہے صدا
ہر کوئی در ماندگی میں نالے سے نا چار ہے

(144)

آنکھ کی تصویر سر نامے پہ کھینچی ہے کہ تا
تجھ پہ کھُل جاوے کہ اس کو حسرتِ دیدار ہے

(149)

اپنی ہستی ہی سے ہو جو کچھ ہو
آگہی گر نہیں غفلت ہی سہی

(152)

اس بزم میں مجھے نہیں بنتی حیا کیے
بیٹھا رہا اگرچہ اشارے ہُوا کیے

(154)

اس کی بزم آرائیاں سُن کر دلِ رنجوریاں
مثلِ نقشِ مدّعائے غیر بیٹھا جائے ہے

(157)

اُگ رہا ہے در و دیوار سے سبزہ غالبؔ
ہم بیاباں میں ہیں اور گھر میں بہار آئی ہے

(159)

اُڑتی پھرے ہے خاک مِری کوئے یار میں
بارے اب اَے ہَوا! ہَوسِ بال و پَر گئی

(160)

اپنی گلی میں مجھ کو نہ کر دفن بعدِ قتل
میرے پتے سے خلق کو کیوں تیرا گھر ملے

(160)

اے ساکنانِ کوچۂ دِلدار! دیکھنا
تم کو کہیں جو غالبؔ آشفتہ سر ملے

(161)

آتشِ دوزخ میں یہ گرمی کہاں
سوزِ غم ہائے نہانی اور ہے

(162)

آگے آتی تھی حالِ دِل پہ ہنسی
اب کسی بات پر نہیں آتی

(164)

اپنا نہیں وہ شیوہ کہ آرام سے بیٹھیں
اس در پہ نہیں بار تو کعبے ہی کو ہو آئے

(164)

اُس انجمنِ ناز کی کیا بات ہے غالبؔ
ہم بھی گئے واں اور تری تقدیر کو رو آئے

(168)

اللہ رے تیری تندئ خو جس کے بیم سے
اجزائے نالہ دِل میں مِرے رزقِ ہم ہوئے

(168)

اہلِ ہوس کی فتح ہے ترکِ نبردِ عشق
جو پانو اُٹھ گئے وہی اُن کے علَم ہوئے

(170)

اَے تازہ واردانِ بساطِ ہَوائے دِل
زِنہار اگر تمہیں ہَوسِ نائے و نوش ہے

(170)

آتے ہیں غیب سے یہ مضامیں خیال میں
غالبؔ صریرِ خامہ نوائے سُروش ہے

(171)

آ کہ مِری جان کو قرار نہیں ہے
طاقتِ بیدادِ اِنتظار نہیں ہے

(174)

اس چشمِ فسوں گر کا اگر پائے اشارہ
طُوطی کی طرح آئنہ گفتار میں آوے

(174)

آتش کدہ ہے سینہ مِرا رازِ نہاں سے
اے وائے، اگر معرضِ اِظہار میں آوے

(175)

اور بازار سے لے آئے اگر ٹوٹ گیا
ساغرِ جم سے مرا جامِ سفال اچھا ہے

(175)

اُن کے دیکھے سے جو آ جاتی ہے منہ پر رونق
وہ سمجھتے ہیں کہ بیمار کا حال اچھا ہے

(176)

ایک ہنگامے پہ موقوف ہے گھر کی رونق
نوحۂ غم ہی سہی نغمۂ شادی نہ سہی

(178)

اے شہنشاہِ کواکب سِپہ و مہر علم
تیرے اکرام کا حق کس سے ادا ہوتا ہے

(180)

آ ہی جاتا وہ راہ پر غالبؔ
کوئی دِن اور بھی جیے ہوتے

(XXX)

اسدؔ اُٹھنا قیامت قامتوں کا وقتِ آرائش
لباسِ نظم میں بالیدن مضمونِ عالی ہے

(186)

از بسکہ سکھاتا ہے غم ضبط کے اندازے
جو داغ نظر آیا اِک چشم نمائی ہے

(187)

اچھا ہے سَر انگشتِ حنائی کا تصوّر
دِل میں نظر آتی تو ہے اِک بوند لہو کی

(188)

آغوشِ گُل کُشُودہ برائے وَداع ہے
اے عندلیب چل، کہ چلے دِن بہار کے

(189)

اُس لب سے مل ہی جائے گا بوسہ کبھی تو، ہاں
شوقِ فضول و جرأتِ رندانہ چاہیے

(190)

اپنی رُسوائی میں کیا چلتی ہے سعی
یار ہی ہنگامہ آرا چاہیے

(191)

اثرِ آبلہ سے جادۂ صحرائے جنوں
صورتِ رشتۂ گوہر ہے چراغاں مجھ سے

(192)

اِس نزاکت کا بُرا ہو، وہ بھلے ہیں تو کیا
ہاتھ آویں تو اُنہیں ہاتھ لگائے نہ بنے

(194)

اسدؔ خوشی سے مِرے ہاتھ پائوں پھول گئے
کہا جواُس نے ذرا میرے پائوں داب تو دے

(195)

ابھی آتی ہے بو بالش سے اُس کی زُلفِ مشکیں کی
ہماری دِید کو خوابِ زُلیخا عارِ بستر ہے

(200)

اسدؔ ہے نزع میں، چل بے وفا برائے خُدا
مقامِ ترکِ حجاب و وَداعِ تمکیں ہے

(202)

انہیں سوال پہ زعمِ جنوں ہے، کیوں لڑیے؟
ہمیں جواب سے قطعِ نظر ہے، کیا کہیے!

(206)

اُدھر وہ بدگمانی ہے اِدھر یہ ناتوانی ہے
نہ پوچھا جائے ہے اُس سے، نہ بولا جائے ہے مجھ سے

(209)

اِک کھیل ہے اورنگِ سلیماں مِرے نزدیک
اِک بات ہے اعجازِ مسیحا مِرے آگے

(209)

ایماں مجھے روکے ہے، جو کھینچے ہے مجھے کفر
کعبہ مِرے پیچھے ہے کلیسا مِرے آگے

(211)

اِس رنگ سے اُٹھائی کل اُس نے اسدؔ کی نعش
دُشمن بھی جس کو دیکھ کے غمناک ہو گئے

(215)

افسردگی نہیں طرب انشائے اِلتفات
ہاں درد بن کے دِل میں مگر جا کرے کوئی

(216)

ابنِ مریم ہُوا کرے کوئی
میرے دُکھ کی دَوا کرے کوئی

(224)

آمدِ سیلابِ طُوفانِ صدائے آب ہے
نقشِ پا جو کان میں رکھتا ہے اُنگلی جادہ سے

(229)

اے عندلیب یک کفِ خس بہرِ آشیاں
طُوفانِ آمدِ فصلِ بہار ہے

غالبؔ الف سے ی تک

ا

(230)

آئینہ کیوں نہ دُوں کہ تماشا کہیں جسے
ایسا کہاں سے لاؤں کہ تجھ سا کہیں جسے

(231)

اے پرتوِ خورشیدِ جہاں تاب اِدھر بھی
سائے کی طرح ہم پہ عجب وقت پڑا ہے

(232)

اک خونچکاں کفن میں کروڑوں بناؤ ہیں
پڑتی ہے آنکھ تیرے شہیدوں پہ حور کی

(232)

آمد بہار کی ہے جو بلبل ہے نغمہ سنج
اُڑتی سی اِک خبر ہے زَبانی طُیُور کی

(234)

اِک نوبہارِ ناز کو تاکے ہے پھر نگاہ
چہرہ فُروغِ مَے سے گلستاں کیے ہُوئے

(235)

ادائے خاص سے غالبؔ ہُوا ہے نکتہ سرا
صلائے عام ہے یارانِ نکتہ داں کے لیے

ب

ب

(1)

بسکہ ہُوں غالبؔ اَسیری میں بھی آتش زیرِ پا
موئے آتش دِیدہ، ہے حلقہ مِری زنجیر کا

(6)

بوئے گُل، نالۂ دِل، دُودِ چراغِ محفل
جو تری بزم سے نکلا سو پریشاں نکلا

(8)

بہ فیضِ بے دِلی نومیدیِ جاوید آساں ہے
کشایش کو ہمارا عقدۂ مشکل پسند آیا

(10)

بیاں کیا کیجیے بیدادِ کاوش ہائے مژگاں کا
کہ ہر اِک قطرۂ خوں دانہ ہے تسبیح مرجاں کا

ب

(10)

بغل میں غیر کی آج آپ سوتے ہیں کہیں ورنہ
سبب کیا خواب میں آکر تبسّم ہائے پنہاں کا

(12)

بہ قدرِ ظرف ہے ساقی خمارِ تشنہ کامی بھی
جوتو دریائے مَے ہے تو میں خمیازہ ہُوں ساحل کا

(14)

بزمِ شاہنشاہ میں اشعار کا دفتر کھلا
رکھیو یارَب! یہ درِ گنجینۂ گوہر کھلا

(18)

بسکہ دشوار ہے ہر کام کا آساں ہونا
آدمی کو بھی میسّر نہیں اِنساں ہونا

(20)

بے نیازی حد سے گزری بندہ پرور کب تلک
ہم کہیں گے حالِ دِل اور آپ فرماویں گے کیا

ب

(22)

بلائے جاں ہے، غالبؔ اس کی ہر بات
عبارت کیا، اِشارت کیا، ادا کیا

(23)

بندگی میں بھی وہ آزادہ وخود بیں ہیں، کہ ہم
اُلٹے پھر آئے دَرِ کعبہ اگر وا نہ ہُوا

(26)

باغ میں مجھ کو نہ لے جا ورنہ میرے حال پر
ہر گُلِ تر ایک چشمِ خوں فشاں ہوجائے گا

(32)

بعدِ یک عُمرِ وَرَع بار تو دیتا بارے
کاش رِضواں ہی درِ یار کا درباں ہوتا

(34)

بے مَے کسے ہے طاقتِ آشوبِ آگہی
کھینچا ہے عجز حوصلہ نے خطِ ایاغ کا

ب

(34)

بلبل کے کاروبار پہ ہیں خندہ ہائے گُل
کہتے ہیں جس کو عشق، خلل ہے دماغ کا

(34)

بے خونِ دِل ہے چشم میں موجِ نگہ غبار
یہ مَے کدہ خراب ہے مَے کے سراغ کا

(34)

باغِ شگفتہ تیرا بساطِ نشاطِ دِل
اَبرِ بہار خم کدہ کس کے دِماغ کا

(35)

بدگمانی نے نہ چاہا اسے سرگرمِ خرام
رُخ پہ ہر قطرہ عرق دیدۂ حیراں سمجھا

(37)

بجلی اِک کوند گئی آنکھوں کے آگے تو کیا
بات کرتے کہ میں لب تشنۂ تقریر بھی تھا

ب

(42)

بر رُوئے شش جہت درِ آئینہ باز ہے
یاں امتیازِ ناقص و کامل نہیں رہا

(42)

بیدادِ عشق سے نہیں ڈرتا مگر اسدؔ
جس دِل پہ ناز تھا مجھے وہ دِل نہیں رہا

(46)

بزمِ قدح سے عیشِ تمنّا نہ رکھ کہ رنگ
صیدِ ز دام جستہ ہے اِس دَامگاہ کا

(49)

بخشے ہے جلوۂ گُل ذوقِ تماشا غالبؔ
چشم کو چاہیے ہر رنگ میں وَا ہوجانا

(50)

بسکہ دوڑے ہے رگِ تاک میں خوں ہو ہو کر
شہپرِ رنگ سے ہے بال کُشا موجِ شراب

ب

(57)

بہ نیم غمزہ ادا کر حقِ ودیعتِ ناز
نیامِ پردۂ زخمِ جگر سے خنجر کھینچ

(59)

بلا سے ہیں جو بہ پیشِ نظر دَر و دیوار
نگاہِ شوق کو ہیں بال و پَر دَر و دیوار

(60)

بہرا ہُوں میں تو چاہیے دُونا ہو اِلتفات
سنتا نہیں ہُوں بات مکرّر کہے بغیر

(61)

بِک جاتے ہیں ہم آپ متاعِ سخن کے ساتھ
لیکن عیارِ طبعِ خریدار دیکھ کر

(62)

بُجز پروازِ شوقِ ناز کیا باقی رہا ہوگا
قیامت اِک ہَوائے تند ہے خاکِ شہیداں پر

ب

(65)

بہ رنگِ کاغذِ آتش زدہ نیرنگِ بیتابی
ہزار آئینہ دِل باندھے ہے بالِ یک تپیدن پر

(77)

بیمِ رقیب سے نہیں کرتے وداعِ ہوش
مجبور، یاں تلک ہُوئے اے اِختیار حَیف

(82)

با وجودِ یک جہاں ہنگامہ پیدائی نہیں
ہیں چراغانِ شبستانِ دِلِ پروانہ ہم

(83)

بہ نالہ حاصلِ دِل بستگی فراہم کر
متاعِ خانۂ زنجیر جُز صدا معلوم

(88)

بسکہ ہیں ہم اِک بہارِ ناز کے مارے ہوئے
جلوۂ گُل کے سِوا گرد اپنے مدفن میں نہیں

(92)

بوسہ نہیں، نہ دیجیے دشنام ہی سہی
آخر زباں تو رکھتے ہو تم گر دہاں نہیں

(95)

برشکالِ گریۂ عاشق ہے دیکھا چاہیے
کھِل گئی مانندِ گُل سَو جا سے دِیوارِ چمن

(97)

بنا کر فقیروں کا ہم بھیس غالبؔ
تماشائے اہلِ کرم دیکھتے ہیں

(112)

بسکہ روکا میں نے اور سینے میں اُبھریں پے بہ پے
میری آہیں بخیۂ چاکِ گریباں ہوگئیں

(113)

بے عشق عمر کٹ نہیں سکتی ہے اور یاں
طاقت بہ قدرِ لذّتِ آزار بھی نہیں

ب

(114)

بیاں کس سے ہو ظلمت گستری میرے شبستاں کی
شبِ مہ ہو جو رکھ دیں پنبہ دیواروں کے روزن میں

(115)

بھلا اُسے نہ سہی کچھ مجھی کو رحم آتا
اثر مِرے نفسِ بے اثر میں خاک نہیں

(117)

بزم میں اُس کے رُوبرو کیوں نہ خموش بیٹھیے
اُس کی تو خامشی میں بھی ہے یہی مُدّعا کہ یوں!

(118)

بہ قدرِ حسرتِ دل چاہیے ذوقِ معاصی بھی
بھروں یک گوشۂ دامن گر آبِ ہفت دریا ہو

(122)

بھاگے تھے ہم بہت، سو اُسی کی سزا ہے یہ
ہو کر اسیر دابتے ہیں راہزن کے پاؤں

ب

(125)

بچتے نہیں مواخذۂ روزِ حشر سے
قاتل اگر رقیب ہے تو تم گواہ ہو

(126)

بتاؤ اُس مِژہ کو دیکھ کر کہ مجھ کو قرار
یہ نیش ہو رگِ جاں میں فرو تو کیوں کر ہو

(128)

بے دَر و دیوار سا اِک گھر بنایا چاہیے
کوئی ہم سایہ نہ ہو اور پاسباں کوئی نہ ہو

(133)

بساطِ عجز میں تھا ایک دل، یک قطرہ خوں وہ بھی
سو رہتا ہے بہ اندازِ چکیدن سرنگوں وہ بھی

(134)

بیدادِ وفا دیکھ کہ جاتی رہی آخر
ہر چند مِری جان کو تھا ربط لبوں سے

ب

(139)

بیٹھا ہے جو کہ سایۂ دیوارِ یار میں
فرماں روائے کشورِ ہندوستان ہے

(152)

بے صرفہ ہی گزرتی ہے ہو گرچہ عُمرِ خضر
حضرت بھی کل کہیں گے کہ ہم کیا کیا کیے

(158)

بس ہجومِ نا اُمیدی خاک میں مِل جائے گی
یہ جو اِک لذّت ہماری سعیِ بے حاصل میں ہے

(161)

بار ہا دیکھی ہیں اُن کی رنجشیں
پر کچھ اب کی، سرگرانی اور ہے

(165)

بے خودی بے سبب نہیں غالبؔ
کچھ تو ہے جس کی پردہ داری ہے

ب

(168)

بے اعتدالیوں سے سبک سب میں ہم ہوئے
جتنے زیادہ ہو گئے اُتنے ہی کم ہوئے

(175)

بوسہ دیتے نہیں اور دل پہ ہے ہر لحظہ نگاہ
جی میں کہتے ہیں کہ مُفت آئے تو مال اچھا ہے

(175)

بے طلب دیں تو مزہ اُس میں سِوا ملتا ہے
وہ گدا جس کو نہ ہو خوئے سوال اچھا ہے

(191)

بے خودی بسترِ تمہیدِ فراغت ہُو جو
پر ہے سائے کی طرح میرا شبستاں مجھ سے

(191)

بیکسی ہائے شبِ ہجر کی وحشت، ہے ہے
سایہ خورشیدِ قیامت میں ہے پنہاں مجھ سے

ب

(192)

بوجھ وہ سر سے گرا ہے کہ اُٹھائے نہ اُٹھے
کام وہ آن پڑا ہے کہ بنائے نہ بنے

(195)

بہ طُوفاں گاہِ جوشِ اضطرابِ شامِ تنہائی
شعاعِ آفتابِ صبحِ محشر تارِ بستر ہے

(198)

بہت دنوں میں تغافُل نے تیرے پیدا کی
وہ اِک نگہ کہ بہ ظاہر نگاہ سے کم ہے

(200)

بجا ہے گر نہ سُنے نالہ ہائے بلبلِ زار
کہ گوشِ گُل نمِ شبنم سے پنبہ آگیں ہے

(203)

بن گیا تیغِ نگاہِ یار کا سنگِ فساں
مرحبا میں کیا مبارک ہے گراں جانی مجھے

غالبؔ الف سے ی تک

ب

(203)

بدگماں ہوتا ہے وہ کافر، نہ ہوتا کاش کے
اس قدر ذوقِ نوائے مُرغِ بُستانی مجھے

(207)

بہ پیچ و تابِ ہوس سلکِ عافیت مت توڑ
نگاہِ عجز سرِ رشتۂ سلامت ہے

(209)

بازیچۂ اَطفال ہے دُنیا مرے آگے
ہوتا ہے شب و روز تماشا مرے آگے

(215)

بیکاریِ جنوں کو ہے سر پیٹنے کا شغل
جب ہاتھ ٹوٹ جائیں تو پھر کیا کرے کوئی

(216)

بات پر واں زبان کٹتی ہے
وہ کہیں اور سُنا کرے کوئی

ب

(216)

بک رہا ہُوں جنوں میں کیا کیا کچھ
کچھ نہ سمجھے خُدا کرے کوئی

(217)

بہت سہی غمِ گیتی شراب کم کیا ہے
غلامِ ساقیٔ کوثر ہُوں مجھ کو غم کیا ہے

(218)

باغ پا کر خفقانی یہ ڈراتا ہے مجھے
سایۂ شاخِ گُل اَفعی نظر آتا ہے مجھے

(219)

بھوکے نہیں ہیں سیرِ گلستاں کے ہم وَلے
کیوں کر نہ کھایئے کہ ہوا ہے بہار کی

(220)

بھرم کھل جائے ظالم تیرے قامت کی درازی کا
اگر اس طرّۂ پُر پیچ و خم کا پیچ و خم نکلے

ب

(221)

بیضہ آسا، ننگِ بال و پَر ہے یہ کُنجِ قفس
از سرِ نو زندگی ہو، گر رہا ہو جایئے

(224)

بزمِ مَے وحشت کدہ ہے کس کی چشمِ مست کا
شیشے میں نبضِ پری پنہاں ہے موجِ بادہ سے

(229)

بے پردہ سُوئے وادیِ مجنوں گزر نہ کر
ہر ذرّے کے نِقاب میں دِل بے قرار ہے

(231)

بیگانگیٔ خلق سے بیدل نہ ہو غالبؔ
کوئی نہیں تیرا تو مِری جان خُدا ہے

(234)

با ہمد گر ہوئے ہیں دِل و دِیدہ پھر رقیب
نظارہ و خیال کا ساماں کیے ہُوئے

(235)

بلا سے گر مِژۂ یار تشنۂ خوں ہے
رکھوں کچھ اپنی بھی مژگانِ خوں فشاں کے لیے

(235)

بہ قدرِ شوق نہیں ظرفِ تنگنائے غزل
کچھ اور چاہیے وسعت مرے بیاں کے لیے

پ

(19)

پوچھ مت رسوائیٔ اندازِ استغنائے حُسن
دست مرہونِ حنا رخسار رہنِ غازہ تھا

(25)

پئے نذرِ کرم تحفہ ہے شرمِ نارسائی کا
بہ خوں غلتیدۂ صد رنگ دعویٰ پارسائی کا

(36)

پھر مجھے دیدۂ تر یاد آیا
دل جگر تشنۂ فریاد آیا

(36)

پھر ترے کوچے کو جاتا ہے خیال
دلِ گُم گشتہ، مگر، یاد آیا

پ

(37)

پیشے میں عیب نہیں، رکھیے نہ فرہاد کو نام
ہم ہی آشفتہ سَروں میں وہ جواں میر بھی تھا

(37)

پکڑے جاتے ہیں فرشتوں کے لکھے پر ناحق
آدمی کوئی ہمارا دمِ تحریر بھی تھا

(47)

پوچھتے ہیں وہ کہ غالبؔ کون ہے
کوئی بتلاؤ کہ ہم بتلائیں کیا

(50)

پھر ہُوا وقت کہ ہو بال کُشا موجِ شراب
دے بطِ مَے کو دِل و دَستِ شِنا موجِ شراب

(50)

پوچھ مت وجہِ سیہ مستیِ اربابِ چمن
سایۂ تاک میں ہوتی ہے ہَوا موجِ شراب

غالبؔ الف سے ی تک

پ

(63)

پاتے نہیں جب راہ تو چڑھ جاتے ہیں نالے
رُکتی ہے مِری طبع تو ہوتی ہے رواں اور

(79)

پرتوِ خور سے ہے شبنم کو فنا کی تعلیم
میں بھی ہُوں ایک عنایت کی نظر ہوتے تک

(87)

پائے افگار پہ جب سے تجھے رحم آیا ہے
خارِ رہ کو ترے ہم مہر گیا کہتے ہیں

(92)

پاتا ہُوں اُس سے داد کچھ اپنے کلام کی
رُوحُ القدُس اگرچہ مِرا ہم زباں نہیں

(100)

پھر بے خودی میں بھول گیا راہِ کوئے یار
جاتا وگرنہ ایک دِن اپنی خبر کو میں

پ

(117)

پُرسشِ طرزِ دِلبری کیجیے کیا کہ بِن کہے
اُس کے ہر اک اشارے سے نکلے ہے یہ ادا کہ یوں!

(120)

پیدا ہوئی ہے کہتے ہیں ہر درد کی دوا
یوں ہو تو چارۂ غمِ اُلفت ہی کیوں نہ ہو

(128)

پڑیے گر بیمار تو کوئی نہ ہو تیمار دار
اور اگر مَر جایئے تو نوحہ خواں کوئی نہ ہو

(141)

پی جس قدر مِلے، شبِ مہتاب میں شراب
اس بلغمی مزاج کو گرمی ہی راس ہے

(145)

پینس میں گزرتے ہیں جو کوچے سے وہ میرے
کندھا بھی کہاروں کو بدلنے نہیں دیتے

(148)

پیکرِ عُشّاق سازِ طالعِ ناساز ہے
نالہ گویا گردشِ سیّارہ کی آواز ہے

(165)

پھر کچھ اک دل کو بے قراری ہے
سینہ جویائے زخمِ کاری ہے

(165)

پھر جگر کھودنے لگا ناخن
آمدِ فصلِ لالہ کاری ہے

(165)

پھر اُسی بے وفا پہ مَرتے ہیں
پھر وہی زندگی ہماری ہے

(165)

پھر کھُلا ہے درِ عدالتِ ناز
گرم بازارِ فوجداری ہے

پ

(165)

پھر دیا پارۂ جگر نے سوال
ایک فریاد و آہ و زاری ہے

(165)

پھر ہُوئے ہیں گواہِ عشق طلب
اَشک باری کا حکم جاری ہے

(166)

پس از مردن بھی دِیوانہ زیارت گاہِ طفلاں ہے
شرارِ سنگ نے تُربت پہ میری گُل فشانی کی

(167)

پرِ پروانہ شاید بادبانِ کشتیِ مَے تھا
ہوئی مجلس کی گرمی سے روانی دورِ ساغر کی

(168)

پنہاں تھا دام سخت قریب آشیان کے
اُڑنے نہ پائے تھے کہ گرفتار ہم ہوئے

پ

(173)

پا بہ دامن ہو رہا ہُوں بسکہ میں صحرا نورد
خارِ پا ہیں جوہرِ آئینۂ زانو مجھے

(178)

پُر ہوں میں شکوے سے یوں، راگ سے جیسے باجا
اِک ذرا چھیڑیے، پھر دیکھیے کیا ہوتا ہے

(179)

پیوں شراب اگر خُم بھی دیکھ لوں دو چار
یہ شیشہ و قدَح و کوزہ و سَبُو کیا ہے

(182)

پھر اِس انداز سے بہار آئی
کہ ہوئے مِہر و مہ تماشائی

(194)

پلا دے اوک سے ساقی جو ہم سے نفرت ہے
پیالہ گر نہیں دیتا نہ دے شراب تو دے

(205)

پڑا رہ اَے دِلِ وابستہ، بیتابی سے کیا حاصل
مگر پھر تابِ زُلفِ پُرشکن کی آزمائش ہے

(209)

پھر دیکھیے اندازِ گُل افشانیٔ گفتار
رکھ دے کوئی پیمانۂ صہبا مرے آگے

(211)

پوچھے ہے کیا وجود و عدم اہلِ شوق کا
آپ اپنی آگ کے خس و خاشاک ہو گئے

(229)

پیچ آپڑی ہے وعدۂ دِلدار کی مجھے
وہ آئے یا نہ آئے پہ یاں اِنتظار ہے

(230)

پھونکا ہے کس نے گوشِ محبت میں اے خُدا
اَفسُونِ اِنتظار تمنّا کہیں جسے

پ

(234)

پھر وضعِ اِحتیاط سے رُکنے لگا ہے دَم
برسوں ہوئے ہیں چاکِ گریباں کیے ہُوئے

(234)

پھر گرمِ نالہ ہائے شرر بار ہے نَفَس
مُدّت ہُوئی ہے سیرِ چراغاں کیے ہُوئے

(234)

پھر پرسشِ جراحتِ دِل کو چلا ہے عشق
سامانِ صد ہزار نمکداں کیے ہُوئے

(234)

پھر بھر رہاہُوں خامۂ مژگاں بہ خونِ دِل
سازِ چمن طرازیٔ داماں کیے ہُوئے

(234)

پھر شوق کر رہا ہے خریدار کی طلب
عرضِ متاعِ عقل و دل و جاں کیے ہوئے

پ

(234)

پھر چاہتا ہُوں نامۂ دِلدار کھولنا
جان نذرِ دِلفریبیٔ عنواں کیے ہُوئے

(234)

پھر جی میں ہے کہ در پہ کسی کے پڑے رہیں
سر زیر بارِ منّتِ درباں کیے ہُوئے

ت

ت

﴾ 3 ﴿

تھا خواب میں خیال کو تجھ سے معاملہ
جب آنکھ کھل گئی نہ زیاں تھا نہ سود تھا

﴾ 3 ﴿

تیشے بغیر مر نہ سکا کوہکن اسدؔ
سرگشتۂ خمارِ رُسوم و قیود تھا

﴾ 6 ﴿

تھی نوآموزِ فنا، ہمّتِ دُشوار پسند
سخت مشکل ہے کہ یہ کام بھی آساں نکلا

﴾ 7 ﴿

تھا زندگی میں مرگ کا کھٹکا لگا ہُوا
اُڑنے سے پیشتر بھی مِرا رنگ زرد تھا

ت

(7)

تالیفِ نسخہ ہائے وفا کر رہا تھا میں
مجموعۂ خیال ابھی فرد فرد تھا

(13)

تو اور سوئے غیر نظر ہائے تیز تیز
میں اور دکھ تری مژہ ہائے دراز کا

(13)

تاراجِ کاوشِ غمِ ہجراں ہُوا اسدؔ
سینہ کہ تھا دفینہ گہر ہائے راز کا

(21)

ترے وعدے پر جیے ہم تو یہ جان جھوٹ جانا
کہ خوشی سے مر نہ جاتے اگر اعتبار ہوتا

(21)

تری نازکی سے جانا کہ بندھا تھا عہد بودا
کبھی تو نہ توڑ سکتا اگر استوار ہوتا

ت

(22)

تجاہلِ پیشگی سے مدّعا کیا
کہاں تک اے سراپا ناز کیا کیا

(23)

تھی خبر گرم کہ غالبؔ کے اُڑیں گے پُرزے
دیکھنے ہم بھی گئے تھے پہ تماشا نہ ہُوا

(25)

تمنّائے زباں محوِ سپاسِ بے زبانی ہے
مٹا جس سے تقاضا شکوۂ بے دست و پائی کا

(32)

تنگئ دل کا گلہ کیا یہ وہ کافر دل ہے
کہ اگر تنگ نہ ہوتا تو پریشاں نہ ہوتا

(34)

تازہ نہیں ہے نشّۂ فکرِ سُخن مجھے
تریاکیِ قدیم ہُوں دُودِ چراغ کا

غالبؔ الف سے ی تک

ت

(35)

تھا گریزاں مژۂ یار سے دِل تا دمِ مرگ
دفعِ پیکانِ قضا اِس قدر آساں سمجھا

(37)

تم سے بے جا ہے مجھے اپنی تباہی کا گلہ
اُس میں کچھ شائبۂ خوبئِ تقدیر بھی تھا

(37)

تو مجھے بھول گیا ہو تو پتا بتلادُوں
کبھی فتراک میں تیرے کوئی نخچیر بھی تھا

(39)

تو دوست کسی کا بھی ستمگر نہ ہُوا تھا
اَوروں پہ ہے وہ ظلم کہ مجھ پر نہ ہُوا تھا

(39)

توفیق بہ اندازۂ ہمت ہے اَزل سے
آنکھوں میں ہے وہ قطرہ کہ گوہر نہ ہُوا تھا

غالبؔ الف سے ی تک

ت

(44)

تا کرے نہ غمازی کرلیا ہے دشمن کو
دوست کی شکایت میں ہم نے ہم زباں اپنا

(49)

تجھ سے قسمت میں مِری صورتِ قفلِ ابجد
تھا لکھا بات کے بنتے ہی جُدا ہوجانا

(49)

تا کہ تجھ پر کھلے اعجازِ ہَوائے صیقل
دیکھ برسات میں سبز آئنے کا ہوجانا

(54)

تا کہ میں جانوں کہ ہے اِس کی رسائی واں تلک
مجھ کو دیتا ہے پیامِ وعدۂ دیدارِ دوست

(57)

تجھے بہانۂ راحت ہے انتظار اے دِل
کیا ہے کس نے اشارہ کہ نازِ بستر کھینچ

ت

(57)

تری طرف ہے بہ حسرت نظارۂ نرگس
بہ کوریِ دِل و چشمِ رقیب ساغر کھینچ

(63)

تم شہر میں ہو تو ہمیں کیا غم جب اُٹھیں گے
لے آئیں گے بازار سے جا کر دِل و جاں اور

(67)

تم ماہِ شبِ چار دَہُم تھے مِرے گھر کے
پھر کیوں نہ رہا گھر کا وہ نقشا کوئی دِن اور

(67)

تم کون سے تھے ایسے کھرے داد و ستَد کے
کرتا ملک الموت تقاضا کوئی دن اور

(71)

تاب لائے ہی بنے گی غالبؔ
واقعہ سخت ہے اور جان عزیز

(72)

تو اور آرائشِ خمِ کاکُل

میں اور اندیشہ ہائے دُور دَراز

(72)

تو ہُوا جلوہ گر، مبارک ہو

ریزشِ سجدۂ جبینِ نیاز

(76)

ترے خیال سے رُوح اہتزاز کرتی ہے

بہ جلوہ ریزئ باد و بہ پَر فشانئِ شمع

(81)

تیرے ہی جلوے کا ہے یہ دھوکا کہ آج تک

بے اختیار دوڑے ہے گل دَر قفائے گل

(86)

تھی وہ اِک شخص کے تصوّر سے

اب وہ رعنائیِ خیال کہاں

ت

(88)

تھی وطن میں شان کیا غالبؔ کہ ہو غربت میں قدر
بے تکلّف ہُوں وہ مُشتِ خس کہ گلخن میں نہیں

(97)

ترے سروِ قامت سے یک قدِّ آدم
قیامت کے فتنے کو کم دیکھتے ہیں

(97)

تماشا کہ اے محوِ آئینہ داری
تجھے کس تمنّا سے ہم دیکھتے ہیں

(98)

تا پھر نہ انتظار میں نیند آئے عمر بھر
آنے کا عہد کر گئے آئے جو خواب میں

(103)

تھک تھک کے ہر مقام پہ دو چار رہ گئے
تیرا پتا نہ پائیں تو ناچار کیا کریں

ت

(107)

ترے جواہرِ طرفِ کُلہ کو کیا دیکھیں
ہم اوجِ طالعِ لعل و گہر کو دیکھتے ہیں

(108)

تم ان کے وعدے کا ذکر ان سے کیوں کرو غالبؔ
یہ کیا کہ تم کہو اور وہ کہیں کہ یاد نہیں

(109)

تیرے تَوسن کو صبا باندھتے ہیں
ہم بھی مضموں کی ہَوا باندھتے ہیں

(109)

تیری فرصت کے مقابل اَے عمر
برق کو پابہ حنا باندھتے ہیں

(112)

تھیں بَناتُ النّعشِ گردُوں دِن کو پردے میں نہاں
شب کو اِن کے جی میں کیا آئی کہ عریاں ہوگئیں

ت

(124)

تم وہ نازک کہ خموشی کو فُغاں کہتے ہو
ہم وہ عاجز کہ تغافل بھی سِتم ہے ہم کو

(125)

تم جانو تم کو غیر سے جو رسم و راہ ہو
مجھ کو بھی پوچھتے رہو تو کیا گناہ ہو

(126)

تمھیں کہو کہ گزارا صنم پرستوں کا
بُتوں کی ہو اگر ایسی ہی خو تو کیوں کر ہو

(135)

تا ہم کو شکایت کی بھی باقی نہ رہے جا
سُن لیتے ہیں گو ذِکر ہمارا نہیں کرتے

(140)

تیرے دِل میں گر نہ تھا آشوبِ غم کا حوصلہ
تو نے پھر کیوں کی تھی میری غمگساری ہائے ہائے

ت

(143)

تم اپنے شکوے کی باتیں نہ کھود کھود کے پوچھو
حَذَر کرو مِرے دِل سے کہ اس میں آگ دبی ہے

(160)

تسکیں کو ہم نہ روئیں جو ذوقِ نظر ملے
حورانِ خُلد میں تری صورت مگر ملے

(160)

تجھ سے تو کچھ کلام نہیں لیکن اَے ندیم
میرا سلام کہیو اگر نامہ بر ملے

(160)

تم کو بھی ہم دکھائیں کہ مجنوں نے کیا کیا
فرصت کشاکشِ غمِ پنہاں سے گر ملے

(168)

تیری وفا سے کیا ہو تلافی کہ دہر میں
تیرے سِوا بھی ہم پہ بہت سے سِتم ہوئے

ت

(171)

تو نے قسم مے کشی کی کھائی ہے غالبؔ
تیری قسم کا کچھ اِعتبار نہیں ہے

(174)

تب نازِ گراں مایگیٔ اشک بجا ہے
جب لختِ جگر دیدۂ خوں بار میں آوے

(174)

تب چاکِ گریباں کا مزہ ہے دِلِ نالاں
جب اِک نفس اُلجھا ہُوا ہر تار میں آوے

(183)

تغافُل دوست ہُوں، میرا دِماغِ عجز عالی ہے
اگر پہلو تہی کیجیے تو جا میری بھی خالی ہے

(185)

تو وہ بدخو کہ تحیّر کو تماشا جانے
غم وہ افسانہ کہ آشفتہ بیانی مانگے

ت

(195)

تپش سے میری وقفِ کشمکش ہر تارِ بستر ہے
مرا سر رنجِ بالیں ہے مِرا تن بارِ بستر ہے

(202)

تمھیں نہیں ہے سرِ رشتۂ وفا کا خیال
ہمارے ہاتھ میں کچھ ہے، مگر ہے، کیا کہیے

(206)

تکلُّف برطرف، نظّارگی میں بھی سہی لیکن
وہ دیکھا جائے، کب یہ ظلم دیکھا جائے ہے مجھ سے

(214)

تا کُجا اَے آگہی رنگِ تماشا باختن
چشمِ وا گر دیدہ آغوشِ وداعِ جلوہ ہے

(217)

تمھاری طرز و روِش جانتے ہیں ہم کیا ہے
رقیب پر ہے اگر لُطف تو سِتم کیا ہے

(227)

تکلُّف برطرف، ہے جانستاں تر لُطفِ بدخویاں
نگاہِ بے حجابِ ناز تیغِ تیزِ عُریاں ہے

(231)

تمثال میں تیری ہے وہ شوخی کہ بہ صد ذوق
آئینہ بہ اندازِ گُل آغوش کُشا ہے

ث

ث

(61)

ثابت ہُوا ہے گردنِ مینا پہ خونِ خلق
لرزے ہے موجِ مے تری رفتار دیکھ کر

ج

ج

(1)

جذبۂ بے اختیارِ شوق دیکھا چاہیے
سینۂ شمشیر سے باہر، ہے دَم شمشیر کا

(2)

جراحت تحفہ الماس ارمغاں داغِ جگر ہدیہ
مبارک باد اسدؔ غم خوارِ جانِ درد مند آیا

(3)

جز قیس اور کوئی نہ آیا بہ روئے کار
صحرا مگر بہ تنگیِ چشمِ حسود تھا

(7)

جاتی ہے کوئی کشمکش اندوۂ عشق کی
دِل بھی اگر گیا، تو وہی دِل کا درد تھا

ج

(15)

جلوۂ گُل نے کیا تھا واں چراغاں آب جو
یاں رواں مژگانِ چشمِ تر سے خونِ ناب تھا

(18)

جلوہ از بسکہ تقاضائے نگہ کرتا ہے
جوہر آئینہ بھی چاہے ہے مژگاں ہونا

(27)

جمع کرتے ہو کیوں رقیبوں کو
اِک تماشا ہُوا، گِلا نہ ہُوا

(27)

جان دی، دی ہوئی اسی کی تھی
حق تو یوں ہے کہ حق اَدا نہ ہُوا

(30)

جب بہ تقریبِ سفر یار نے محمل باندھا
تپشِ شوق نے ہر ذرّے پہ اِک دِل باندھا

ج

(39)

جب تک کہ نہ دیکھا تھا قدِ یار کا عالم
میں معتقدِ فتنۂ محشر نہ ہُوا تھا

(39)

جاری تھی اسدؔ داغِ جگر سے مِری تحصیل
آتش کدہ جاگیرِ سمندر نہ ہُوا تھا

(42)

جاتا ہُوں داغِ حسرتِ ہستی لیے ہوئے
ہُوں شمعِ کشتہ دَر خورِ محفل نہیں رہا

(46)

جاں دَر ہَوائے یک نگۂ گرم ہے اسدؔ
پروانہ ہے وکیل ترے داد خواہ کا

(47)

جور سے باز آئے، پر باز آئیں کیا
کہتے ہیں ہم تجھ کو منہ دکھلائیں کیا

ج

۞(50)۞

جو ہُوا غرقۂ مَے بختِ رَسا رکھتا ہے
سر سے گزرے پہ بھی ہے بالِ ہما موجِ شراب

۞(50)۞

جس قدر رُوحِ نباتی ہے جگر تشنۂ ناز
دے ہے تسکیں بہ دمِ آبِ بقا موجِ شراب

۞(52)۞

جگر کو مِرے عشقِ خوں نابہ مشرب
لکھے ہے خُداوندِ نعمت سلامت

۞(54)۞

جب کہ میں کرتا ہُوں اپنا شکوۂ ضعفِ دِماغ
سر کرے ہے وہ حدیثِ زُلفِ عنبر بارِ دوست

۞(59)۞

جو ہے تجھے سرِ سودائے انتظار تو آ
کہ ہیں دُکانِ متاعِ نظر دَر و دِیوار

ج

(60)

جی میں ہی کچھ نہیں ہے ہمارے وگرنہ ہم
سر جائے یا رہے، نہ رہیں پر کہے بغیر

(65)

جنوں کی دست گیری کس سے ہو، گر ہو نہ عریانی
گریباں چاک کا حق ہو گیا ہے میری گردن پر

(67)

جاتے ہوئے کہتے ہو قیامت کو ملیں گے
کیا خوب قیامت کا ہے گویا کوئی دِن اور

(73)

جگرِ تشنۂ آزار تسلی نہ ہُوا
جُوئے خوں ہم نے بہائی بُنِ ہر خار کے پاس

(75)

جادۂ رہ خُور کو وقتِ شام ہے تارِ شُعاع
چرخ وَا کرتا ہے ماہِ نَو سے آغوشِ وَداع

ج

(76)

جلے ہے دیکھ کے بالینِ یار پر مجھ کو
نہ کیوں ہو دِل پہ مرے داغِ بدگمانیِ شمع

(77)

جلتا ہے دِل کہ کیوں نہ ہم اِک بار جل گئے
اَے ناتمامیٔ نفسِ شعلہ بار حَیف

(81)

جو تھا سو موجِ رنگ کے دھوکے میں مر گیا
اے وائے نالۂ لبِ خونیں نوائے گل

(92)

جاں مطربِ ترانۂ ''ھَلْ مَنْ مَّزِیْد'' ہے
لب پردہ سنجِ زمزمۂ الاماں نہیں

(92)

جاں ہے بہائے بوسہ وَلے کیوں کہے ابھی
غالبؔ کو جانتا ہے کہ وہ نیم جاں نہیں

ج

(93)

جب کرم رخصتِ بیبا کی و گستاخی دے
کوئی تقصیر بجُز خجلتِ تقصیر نہیں

(97)

جہاں تیرا نقشِ قدم دیکھتے ہیں
خیاباں خیاباں اِرم دیکھتے ہیں

(98)

جو مُنکرِ وفا ہو فریب اُس پہ کیا چلے
کیوں بدگماں ہُوں دوست سے دُشمن کے باب میں

(99)

جاں کیوں نکلنے لگتی ہے تن سے دمِ سماع
گر وہ صدا سمائی ہے چنگ و رباب میں

(100)

جانا پڑا رقیب کے در پر ہزار بار
اے کاش جانتا نہ ترے رہ گزر کو میں

(108)

جو آؤں سامنے اُن کے تو مرحبا نہ کہیں
جو جاؤں واں سے کہیں کو تو خیر باد نہیں

(108)

جہاں میں ہو غم و شادی بہم، ہمیں کیا کام
دِیا ہے ہم کو خُدا نے وہ دِل کہ شاد نہیں

(112)

جوئے خوں آنکھوں سے بہنے دو کہ ہے شامِ فراق
میں یہ سمجھونگا کہ شمعیں دو فروزاں ہو گئیں

(112)

جاں فزا ہے بادہ جس کے ہاتھ میں جام آ گیا
سب لکیریں ہاتھ کی گویا رگِ جاں ہو گئیں

(116)

جب وہ جمالِ دِل فُروز صورتِ مہرِ نیم روز
آپ ہی ہو نظارہ سوز پردے میں منہ چھپائے کیوں

ج

(117)

جو یہ کہے کہ ریختہ کیونکہ ہو رشکِ فارسی
گفتۂ غالبؔ ایک بار پڑھ کے اُسے سُنا کہ یوں!

(124)

جان کر کیجیے تغافل کہ کچھ اُمیّد بھی ہو
یہ نگاہِ غلط انداز تو سم ہے ہم کو

(125)

جب مَے کدہ چھٹا تو پھر اب کیا جگہ کی قید
مسجد ہو، مدرسہ ہو، کوئی خانقاہ ہو

(126)

جسے نصیب ہو روزِ سیاہ میرا سا
وہ شخص دِن نہ کہے رات کو تو کیوں کر ہو

(144)

جی جلے ذوقِ فنا کی ناتمامی پر نہ کیوں
ہم نہیں جلتے نفس ہر چند آتشبار ہے

ج

(153)

جادادِ بادہ نوشئ رنداں ہے شش جہت
غافل گماں کرے ہے کہ گیتی خراب ہے

(158)

جلوہ زارِ آتشِ دوزخ ہمارا دل سہی
فتنۂ شورِ قیامت کس کی آب و گل میں ہے

(162)

جانتا ہُوں ثوابِ طاعت و زُہد
پر طبیعت اِدھر نہیں آتی

(163)

جب کہ تجھ بِن نہیں کوئی موجود
پھر یہ ہنگامہ اے خُدا کیا ہے

(163)

جان تم پر نثار کرتا ہُوں
میں نہیں جانتا دُعا کیا ہے

ج

(164)

جلّاد سے ڈرتے ہیں نہ واعظ سے جھگڑتے
ہم سمجھے ہوئے ہیں اُسے جس بھیس میں جو آئے

(165)

جلوہ پھر عرضِ ناز کرتا ہے
روزِ بازارِ جاں سِپاری ہے

(166)

جنوں تُہمت کشِ تسکیں نہ ہو، گر شادمانی کی
نمک پاشِ خراشِ دِل ہے لذّت زندگانی کی

(169)

جو نہ نقدِ داغِ دِل کی کرے شعلہ پاسبانی
تو فُسَردگی نہاں ہے بہ کمینِ بے زبانی

(174)

جس بزم میں تو ناز سے گفتار میں آوے
جاں کالبدِ صورتِ دِیوار میں آوے

ج

﴿ 179 ﴾

جلا ہے جسم جہاں، دِل بھی جل گیا ہوگا
کُریدتے ہو جو اب راکھ جستجو کیا ہے

﴿ 187 ﴾

جس زخم کی ہوسکتی ہو تدبیر رَفو کی
لکھ دیجیو یارَب اُسے قسمت میں عدو کی

﴿ 193 ﴾

جلوے کا تیرے وہ عالم ہے کہ گر کیجیے خیال
دیدۂ دِل کو زیارت گاہِ حیرانی کرے

﴿ 209 ﴾

جُز نام نہیں صورتِ عالم مجھے منظور
جُز وہم نہیں ہستئ اشیا مِرے آگے

﴿ 210 ﴾

جو مُدّعی بنے اُس کے نہ مُدّعی بنیے
جو نا سزا کہے اُس کو نہ نا سزا کہیے

ج

(215)

جب تک دَہانِ زخم نہ پیدا کرے کوئی
مشکل کہ تجھ سے راہِ سخن وا کرے کوئی

(216)

جب توقع ہی اُٹھ گئی غالبؔ
کیوں کسی کا گِلا کرے کوئی

(218)

جوہرِ تیغ بہ سرچشمۂ دیگر معلوم
ہُوں میں وہ سبزہ کہ زہرآب اُگاتا ہے مجھے

(219)

جب اُس کے دیکھنے کے لیے آئیں بادشاہ
لوگوں میں کیوں نمود نہ ہو لالہ زار کی

(222)

جُز زخمِ تیغِ ناز، نہیں دِل میں آرزُو
جیبِ خیال بھی ترے ہاتھوں سے چاک ہے

ج

(222)

جوشِ جنوں سے کچھ نظر آتا نہیں اسدؔ!
صحرا ہماری آنکھ میں یک مُشتِ خاک ہے

(229)

جس جا نسیم شانہ کشِ زُلفِ یار ہے
نافہ دِماغِ آہُوئے دَشتِ تتَار ہے

(234)

جی ڈھونڈتا ہے پھر وہی فُرصت، کہ رات دِن
بیٹھے رہیں تصوّرِ جاناں کیے ہُوئے

غالبؔ الف سے ی تک

چ

(39)

چھوڑا مہِ نخشَب کی طرح دستِ قضا نے
خورشید ہنوز اُس کے برابر نہ ہُوا تھا

(50)

چار موج اُٹھتی ہے طوفانِ طرب سے ہر سُو
موجِ گُل، موجِ شفق، موجِ صبا، موجِ شراب

(54)

چشمِ ما روشن کہ اس بے درد کا دِل شاد ہے
دیدۂ پُرخوں ہمارا ساغرِ سرشارِ دوست

(54)

چپکے چپکے مجھ کو روتے دیکھ پاتا ہے اگر
ہنس کے کرتا ہے بیانِ شوخیِ گفتارِ دوست

(60)

چھوڑوں گا میں نہ اُس بُتِ کافر کا پوجنا
چھوڑے نہ خلق گو مجھے کافر کہے بغیر

(78)

چھوڑ کر جانا تنِ مجروحِ عاشق حَیف ہے
دِل طلب کرتا ہے زخم اور مانگے ہیں اعضا نمک

(100)

چھوڑا نہ رشک نے کہ ترے گھر کا نام لوں
ہر اِک سے پوچھتا ہُوں کہ جاؤں کدھر کو میں

(100)

چلتا ہُوں تھوڑی دور ہر اِک تیز رو کے ساتھ
پہچانتا نہیں ہُوں ابھی راہبر کو میں

(120)

چھوڑا نہ مجھ میں ضعف نے رنگ اختلاط کا
ہے دِل پہ بار نقشِ محبت ہی کیوں نہ ہو

چ

(148)

چشمِ خوباں خامُشی میں بھی نوا پرداز ہے
سُرمہ، تو کہوے کہ، دُودِ شعلۂ آواز ہے

(165)

چشم دَلاّلِ جنسِ رُسوائی
دِل خریدارِ ذَوقِ خواری ہے

(168)

چھوڑی اسدؔ نہ ہم نے گدائی میں دِل لگی
سائل ہُوئے تو عاشقِ اہلِ کرم ہوئے

(179)

چپک رہا ہے بدن پر لہو سے پیراہن
ہمارے جیب کو اب حاجتِ رفو کیا ہے

(190)

چاہیے اچھوں کو جتنا چاہیے
یہ اگر چاہیں تو پھر کیا چاہیے

چ

(190)

چاہنے کو تیرے کیا سمجھا تھا دِل
بارے اب اِس سے بھی سمجھا چاہیے

(190)

چاک مت کر جیب بے ایّامِ گُل
کچھ اُدھر کا بھی اِشارا چاہیے

(190)

چاہتے ہیں خوبرُویوں کو اسدؔ
آپ کی صورت تو دیکھا چاہیے

(193)

چاک کی خواہش اگر وحشت بہ عریانی کرے
صبح کے مانند زخمِ دِل گریبانی کرے

(215)

چاکِ جگر سے جب رہِ پرسش نہ وَا ہوئی
کیا فائدہ کہ جیب کو رُسوا کرے کوئی

چ

(216)

چال جیسے کڑی کمان کا تیر
دِل میں اَیسے کے جا کرے کوئی

(229)

چھڑکے ہے شبنم آئنۂ برگِ گُل پر آب
اے عندلیب وقت وَداعِ بہار ہے

(234)

چاہے ہے پھر کسی کو مُقابل میں آرزُو
سُرمے سے تیز دشنۂ مژگاں کیے ہُوئے

غالبؔ الف سے ی تک

ح

ح

(4)

حالِ دِل نہیں معلوم لیکن اِس قدر یعنی
ہم نے بارہا ڈھونڈا تم نے بارہا پایا

(18)

حَیف اُس چار گرہ کپڑے کی قسمت غالبؔ
جس کی قسمت میں ہو عاشق کا گریباں ہونا

(20)

حضرتِ ناصح گر آئیں دیدہ و دِل فرشِ راہ
کوئی مجھ کو یہ تو سمجھادو کہ سمجھاویں گے کیا

(28)

حنائے پائے خزاں ہے بہار اگر ہے یہی
دوامِ کُلفتِ خاطر ہے عیش دُنیا کا

ح

(40)

حاصلِ اُلفت نہ دیکھا جُز شکستِ آرزو
دِل بہ دِل پیوستہ گویا یک لبِ افسوس تھا

(48)

حریفِ جوششِ دریا نہیں خود داریِ ساحل
جہاں ساقی ہو تو باطل ہے دعویٰ ہوشیاری کا

(58)

حُسن غمزے کی کشاکش سے چھٹا میرے بعد
بارے آرام سے ہیں اہلِ جفا میرے بعد

(69)

حریفِ مطلبِ مشکل نہیں فُسونِ نیاز
دُعا قبول ہو یارَب، کہ عمرِ خضر دراز

(89)

حلقے ہیں چشم ہائے کُشادہ بہ سُوئے دِل
ہر تارِ زُلف کو نگہِ سُرمہ سا کہوں

ح

(93)

حسرتِ لذّتِ آزار رہی جاتی ہے
جادۂ راہِ وفا جُز دمِ شمشیر نہیں

(100)

حیراں ہُوں، دِل کو روؤں کہ پیٹوں جگر کو میں
مقدور ہو تو ساتھ رکھوں نوحہ گر کو میں

(101)

حسرت، اَے ذوقِ خرابی کہ وہ طاقت نہ رہی
عشقِ پر عربدہ کی گوں تنِ رنجور نہیں

(111)

حد چاہیے سَزا میں عُقُوبت کے واسطے
آخر گناہ گار ہُوں، کافر نہیں ہُوں میں

(116)

حُسن اور اُس پہ حُسنِ ظن رہ گئی بوالہوس کی شرم
اپنے پہ اعتماد ہے غیر کو آزمائے کیوں

ح

(118)

حسد سے دِل اگر افسردہ ہے گرمِ تماشا ہو
کہ چشمِ تنگ شاید کثرتِ نظّارہ سے وا ہو

(138)

حاصل سے ہاتھ دھو بیٹھ، اے آرزو خرامی
دِل جوشِ گریہ میں ہے ڈُوبی ہُوئی اسامی

(139)

حالانکہ ہے یہ سیلیٔ خارا سے لالہ رنگ
غافل کو میرے شیشے پہ مَے کا گمان ہے

(175)

حُسنِ مہ گرچہ بہ ہنگامِ کمال اچھا ہے
اُس سے میرا مہٗ خورشید جمال اچھا ہے

(202)

حسد سزائے کمالِ سخن ہے، کیا کیجیے!
سِتم بہائے متاعِ ہنر ہے، کیا کہیے!

ح

(205)

حضورِ شاہ میں اہلِ سخن کی آزمائش ہے
چمن میں خوشنوایانِ چمن کی آزمائش ہے

(214)

حُسنِ بے پروا خریدارِ متاعِ جلوہ ہے
آئنہ زانوئے فِکر اختراعِ جلوہ ہے

(215)

حُسنِ فروغِ شمعِ سخن دُور ہے اسدؔ
پہلے دِلِ گداختہ پیدا کرے کوئی

(230)

حسرت نے لا رکھا تری بزمِ خیال میں
گلدستۂ نگاہ سُوَیدا کہیں جسے

خ

خ

(10)

خموشی میں نہاں خوں گشتہ لاکھوں آرزوئیں ہیں
چراغِ مُردہ ہُوں میں بے زباں گورِ غریباں کا

(20)

خانہ زادِ زُلف ہیں زنجیر سے بھاگیں گے کیوں
ہیں گرفتارِ وفا زنداں سے گھبراویں گے کیا

(54)

خانہ وِیراں سازیِ حیرت تماشا کیجیے
صورتِ نقشِ قدم ہُوں رفتۂ رفتارِ دوست

(58)

خوں ہے دِل خاک میں احوالِ بتاں پر یعنی
اُن کے ناخن ہوئے محتاجِ حنا میرے بعد

خ

(81)

خوش حال اس حریفِ سیہ مست کا، کہ جو
رکھتا ہو مثلِ سایۂ گُل سر بہ پائے گُل

(92)

خنجر سے چیر سینہ اگر دِل نہ ہو دو نیم
دِل میں چھری چبھو، مژہ گر خوں چکاں نہیں

(100)

خواہش کو احمقوں نے پرستش دیا قرار
کیا پوجتا ہُوں اُس بُتِ بیداد گر کو میں

(115)

خیالِ جلوۂ گُل سے خراب ہیں مَے کش
شراب خانے کے دِیوار و دَر میں خاک نہیں

(121)

خُدا شرمائے ہاتھوں کو کہ رکھتے ہیں کشاکش میں
کبھی میرے گریباں کو کبھی جاناں کے دامن کو

خ

(121)

خوشی کیا، کھیت پر میرے اگر سَو بار ابر آوے
سمجھتا ہُوں کہ ڈھونڈے ہے ابھی سے برق خِرمن کو

(133)

خیالِ مرگ کب تسکیں دلِ آزردہ کو بخشے
مِرے دامِ تمنّا میں ہے اِک صیدِ زبوں وہ بھی

(140)

خاک میں ناموسِ پیمانِ محبت مل گئی
اُٹھ گئی دنیا سے راہ و رسمِ یاری ہائے ہائے

(146)

خزاں کیا، فصلِ گل کہتے ہیں کس کو، کوئی موسم ہو
وہی ہم ہیں، قفس ہے، اور ماتم بال و پر کا ہے

(175)

خضر سلطاں کو رکھے خالقِ اکبر سرسبز
شاہ کے باغ میں یہ تازہ نہال اچھا ہے

(176)

خار خارِ الَمِ حسرتِ دِیدار تو ہے
شوق گلچینِ گلستانِ تسلّی نہ سہی

(177)

خُدا کے واسطے داد اِس جنونِ شوق کی دینا
کہ اُس کے دَر پہ پہنچتے ہیں نامہ بر سے ہم آگے

(178)

خوب تھا پہلے سے ہوتے جو ہم اپنے بدخواہ
کہ بھلا چاہتے ہیں اور بُرا ہوتا ہے

(178)

خامہ میرا کہ وہ ہے باربُدِ بزمِ سخن
شاہ کی مدح میں یوں نغمہ سَرا ہوتا ہے

(181)

خستگی کا تم سے کیا شکوہ کہ یہ
ہتھکنڈے ہیں چرخِ نیلی فام کے

خ

(181)

خط لکھیں گے گرچہ مطلب کچھ نہ ہو
ہم تو عاشق ہیں تمہارے نام کے

(184)

خلشِ غمزۂ خونریز نہ پوچھ
دیکھ خوننابہ فِشانی میری

(193)

خطِّ عارض سے لکھا ہے زُلف کو اُلفت نے عہد
یک قلم منظور ہے جو کچھ پریشانی کرے

(195)

خوشا اقبالِ رنجوری، عیادت کو تم آئے ہو
فروغِ شمعِ بالیں طالعِ بیدارِ بستر ہے

(196)

خطر ہے رشتۂ اُلفت رگِ گردن نہ ہو جاوے
غرورِ دوستی آفت ہے، تو دُشمن نہ ہو جاوے

(206)

خُدا یا جذبۂ دِل کی مگر تاثیر اُلٹی ہے
کہ جتنا کھینچتا ہُوں اور کھنچتا جائے ہے مجھ سے

(209)

خوش ہوتے ہیں پر وصل میں یوں مر نہیں جاتے
آئی شبِ ہجراں کی تمنّا مِرے آگے

(228)

خموشیوں میں تماشا ادا نکلتی ہے
نگاہ دِل سے ترے سرمہ سا نکلتی ہے

(231)

خو نے تری افسردہ کیا وحشتِ دِل کو
معشوقی و بے حوصلگی طُرفہ بلا ہے

(233)

خوں ہو کے جگر آنکھ سے ٹپکا نہیں اِے مرگ
رہنے دے مجھے یاں، کہ ابھی کام بہت ہے

د

د

(4)

دوستدارِ دشمن ہے، اعتمادِ دِل معلوم
آہ بے اثر دیکھی، نالہ نارَسا پایا

(5)

دِل مِرا سوزِ نہاں سے بے مُحابا جل گیا
آتشِ خاموش کے مانند گویا جل گیا

(5)

دِل میں ذوقِ وصل و یادِ یار تک باقی نہیں
آگ اس گھر میں لگی ایسی کہ جو تھا جل گیا

(5)

دِل نہیں تجھ کو دِکھاتا ورنہ داغوں کی بہار
اس چراغاں کا کروں کیا، کارفرما جل گیا

د

(6)

دِلِ حسرت زدہ تھا مائدۂ لذّتِ درد
کام یاروں کا بقدرِ لب و دنداں نکلا

(6)

دِل میں پھر گریے نے اِک شور اُٹھایا غالبؔ
آہ! جو قطرہ نہ نکلا تھا، سو طوفاں نکلا

(7)

دھمکی میں مر گیا، جو نہ بابِ نبرد تھا
عشقِ نبرد پیشہ طلبگارِ مرد تھا

(7)

دِل تا جگر کہ ساحلِ دریائے خوں ہے اب
اس رہگزر میں جلوۂ گُل، آگے گرد تھا

(9)

دہر میں نقشِ وفا وجہِ تسلی نہ ہُوا
ہے یہ وہ لفظ کہ شرمندۂ معنی نہ ہُوا

د

(9)

دِل گزر گاہِ خیالِ مَے و ساغر ہی سہی
گر نفس جادۂ سرمنزلِ تقوی نہ ہُوا

(10)

دکھاؤں گا تماشا، دی اگر فرصت زمانے نے
مرا ہر داغِ دِل اِک تخم ہے سروِ چراغاں کا

(14)

دَر پہ رہنے کو کہا اور کہہ کے کیسا پھر گیا
جتنے عرصے میں مِرا لپٹا ہُوا بستر کھلا

(20)

دوست غمخواری میں میری سعی فرماویں گے کیا
زخم کے بھرنے تلک ناخن نہ بڑھ جاویں گے کیا

(22)

دماغِ عطرِ پیراہن نہیں ہے
غمِ آوارگیہائے صبا کیا

د

(22)

دلِ ہر قطرہ ہے سازِ انا البحر
ہم اس کے ہیں، ہمارا پوچھنا کیا

(23)

دَرخورِ قہر وغضب جب کوئی ہم سا نہ ہُوا
پھر غلط کیا ہے کہ ہم سا کوئی پیدا نہ ہُوا

(25)

دہانِ ہر بُتِ پیغارہ جو زنجیرِ رُسوائی
عدم تک بے وفا چرچا ہے تیری بے وفائی کا

(26)

دِل کو ہم صرفِ وفا سمجھے تھے کیا معلوم تھا
یعنی یہ پہلے ہی نذرِ امتحاں ہوجائے گا

(27)

درد منّت کشِ دوا نہ ہُوا
میں نہ اچھا ہُوا، بُرا نہ ہُوا

د

(28)

دِل اس کو پہلے ہی ناز و اَدا سے دے بیٹھے
ہمیں دِماغ کہاں حُسن کے تقاضا کا

(31)

درماندگی میں غالبؔ کچھ بن پڑے تو جانوں
جب رشتہ بے گرہ تھا ناخن گِرہ کُشا تھا

(35)

دِل دیا جان کے کیوں اُس کو وفادار اسدؔ
غلطی کی کہ جو کافر کو مسلماں سمجھا

(36)

دَم لیا تھا نہ قیامت نے ہنوز
پھر ترا وقتِ سفر یاد آیا

(37)

دیکھ کر غیر کو ہو کیوں نہ کلیجا ٹھنڈا
نالہ کرتا تھا، وَلے طالبِ تاثیر بھی تھا

(39)

دریائے معاصی تنک آبی سے ہُوا خشک
میرا سرِ دامن بھی ابھی تر نہ ہوا تھا

(42)

دِل سے ہوائے کشتِ وفا مٹ گئی کہ واں
حاصل سوائے حسرتِ حاصل نہیں رہا

(44)

دے وہ جس قدر ذِلّت ہم ہنسی میں ٹالیں گے
بارے آشنا نکلا، اُن کا پاسباں اپنا

(44)

دردِ دِل لکھوں کب تک، جاؤں اُن کو دکھلا دوں
اُنگلیاں فگار اپنی خامہ خونچکاں اپنا

(49)

دِل ہُوا کشمکشِ چارۂ زحمت میں تمام
مٹ گیا گھسنے میں اِس عقدے کا وَا ہو جانا

د

(49)

دِل سے مٹنا تری انگشتِ حنائی کا خیال
ہو گیا گوشت سے ناخن کا جُدا ہو جانا

(58)

دَر خورِ عرض نہیں جوہرِ بیداد کو جا
نگہِ ناز ہے سُرمے سے خفا میرے بعد

(71)

دِل سے نکلا، پہ نہ نکلا دِل سے
ہے ترے تیر کا پَیکان عزیز

(73)

دَہنِ شیر میں جا بیٹھیے لیکن اَے دِل
نہ کھڑے ہُو جیے خوبانِ دِل آزار کے پاس

(73)

دیکھ کر تجھ کو، چمن بسکہ نمو کرتا ہے
خود بہ خود پہنچے ہے گل گوشۂ دستار کے پاس

د

(78)

داد دیتا ہے مرے زخمِ جگر کی واہ واہ
یاد کرتا ہے مجھے دیکھے ہے وہ جس جا نمک

(79)

دامِ ہر موج میں ہے حلقۂ صد کامِ نہنگ
دیکھیں کیا گزرے ہے قطرے پہ گہر ہوتے تک

(82)

دائم الحبس اِس میں ہیں لاکھوں تمنّائیں اسدؔ
جانتے ہیں سینۂ پُرخوں کو زِنداں خانہ ہم

(86)

دِل تو دِل وہ دِماغ بھی نہ رہا
شورِ سَودائے خطّ و خال کہاں

(87)

دِل میں آجائے ہے، ہوتی ہے جو فرصت غش سے
اور پھر کون سے نالے کو رَسا کہتے ہیں

د

(87)

دیکھیے لاتی ہے اس شوخ کی نخوت کیا رنگ
اُس کی ہر بات پہ ہم نامِ خُدا کہتے ہیں

(91)

دَھول دَھپّا اس سَراپا ناز کا شیوہ نہیں
ہم ہی کر بیٹھے تھے غالبؔ پیش دستی ایک دن

(94)

دیر و حرم آئینۂ تکرارِ تمنّا
وا ماندگیِ شوق تراشے ہے پناہیں

(97)

دِلِ آشفتگاں خالِ کُنجِ دَہن کے
سَویدا میں سیرِ عدم دیکھتے ہیں

(103)

دونوں جہان دے کے وہ سمجھے یہ خوش رہا
یاں آ پڑی یہ شرم کہ تکرار کیا کریں

(105)

دِلِ نازک پہ اُس کے رحم آتا ہے مجھے غالبؔ
نہ کر سرگرم اُس کافر کو اُلفت آزمانے میں

(106)

دِل لگا کر لگ گیا اُن کو بھی تنہا بیٹھنا
بارے اپنی بیکسی کی ہم نے پائی داد یاں

(111)

دائم پڑا ہُوا ترے دَر پر نہیں ہُوں میں
خاک ایسی زندگی پہ کہ پتھر نہیں ہُوں میں

(113)

دیوانگی سے دوش پہ زنّار بھی نہیں
یعنی ہمارے جیب میں اِک تار بھی نہیں

(113)

دِل کو نیازِ حسرتِ دیدار کر چکے
دیکھا تو ہم میں طاقتِ دیدار بھی نہیں

د

(113)

دِل میں ہے یار کی صفِ مژگاں سے رُوکشی
حالانکہ طاقتِ خلشِ خار بھی نہیں

(113)

دیکھا اسدؔ کو خلوت و جلوت میں بارہا
دیوانہ گر نہیں ہے تو ہشیار بھی نہیں

(116)

دِل ہی تو ہے، نہ سنگ و خشت، درد سے بھر نہ آئے کیوں
روئیں گے ہم ہزار بار، کوئی ہمیں ستائے کیوں

(116)

دَیر نہیں حرم نہیں، دَر نہیں آستاں نہیں
بیٹھے ہیں رہ گزر پہ ہم، غیر ہمیں اُٹھائے کیوں

(116)

دَشنۂ غمزہ جاں ستاں، ناوکِ ناز بے پناہ
تیرا ہی عکسِ رُخ سہی سامنے تیرے آئے کیوں

د

(122)

دھوتا ہُوں جب میں پینے کو اُس سیم تن کے پانو
رکھتا ہے ضد سے، کھینچ کے باہر لگن کے پانو

(122)

دی سادگی سے جان، پڑوں کوہکن کے پانو
ہَیہات! کیوں نہ ٹوٹ گئے پیر زَن کے پانو

(124)

دِل کو میں اور مجھے دِل محوِ وفا رکھتا ہے
کس قدر ذوقِ گرفتاریٔ ہم ہے ہم کو

(124)

دِل کے خوں کرنے کی کیا وجہ، ولیکن ناچار
پاسِ بے رونقیٔ دیدہ اہم ہے ہم کو

(129)

دِل کارگاہِ فکر و اسدؔ بے نوائے دِل
یاں سنگِ آستانۂ بیدل ہے آئنہ

د

(131)

دِیوار، بارِ منّتِ مزدُور سے ہے خم
اے خانماں خراب نہ اِحساں اُٹھایئے

(132)

دے داد اَے فلک دِلِ حسرت پرست کی
ہاں کچھ نہ کچھ تلافیٔ مافات چاہیے

(140)

درد سے میرے ہے تجھ کو بے قراری ہائے ہائے
کیا ہوئی ظالم تری غفلت شعاری ہائے ہائے

(143)

دِلا یہ درد و الَم بھی تو مُغتَنَم ہے کہ آخر
نہ گریۂ سَحَری ہے نہ آہِ نیم شبی ہے

(147)

دِل لگی کی آرزو بے چین رکھتی ہے ہمیں
ورنہ یاں بے رونقی سُودِ چراغِ کشتہ ہے

(148)

دستگاہِ دیدۂ خوں بارِ مجنوں دیکھنا
یک بیاباں جلوۂ گُل فرشِ پا انداز ہے

(152)

دِل ہی تو ہے سیاستِ دَرباں سے ڈَر گیا
میں اور جاؤں دَر سے ترے بِن صدا کیے

(154)

دیکھنا قسمت کہ آپ اپنے پہ رشک آ جائے ہے
میں اسے دیکھوں، بھلا کب مجھ سے دیکھا جائے ہے

(154)

دُور چشمِ بد تری بزمِ طرب سے واہ واہ
نغمہ ہو جاتا ہے واں گر نالہ میرا جائے ہے

(158)

دیکھنا تقریر کی لذّت کہ جو اُس نے کہا
میں نے یہ جانا کہ گویا یہ بھی میرے دِل میں ہے

د

(159)

دِل سے تری نگاہ جگر تک اُتر گئی
دونوں کو اِک ادا میں رضامند کر گئی

(159)

دیکھو تو دِل فریبئ اندازِ نقشِ پا
موجِ خرامِ یار بھی کیا گُل کتر گئی

(161)

دے کے خط منہ دیکھتا ہے نامہ بر
کچھ تو پیغامِ زبانی اور ہے

(162)

داغِ دِل گر نظر نہیں آتا
بو بھی اے چارہ گر نہیں آتی

(163)

دِلِ ناداں تجھے ہُوا کیا ہے
آخر اس دَرد کی دَوا کیا ہے

(165)

دِل ہَوائے خرامِ ناز سے پھر
محشرستانِ بے قراری ہے

(165)

دِل و مِژگاں کا جو مُقدّمہ تھا
آج پھر اُس کی رُوبکاری ہے

(170)

دِیدار بادہ، حوصلہ ساقی، نگاہ مست
بزمِ خیال مَیکدۂ بے خروش ہے

(170)

دیکھو مجھے، جو دیدۂ عبرت نگاہ ہو
میری سُنو، جو گوشِ نصیحت نیوش ہے

(170)

داغِ فراقِ صحبتِ شب کی جلی ہُوئی
اِک شمع رہ گئی ہے سو وہ بھی خموش ہے

د

(171)

دیتے ہیں جنّت حیاتِ دہر کے بدلے
نشّہ بہ اندازۂ خمار نہیں ہے

(171)

دِل سے اُٹھا لطفِ جلوہ ہائے معانی
غیرِ گُل آئینۂ بہار نہیں ہے

(173)

دیکھنا حالت مِرے دِل کی ہم آغوشی کے وقت
ہے نگاہِ آشنا تیرا سرِ ہر مُو مجھے

(174)

دے مجھ کو شکایت کی اجازت کہ ستمگر
کچھ تجھ کو مزہ بھی مِرے آزار میں آوے

(175)

دیکھیے پاتے ہیں عشّاق بتوں سے کیا فیض
اِک برہمن نے کہا ہے کہ یہ سال اچھا ہے

د

(177)

دل و جگر میں پر افشاں جو ایک موجۂ خوں ہے
ہم اپنے زعم میں سمجھے ہوئے تھے اس کو دم آگے

(181)

دل کو آنکھوں نے پھنسایا کیا مگر
یہ بھی حلقے ہیں تمہارے دام کے

(182)

دیکھو اے ساکنانِ خطّۂ خاک
اِس کو کہتے ہیں عالَم آرائی

(184)

دہَن اُس کا جو نہ معلوم ہُوا
کھل گئی ہیچ مدانی میری

(187)

دَشنے نے کبھی منہ نہ لگایا ہو جگر کو
خنجر نے کبھی بات نہ پوچھی ہو گلُو کی

د

(190)

دوستی کا پردہ ہے بیگانگی
منہ چھپانا ہم سے چھوڑا چاہیے

(190)

دُشمنی نے میری کھویا غیر کو
کس قدر دشمن ہے دیکھا چاہیے

(191)

درسِ عنوانِ تماشا بہ تغافُل خوشتر
ہے نگہ رشتۂ شیرازۂ مژگاں مجھ سے

(194)

دِکھا کے جُنبشِ لب ہی تمام کر ہم کو
نہ دے جو بوسہ تو منہ سے کہیں جواب تو دے

(199)

در پردہ انہیں غیر سے ہے ربطِ نہانی
ظاہر کا یہ پردہ ہے کہ پردا نہیں کرتے

د

(202)

دِیا ہے دِل اگر اُس کو، بشر ہے، کیا کہیے
ہُوا رقیب تو ہو، نامہ بر ہے، کیا کہیے

(203)

دیکھ کر دَر پردہ گرمِ دامن افشانی مجھے
کر گئی وا بستۂ تن میری عریانی مجھے

(203)

دی مِرے بھائی کو حق نے از سرِ نو زندگی
میرزا یوسف ہے غالبؔ یوسفِ ثانی مجھے

(204)

دِل لگا کر آپ بھی غالبؔ مجھی سے ہو گئے؟
عشق سے آتے تھے مانع میرزا صاحب مجھے!

(227)

دِل و دِیں نقد لا، ساقی سے گر سَودا کیا چاہے
کہ اِس بازار میں ساغر متاعِ دستگرداں ہے

د

(229)

دِل مُدّعی و دِیدہ بنا مُدّعیٰ علیہ
نظّارے کا مُقدّمہ پھر رُوبکار ہے

(229)

دِل مت گنوا خبر نہ سہی، سَیر ہی سہی
اے بے دِماغ آئنہ تمثال دار ہے

(230)

درکار ہے شگُفتَن گُلہائے عیش کو
صبحِ بہار پنبۂ مِینا کہیں جسے

(231)

دِل خوں شدۂ کشمکشِ حسرتِ دیدار
آئینہ بہ دستِ بُتِ بدمست حنا ہے

(234)

دِل پھر طَوافِ کُوئے مَلامت کو جائے ہے
پندار کا صنم کدہ وِیراں کیے ہُوئے

(234)

دوڑے ہے پھر ہر ایک گُل و لالہ پر خیال
صد گلستاں نگاہ کا ساماں کیے ہُوئے

(235)

دِیا ہے خلق کو بھی، تا اُسے نظر نہ لگے
بنا ہے عیش تجمل حُسین خاں کے لیے

ڈ

(3)

ڈھانپا کفن نے داغِ عیوبِ برہنگی
میں ورنہ ہر لباس میں ننگِ وجود تھا

(113)

ڈر نالہ ہائے زار سے میرے خُدا کو مان
آخر نوائے مُرغِ گرفتار بھی نہیں

(120)

ڈالا نہ بیکسی نے کسی سے معاملہ
اپنے سے کھینچتا ہُوں خجالت ہی کیوں نہ ہو

(150)

ڈھونڈے ہے اُس مُغنّیِ آتش نفس کو جی
جس کی صدا ہو جلوۂ برقِ فنا مجھے

(220)

ڈرے کیوں میرا قاتل، کیا رہے گا اُس کی گردن پر
وہ خوں جو چشمِ تر سے عمر بھر یوں دَم بہ دَم نکلے؟

ذ

ذ

(43)

ذرّہ ذرّہ ساغرِ مے خانۂ نیرنگ ہے
گردشِ مجنوں بہ چشمکہائے لیلیٰ آشنا

(44)

ذکر اُس پری وش کا اور پھر بیاں اپنا
بن گیا رقیب آخر، تھا جو رازداں اپنا

(101)

ذکر میرا بہ بدی بھی اُسے منظور نہیں
غیر کی بات بگڑ جائے تو کچھ دُور نہیں

ر

ر

(13)

رنگِ شکستہ صبحِ بہارِ نظارہ ہے
یہ وقت ہے شگفتنِ گُلہائے ناز کا

(21)

رگِ سنگ سے ٹپکتا وہ لہو کہ پھر نہ تھمتا
جسے غم سمجھ رہے ہو یہ اگر شرار ہوتا

(27)

رہزنی ہے کہ دِل ستانی ہے
لے کے دِل، دِلستاں روانہ ہُوا

(37)

ریختے کے تمہیں اُستاد نہیں ہو غالبؔ
کہتے ہیں اگلے زمانے میں کوئی میرؔ بھی تھا

غالبؔ الف سے ی تک

ر

(43)

رشک کہتا ہے کہ اس کا غیر سے اِخلاص حَیف
عقل کہتی ہے کہ وہ بے مِہر کس کا آشنا

(45)

رخصتِ نالہ مجھے دے کہ مَبادا ظالم
تیرے چہرے سے ہو ظاہر غمِ پنہاں میرا

(46)

رحمت اگر قبول کرے، کیا بعید ہے
شرمندگی سے عُذر نہ کرنا گناہ کا

(47)

رات دِن گردش میں ہیں سات آسماں
ہو رہے گا کچھ نہ کچھ، گھبرائیں کیا

(52)

رہا گر کوئی تا قیامت سلامت
پھر اِک روز مرنا ہے حضرت سلامت

ر

(76)

رُخِ نگار سے ہے سوزِ جاودانیِ شمع
ہُوئی ہے آتشِ گُل آبِ زندگانیِ شمع

(88)

رونقِ ہستی ہے عشقِ خانہ ویراں ساز سے
اَنجمن بے شمع ہے، گر برق خرمن میں نہیں

(93)

رنجِ نومیدیٔ جاوید گوارا رہیو
خوش ہُوں گر، نالہ زبونی کشِ تاثیر نہیں

(96)

رازِ معشوق نہ رُسوا ہو جائے
ورنہ مَر جانے میں کچھ بھید نہیں

(99)

رَو میں ہے رخشِ عمر کہاں دیکھیے تھمے
نے ہاتھ باگ پر ہے نہ پا ہے رِکاب میں

ر

(102)

رنگِ تمکینِ گُل و لالہ پریشاں کیوں ہے
گر چراغانِ سرِ رہ گزرِ باد نہیں

(111)

رکھتے ہو تم قدم مِری آنکھوں سے کیوں دریغ
رُتبے میں مِہر و ماہ سے کمتر نہیں ہُوں میں

(112)

رنج سے خوگر ہُوا انساں تو مٹ جاتا ہے رنج
مشکلیں مجھ پر پڑیں اتنی، کہ آساں ہو گئیں

(117)

رات کے وقت مَے پیے، ساتھ رقیب کو لیے
آوے وہ یاں خُدا کرے، پر نہ کرے خُدا کہ یوں!

(124)

رَشکِ ہم طرحی و دَردِ اثرِ بانگِ حزیں
نالۂ مُرغِ سحر تیغِ دو دَم ہے ہم کو

ر

(128)

رہیے اب ایسی جگہ چل کر جہاں کوئی نہ ہو
ہم سخن کوئی نہ ہو اور ہم زَباں کوئی نہ ہو

(133)

رہے اُس شوخ سے آزردہ ہم چندے تکلُّف سے
تکلُّف برطرف تھا ایک اندازِ جنوں وہ بھی

(134)

رندانِ درِ مَے کدہ گستاخ ہیں زاہد
زنہار نہ ہونا طرف ان بے ادبوں سے

(147)

رحم کر ظالم کہ کیا بودِ چراغِ کُشتہ ہے
نبضِ بیمارِ وفا دُودِ چراغِ کُشتہ ہے

(152)

رکھتا پھروں ہُوں خرقہ وسجّادہ رہنِ مَے
مُدّت ہُوئی ہے دعوتِ آب و ہَوا کیے

ر

(153)

رفتارِ عمر قطعِ رہِ اضطراب ہے
اِس سال کے حساب کو برق آفتاب

(158)

رنجِ رہ کیوں کھینچیے، واماندگی کو عشق ہے
اُٹھ نہیں سکتا ہمارا جو قدم منزل میں ہے

(167)

رگِ لیلیٰ کو خاکِ دشتِ مجنوں ریشگی بخشے
اگر بووے بجائے دانہ دہقاں نوک نشتر کی

(172)

رفوئے زخم سے مطلب ہے لذّت زخمِ سوزن کی
سمجھیو مت کہ پاسِ درد سے دِیوانہ غافل ہے

(178)

رکھیو غالبؔ مجھے اس تلخ نوائی میں معاف
آج کچھ درد مرے دِل میں سوا ہوتا ہے

غالبؔ الف سے ی تک

ر

(179)

رگوں میں دوڑتے پھرنے کے ہم نہیں قائل
جب آنکھ سے ہی نہ ٹپکا تو پھر لہو کیا ہے

(179)

رہی نہ طاقتِ گفتار اور اگر ہو بھی
تو کس اُمید پہ کہیے کہ آرزُو کیا ہے

(181)

رات پی زمزم پہ مَے اور صُبحدم
دھوئے دھبّے جامۂ احرام کے

(183)

رہا آباد عالَم اہلِ ہمت کے نہ ہونے سے
بھرے ہیں جس قدر جام و سَبو میخانہ خالی ہے

(202)

رہے ہے یوں گہ و بے گہ کہ کوئے دوست کو اب
اگر نہ کہیے کہ دُشمن کا گھر ہے، کیا کہیے

ر

(205)

رہے دِل ہی میں تیر اچھا، جگر کے پار ہو بہتر
غرض شستِ بُتِ ناوک فگن کی آزمائش ہے

(205)

رگ و پے میں جب اُترے زہرِ غم تب دیکھیے کیا ہو
ابھی تو تلخیٔ کام و دَہَن کی آزمائش ہے

(210)

رہے نہ جان تو قاتل کو خون بہا دیجے
کٹے زبان تو خنجر کو مرحبا کہیے

(211)

رونے سے اور عشق میں بیباک ہو گئے
دھوئے گئے ہم اِتنے کہ بس پاک ہو گئے

(211)

رُسوائے دہر گو ہُوئے آوارگی سے تم
بارے طبیعتوں کے تو چالاک ہو گئے

ر

(215)

رونے سے اے ندیم ملامت نہ کر مجھے
آخر کبھی تو عقدۂ دِل وَا کرے کوئی

(216)

روک لو گر غلط چلے کوئی
بخش دو گر خطا کرے کوئی

(219)

روندی ہُوئی ہے کوکبہ شہریار کی
اِترائے کیوں نہ خاک سرِ رہگزار کی

(235)

رہا بَلا میں بھی میں مُبتلائے آفتِ رشک
بَلائے جاں ہے ادا تیری اِک جہاں کے لیے

ز

ز

(6)

زخم نے داد نہ دی تنگیِ دِل کی یارب
تیر بھی سینۂ بسمل سے پَر افشاں نکلا

(25)

زکاتِ حُسن دے اے جلوۂ بینش کہ مہر آسا
چراغِ خانۂ درویش ہو کاسہ گدائی کا

(26)

زُہرہ گر ایسا ہی شامِ ہجر میں ہوتا ہے آب
پرتوِ مہتاب سیلِ خانماں ہوجائے گا

(27)

زخم گر دَب گیا لہو نہ تھما
کام گر رُک گیا، روا نہ ہُوا

ز

(36)

زندگی یوں بھی گزر ہی جاتی
کیوں ترا راہگزر یاد آیا

(61)

زُنّار باندھ سبحۂ صد دانہ توڑ ڈال
رَہرَو چلے ہے، راہ کو ہموار دیکھ کر

(76)

زَبانِ اہلِ زَباں میں ہے مرگ خاموشی
یہ بات بزم میں روشن ہوئی زَبانِ شمع

(78)

زخم پر چھڑکیں کہاں طفلانِ بے پروا نمک
کیا مزہ ہوتا اگر پتھر میں بھی ہوتا نمک

(88)

زخم سِلوانے سے مجھ پر چارہ جوئی کا ہے طعن
غیر سمجھا ہے کہ لذّت زخمِ سوزن میں نہیں

غالبؔ الف سے ی تک

ز

(90)

زہر ملتا ہی نہیں مجھ کو، ستمگر! ورنہ
کیا قسم ہے ترے مِلنے کی کہ کھا بھی نہ سکوں

(110)

زمانہ سخت کم آزار ہے بہ جانِ اسدؔ
وگرنہ ہم تو توقّع زیادہ رکھتے ہیں

(140)

زہر لگتی ہے مجھے آب و ہوائے زندگی
یعنی تجھ سے تھی اِسے ناسازگاری ہائے ہائے

(151)

زندگی اپنی جب اِس شکل سے گزری غالبؔ
ہم بھی کیا یاد کریں گے کہ خُدا رکھتے تھے!

(153)

زخمی ہُوا ہے پاشنہ پائے ثبات کا
نے بھاگنے کی گوں نہ اِقامت کی تاب ہے

ز

(202)

زہے کرشمہ کہ یوں دے رکھا ہے ہم کو فریب
کہ بِن کہے بھی اُنہیں سب خبر ہے، کیا کہیے

(207)

ز بسکہ مشقِ تماشا جنوں علامت ہے
کشاد و بستِ مِژہ سیلئِ ندامت ہے

(218)

زندگی میں تو وہ محفل سے اُٹھا دیتے تھے
دیکھوں اب مر گئے پر کون اُٹھاتا ہے مجھے

(233)

زمزم ہی پہ چھوڑو، مجھے کیا طوفِ حرم سے
آلودہ بہ مَئے جامۂ اُحرام بہت ہے

(235)

زَباں پہ بارِ خُدایا یہ کس کا نام آیا
کہ میرے نُطق نے بوسے مِری زباں کے لیے

ز

(235)

زمانہ عہد میں اُس کے ہے محوِ آرائش
بنیں گے اور ستارے اب آسماں کے لیے

س

(4)

سادگی و پرکاری، بے خودی و ہشیاری
حُسن کو تغافل میں جرأت آزما پایا

(9)

سبزۂ خط سے ترا کاکلِ سرکش نہ دبا
یہ زمرّد بھی حریفِ دمِ افعی نہ ہُوا

(10)

ستائِش گر ہے زاہد اس قدر جس باغِ رضواں کا
وہ اِک گُلدستہ ہے ہم بے خودوں کے طاقِ نسیاں کا

(12)

سراپا رہنِ عشق و ناگزیرِ اُلفتِ ہستی
عبادت برق کی کرتا ہُوں اور افسوس حاصل کا

س

(22)

سُن اے غارت گرِ جنسِ وفا سُن
شکستِ قیمتِ دِل کی صدا کیا

(23)

سب کو مقبول ہے دعویٰ تری یکتائی کا
روبرو کوئی بُتِ آئنہ سیما نہ ہُوا

(23)

سینے کا داغ ہے وہ نالہ کہ لب تک نہ گیا
خاک کا رِزق ہے وہ قطرہ کہ دریا نہ ہُوا

(26)

سب کے دِل میں ہے جگہ تیری جو تو راضی ہُوا
مجھ پہ گویا اِک زمانہ مہرباں ہوجائے گا

(34)

سو بار بندِ عشق سے آزاد ہم ہُوئے
پر کیا کریں کہ دِل ہی عدُو ہے فراغ کا

س

(35)

سفرِ عشق میں کی ضعف نے راحت طلبی
ہر قدم سائے کو میں اپنے شبستاں سمجھا

(36)

سادگی ہائے تمنّا یعنی
پھر وہ نیرنگِ نظر یاد آیا

(45)

سرمہ سفتِ نظر ہُوں، مِری قیمت یہ ہے
کہ رہے چشمِ خریدار پہ احساں میرا

(61)

سر پھوڑنا وہ غالبؔ شوریدہ حال کا
یاد آگیا مجھے تری دِیوار دیکھ کر

(66)

سِتم کش مصلحت سے ہُوں کہ خوباں تجھ پہ عاشق ہیں
تکلُّف برطرف، مل جائے گا تجھ سا رقیب آخر

س

(81)

سطوت سے تیرے جلوۂ حُسنِ غیور کی
خوں ہے مِری نگاہ میں رنگِ ادائے گُل

(93)

سَر کھجا تا ہے جہاں زخمِ سَر اچھا ہوجائے
لذّتِ سنگ بہ اندازۂ تقریر نہیں

(96)

سلطنت دَست بہ دست آئی ہے
جامِ مَے خاتمِ جمشید نہیں

(97)

سراغِ تَفِ نالہ لے داغِ دِل سے
کہ شب رو کا نقشِ قدم دیکھتے ہیں

(102)

سبدِ گُل کے تلے بند کرے ہے گُلچیں
مُژدہ اِے مُرغ کہ گلزار میں صیّاد نہیں

س

(109)

سادہ پُرکار ہیں خوباں غالبؔ
ہم سے پیمانِ وفا باندھتے ہیں

(112)

سب کہاں، کچھ لالہ وگُل میں نمایاں ہوگئیں
خاک میں کیا صورتیں ہوں گی کہ پنہاں ہوگئیں

(112)

سب رقیبوں سے ہوں ناخوش پر زنانِ مصر سے
ہے زُلیخا خوش کہ محوِ ماہِ کنعاں ہوگئیں

(121)

سخن کیا کہہ نہیں سکتے کہ جویا ہوں جواہر کے
جگر کیا ہم نہیں رکھتے کہ کھودیں جا کے معدن کو

(124)

سَر اُڑانے کے جو وعدے کو مکرّر چاہا
ہنس کے بولے کہ ترے سَر کی قسم ہے ہم کو

س

(125)

سنتے ہیں جو بہشت کی تعریف، سب درست
لیکن خُدا کرے وہ ترا جلوہ گاہ ہو

(132)

سیکھے ہیں مہ رُخوں کے لیے ہم مصوّری
تقریب کچھ تو بہرِ ملاقات چاہیے

(132)

سرپائے خُم پہ چاہیے ہنگامِ بیخودی
رُوسُوئے قبلہ وقتِ مُناجات چاہیے

(141)

سرگشتگی میں عالَمِ ہستی سے یاس ہے
تسکیں کو دے نوید کہ مرنے کی آس ہے

(154)

سایہ میرا مجھ سے مثلِ دُود بھاگے ہے اسدؔ
پاس مجھ آتش بجاں کے کس سے ٹھہرا جائے ہے

س

(158)

سادگی پر اُس کی مر جانے کی حسرت دِل میں ہے
بس نہیں چلتا کہ پھر خنجر کفِ قاتل میں ہے

(160)

ساقی گری کی شرم کرو آج، ورنہ ہم
ہر شب پیا ہی کرتے ہیں مَے، جس قدر ملے

(163)

سبزہ و گُل کہاں سے آئے ہیں
ابر کیا چیز ہے، ہَوا کیا ہے

(168)

سختی کشانِ عشق کی پوچھے ہے کیا خبر
وہ لوگ رفتہ رفتہ سراپا اَلَم ہوئے

(170)

ساقی بہ جلوہ دُشمنِ ایمان و آگہی
مُطرب بہ نغمہ رہزنِ تمکین و ہوش ہے

غالبؔ الف سے ی تک

س

(174)

سائے کی طرح ساتھ پھریں سرو و صنوبر
تو اِس قدِ دِل کش سے جو گلزار میں آوے

(178)

سات اقلیم کا حاصل جو فراہم کیجیے
تو وہ لشکر کا ترے نعل بہا ہوتا ہے

(182)

سبزے کو جب کہیں جگہ نہ ملی
بن گیا روئے آب پر کائی

(182)

سبزہ و گُل کے دیکھنے کے لیے
چشمِ نرگس کو دی ہے بینائی

(188)

سیماب پُشت گرمیٔ آئینہ دے ہے ہم
حیراں کیے ہُوئے ہیں دِلِ بے قرار کے

س

﴿ 195 ﴾

سرشکِ سر بہ صحرا دادہ، نور العینِ دامن ہے
دلِ بے دست و پا اُفتادہ برخوردارِ بستر ہے

﴿ 196 ﴾

سمجھ اس فصل میں کوتاہیِ نشو و نما غالبؔ
اگر گُل سرو کے قامت پہ پیراہن نہ ہو جاوے

﴿ 202 ﴾

سمجھ کے کرتے ہیں بازار میں وہ پرسشِ حال
کہ یہ کہے کہ سرِ رہگزر ہے، کیا کہیے

﴿ 206 ﴾

سنبھلنے دے مجھے اَے نا اُمیدی، کیا قیامت ہے
کہ دامانِ خیالِ یار چھوٹا جائے ہے مجھ سے

﴿ 209 ﴾

سچ کہتے ہو خود بین و خود آرا ہُوں نہ کیوں ہُوں
بیٹھا ہے بُتِ آئنہ سیما مِرے آگے

(210)

سفینہ جب کہ کنارے پہ آ لگا غالبؔ
خُدا سے کیا ستم و جورِ ناخُدا کہیے

(213)

سوزشِ باطن کے ہیں احباب مُنکر ورنہ یاں
دِل محیطِ گریہ و لب آشنائے خندہ ہے

(215)

سَر بر ہُوئی نہ وعدۂ صبر آزما سے عمر
فرصت کہاں کہ تیری تمنّا کرے کوئی

(217)

سخن میں خامۂ غالبؔ کی آتش اَفشانی
یقیں ہے ہم کو بھی لیکن اب اُس میں دَم کیا ہے

(226)

سیاہی جیسے گر جاوے دمِ تحریر کاغذ پر
مِری قسمت میں یوں تصویر ہے شب ہائے ہجراں کی

(230)

سر پر ہجومِ دردِ غریبی سے ڈالیے
وہ ایک مُشتِ خاک کہ صحرا کہیں جسے

ش

ش

(4)

شورِ پندِ ناصح نے زخم پر نمک چھڑکا
آپ سے کوئی پوچھے، تم نے کیا مزا پایا؟

(6)

شوق ہر رنگ رقیبِ سروساماں نکلا
قیس تصویر کے پردے میں بھی عریاں نکلا

(8)

شمارِ سبحہ مرغوبِ بُتِ مشکل پسند آیا
تماشائے بہ یک کف بُردنِ صد دِل پسند آیا

(14)

شب ہوئی پھر انجمِ رخشندہ کا منظر کھلا
اس تکلُّف سے کہ گویا بُت کدے کا دَر کھلا

ش

(15)

شب کہ برقِ سوزِ دِل سے زہرۂ ابر آب تھا
شعلۂ جوّالہ ہر اِک حلقۂ گرداب تھا

(19)

شب خمارِ شوقِ ساقی رستخیز اندازہ تھا
تامُحیطِ بادہ صورت خانۂ خمیازہ تھا

(35)

شرحِ اسبابِ گرفتاریِ خاطر مت پوچھ
اس قدر تنگ ہُوا دِل کہ میں زنداں سمجھا

(40)

شب کہ وہ مجلس فروزِ خلوتِ ناموس تھا
رشتۂ ہر شمع خارِ کسوتِ فانوس تھا

(43)

شوق ہے ساماں طرازِ نازشِ اربابِ عجز
ذرّہ صحرا دستگاہ وقطرہ دریا آشنا

ش

(43)

شکوہ سنجِ رشکِ ہم دیگر نہ رہنا چاہیے
میرا زانو مونس اور آئینہ تیرا آشنا

(50)

شرحِ ہنگامۂ ہستی ہے زہے موسمِ گُل
رہبرِ قطرہ بہ دریا ہے خوشا موجِ شراب

(58)

شمع بجھتی ہے تو اُس میں سے دُھواں اُٹھتا ہے
شعلۂ عشق سیہ پوش ہُوا میرے بعد

(78)

شورِ جولاں تھا کنارِ بحر پر کس کا کہ آج
گردِ ساحل ہے بہ زخمِ موجۂ دریا نمک

(81)

شرمندہ رکھتے ہیں مجھے بادِ بہار سے
مینائے بے شراب و دلِ بے ہوائے گُل

ش

(93)

شوق اُس دشت میں دوڑائے ہے مجھ کو کہ جہاں
جادہ غیر از نگہِ دیدۂ تصویر نہیں

(99)

شرم اِک ادائے ناز ہے اپنے ہی سے سہی
ہیں کتنے بے حجاب کہ ہیں یوں حجاب میں

(101)

شاہدِ ہستیِ مطلق کی کمر ہے عالَم
لوگ کہتے ہیں کہ ہے، پر ہمیں منظور نہیں

(113)

شوریدگی کے ہاتھ سے ہے سَر وبالِ دوش
صحرا میں اے خُدا کوئی دیوار بھی نہیں

(121)

شہادت تھی مِری قسمت میں، جو دی تھی یہ خو مجھ کو
جہاں تلوار کو دیکھا، جھکا دیتا تھا گردن کو

ش

(122)

شب کو کسی کے خواب میں آیا نہ ہو کہیں
دُکھتے ہیں آج اُس بُتِ نازک بدن کے پانو

(140)

شرمِ رُسوائی سے جا چھپنا نقابِ خاک میں
ختم ہے اُلفت کی تجھ پر پردہ داری ہائے ہائے

(154)

شوق کو یہ لت کہ ہر دَم نالہ کھینچے جایئے
دِل کی وہ حالت کہ دَم لینے سے گھبرا جائے ہے

(159)

شق ہوگیا ہے سینہ خوشا لذّتِ فراغ
تکلیفِ پردہ داریِ زخمِ جگر گئی

(163)

شکنِ زلفِ عنبریں کیوں ہے
نگہِ چشمِ سرمہ سا کیا ہے

ش

﴾ 178 ﴿

شکوے کے نام سے بے مِہر خفا ہوتا ہے
یہ بھی مت کہہ کہ جو کہیے تو گلا ہوتا ہے

﴾ 181 ﴿

شاہ کے ہے غُسلِ صحت کی خبر
دیکھیے کب دِن پھریں حمام کے

﴾ 191 ﴿

شوقِ دِیدار میں گر تو مجھے گردن مارے
ہو نگہ مثلِ گُلِ شمع پریشاں مجھ سے

﴾ 197 ﴿

شادی سے گزر کہ غم نہ رہوے
اُردی جو نہ ہو تو دَے نہیں ہے

﴾ 216 ﴿

شرع و آئین پر مدار سہی
ایسے قاتل کا کیا کرے کوئی

ش

(231)

شبنم بہ گُلِ لالہ نہ خالی زِ اَدَا ہے
داغِ دِلِ بے درد نظر گاہِ حیا ہے

(231)

شعلے سے نہ ہوتی، ہوسِ شعلہ نے جو کی
جی کس قدر افسردگیٔ دِل پہ جَلا ہے

ص

(13)

صرفہ ہے ضبطِ آہ میں میرا وگرنہ میں
طعمہ ہُوں ایک ہی نفسِ جاں گداز کا

(64)

صفائے حیرتِ آئینہ ہے سامانِ زنگ آخر
تغیّر آبِ بر جا ماندہ کا پاتا ہے رنگ آخر

(101)

صاف دُردی کشِ پیمانۂ جم ہیں ہم لوگ
وائے وہ بادہ کہ افشُردۂ انگور نہیں

(131)

صد جلوہ رُو بہ رُو ہے، جو مژگاں اُٹھائیے
طاقت کہاں کہ دِید کا اِحساں اُٹھائیے

ص

(152)

صحبت میں غیر کی نہ پڑی ہو کہیں یہ خو
دینے لگا ہے بوسہ بغیر التجا کیے

(187)

صد حَیف وہ نا کام کہ اِک عمر سے غالبؔ
حسرت میں رہے ایک بُتِ عَربدہ جُو کی

(190)

صحبتِ رنداں سے واجب ہے حذر
جائے مَے اپنے کو کھینچا چاہیے

(211)

صرفِ بہائے مَے ہوئے آلاتِ مَے کشی
تھے یہ ہی دو حساب سو یوں پاک ہو گئے

ض

ض

(49)

ضعف سے گریہ مبدّل بہ دمِ سرد ہُوا
باور آیا ہمیں پانی کا ہَوا ہو جانا

(82)

ضعف سے ہے نے قناعت سے یہ ترکِ جستجو
ہیں وبالِ تکیہ گاہِ ہمتِ مردانہ ہم

(88)

ضعف سے اَے گریہ کچھ باقی مِرے تن میں نہیں
رنگ ہو کر اُڑ گیا، جو خوں کہ دامن میں نہیں

(90)

ضَعف میں طعنۂ اغیار کا شکوہ کیا ہے
بات کچھ سر تو نہیں ہے کہ اُٹھا بھی نہ سکوں

ض

(124)

ضعف سے نقشِ پئے مُور ہے طَوقِ گردن
ترے کوچے سے کہاں طاقتِ رَم ہے ہم کو

(152)

ضد کی ہے اور بات مگر خو بُری نہیں
بھولے سے اس نے سینکڑوں وعدے وفا کیے

ط

(119)

طاعت میں تا رہے نہ مَے و انگبیں کی لاگ
دوزخ میں ڈال دو کوئی لے کر بہشت کو

(204)

طبع ہے مشتاقِ لذّت ہائے حسرت کیا کروں
آرزو سے ہے شکستِ آرزو مطلب مجھے

(XXX)

طرزِ بیدل میں ریختہ کہنا
اسدؔ اللہ خاں قیامت ہے

ظ

ظ

(89)

ظالم مِرے گماں سے مجھے مُنفعِل نہ چاہ
ہَے ہَے خُدا نہ کردہ، تجھے بیوفا کہوں

(101)

ظلم کر ظلم، اگر لُطف دِریغ آتا ہو
تو تغافل میں کسی رنگ سے معذور نہیں

(164)

ظاہر ہے کہ گھبرا کے نہ بھاگیں گے نکیرین
ہاں منہ سے مگر بادۂ دوشینہ کی بو آئے

(170)

ظلمت کدے میں میرے شبِ غم کا جوش ہے
اِک شمع ہے دلیلِ سَحر سو خموش ہے

ع

ع

(4)

عشق سے طبیعت نے زیست کا مزا پایا
درد کی دوا پائی، دردِ بے دوا پایا

(5)

عرض کیجیے جوہرِ اندیشہ کی گرمی کہاں
کچھ خیال آیا تھا وحشت کا کہ صحرا جل گیا

(18)

عشرتِ قتل گہِ اہلِ تمنّا مت پوچھ
عیدِ نظّارہ ہے شمشیر کا عریاں ہونا

(18)

عشرتِ پارۂ دِل زخمِ تمنّا کھانا
لذّتِ ریشِ جگر غرقِ نمک داں ہونا

ع

(35)

عجز سے اپنے یہ جانا کہ وہ بدخو ہوگا
نبضِ خس سے تپشِ شعلہ سوزاں سمجھا

(36)

عذرِ واماندگی اے حسرتِ دِل
نالہ کرتا تھا جگر یاد آیا

(42)

عرضِ نیازِ عشق کے قابل نہیں رہا
جس دِل پہ ناز تھا مجھے وہ دِل نہیں رہا

(47)

عمر بھر دیکھا کیے مرنے کی راہ
مر گئے پر دیکھیے دِکھلائیں کیا

(49)

عشرتِ قطرہ ہے دریا میں فنا ہو جانا
درد کا حد سے گزرنا ہے دوا ہو جانا

ع

(52)

علی الرغمِ دشمن شہیدِ وفا ہُوں
مبارک مبارک سلامت سلامت

(54)

عشق میں بیدادِ رشکِ غیر نے مارا مجھے
کشتۂ دشمن ہُوں آخر گرچہ تھا بیمارِ دوست

(79)

عاشقی صبر طلب اور تمنّا بیتاب
دِل کا کیا رنگ کروں خونِ جگر ہوتے تک

(89)

عُہدے سے مدحِ ناز کے، باہر نہ آ سکا
گر اِک ادا ہو تو اُسے اپنی قضا کہوں

(96)

عشق تاثیر سے نومید نہیں
جاں سپاری شجرِ بید نہیں

(102)

عشق و مزدوریِ عشرت گہِ خسرو کیا خوب
ہم کو تسلیمِ نِکو نامیٔ فرہاد نہیں

(108)

علاوہ عید کے ملتی ہے اور دِن بھی شراب
گدائے کوچۂ مے خانہ نامراد نہیں

(132)

عاشق ہوئے ہیں آپ بھی ایک اور شخص پر
آخر سِتم کی کچھ تو مُکافات چاہیے

(140)

عمر بھر کا تو نے پیمانِ وفا باندھا تو کیا
عمر کو بھی تو نہیں ہے پائداری ہائے ہائے

(140)

عشق نے پکڑا نہ تھا غالبؔ ابھی وحشت کا رنگ
رہ گیا تھا دِل میں جو کچھ ذوقِ خواری، ہائے ہائے

ع

(149)

عشق مجھ کو نہیں، وحشت ہی سہی
میری وحشت، تری شہرت ہی سہی

(149)

عمر ہر چند کہ ہے برق خرام
دِل کے خوں کرنے کی فرصت ہی سہی

(176)

عشرتِ صحبتِ خوباں ہی غنیمت سمجھو
نہ ہوئی غالبؔ اگر عمرِ طبیعی، نہ سہی

(177)

عجب نشاط سے جلاّد کے چلے ہیں ہم آگے
کہ اپنے سائے سے، سر پانْو سے ہے دو قدم آگے

(178)

عشق کی راہ میں ہے چرخِ مُکوکب کی وہ چال
سست رَو جیسے کوئی آبلہ پا ہوتا ہے

ع

(181)

عشق نے غالبؔ نکما کر دیا
ورنہ ہم بھی آدمی تھے کام کے

(192)

عشق پر زور نہیں، ہے یہ وہ آتش غالبؔ
کہ لگائے نہ لگے اور بجھائے نہ بنے

(201)

عارضِ گُل دیکھ رُوئے یار یاد آیا اسدؔ
جوششِ فصلِ بہاری اشتیاق انگیز ہے

(209)

عاشق ہُوں پہ معشوق فریبی ہے مِرا کام
مجنوں کو بُرا کہتی ہے لیلیٰ مِرے آگے

(213)

عرضِ نازِ شوخیِ دَنداں برائے خندہ ہے
دعوئ جمعیّتِ احباب جائے خندہ ہے

(215)

عالَم غُبارِ وحشتِ مجنوں ہے سربسر
کب تک خیالِ طُرّۂ لَیلیٰ کرے کوئی

غ

غ

(4)

غنچہ پھر لگا کھِلنے آج ہم نے اپنا دِل
خوں کیا ہُوا دیکھا، گُم کیا ہُوا پایا

(21)

غم اگرچہ جاں گسل ہے، پہ کہاں بچیں کہ دِل ہے
غمِ عشق گر نہ ہوتا، غمِ روزگار ہوتا

(28)

غمِ فراق میں تکلیفِ سیرِ باغ نہ دو
مجھے دِماغ نہیں خندہ ہائے بے جا کا

(46)

غافل بہ وہمِ ناز خود آرا ہے ورنہ یاں
بے شانۂ صبا نہیں طُرّہ گیاہ کا

(54)

غیر یوں کرتا ہے میری پرسش اُس کے ہجر میں
بے تکلُّف دوست ہو جیسے کوئی غم خوارِ دوست

(58)

غم سے مرتا ہُوں کہ اتنا نہیں دُنیا میں کوئی
کہ کرے تعزیتِ مہر و وفا میرے بعد

(60)

غالبؔ نہ کر حضور میں تو بار بار عرض
ظاہر ہے تیرا حال سب اُن پر کہے بغیر

(76)

غم اس کو حسرتِ پروانہ کا ہے اَے شعلہ
ترے لرزنے سے ظاہر ہے ناتوانیِ شمع

(78)

غیر کی منّت نہ کھینچوں گا پئے توفیرِ درد
زخم مثلِ خندۂ قاتل ہے سَرتا پا نمک

غ

(79)

غمِ ہستی کا اسدؔ کس سے ہو جُز مرگ علاج
شمع ہر رنگ میں جلتی ہے سحر ہوتے تک

(81)

غالبؔ مجھے ہے اس سے ہم آغوشی آرزو
جس کا خیال ہے گُلِ جیبِ قبائے گُل

(82)

غم نہیں ہوتا ہے آزادوں کو بیش از یک نفس
برق سے کرتے ہیں روشن شمعِ ماتم خانہ ہم

(91)

غرّۂ اوجِ بنائے عالمِ امکاں نہ ہو
اِس بلندی کے نصیبوں میں ہے پستی ایک دن

(93)

غالبؔ اپنا یہ عقیدہ ہے بہ قولِ ناسخ
آپ بے بہرہ ہے جو معتقدِ میرؔ نہیں

غالبؔ الف سے ی تک

غ

(98)

غالبؔ چھٹی شراب پر اب بھی کبھی کبھی
پیتا ہُوں روزِ ابر و شبِ ماہ تاب میں

(99)

غالبؔ ندیمِ دوست سے آتی ہے بوئے دوست
مشغولِ حق ہوں بندگیٔ بو تُراب میں

(100)

غالبؔ خُدا کرے کہ سوارِ سمندِ ناز
دیکھوں علی بہادرِ عالی گہر کو میں

(109)

غلطی ہائے مضامیں مت پوچھ
لوگ نالے کو رَسا باندھتے ہیں

(111)

غالبؔ وظیفہ خوار ہو دو شاہ کو دُعا
وہ دِن گئے جو کہتے تھے نوکر نہیں ہُوں میں

غ

(116)

غالبؔ خستہ کے بغیر کون سے کام بند ہیں
روئیے زار زار کیا، کیجیے ہائے ہائے کیوں

(117)

غنچۂ ناشگفتہ کو دُور سے مت دِکھا کہ یوں
بوسے کو پوچھتا ہُوں میں منہ سے مجھے بتا، کہ یوں!

(117)

غیــر سے رات کیا بنی، یہ جو کہا تو دیکھیے
سامنے آن بیٹھنا اَور یہ دیکھنا کہ یوں!

(119)

غالبؔ کچھ اپنی سعی سے لہنا نہیں مجھے
خرمن جلے اگر نہ ملخ کھائے کشت کو

(122)

غالبؔ مِرے کلام میں کیوں کر مزہ نہ ہو
پیتا ہُوں دھو کے خسروِ شیریں سخن کے پانو

غ

(125)

غالبؔ بھی گر نہ ہو تو کچھ ایسا ضرر نہیں
دنیا ہو یارَب اور مِرا بادشاہ ہو

(126)

غلط نہ تھا ہمیں خط پر گماں تسلّی کا
نہ مانے دیدۂ دِیدار جو تو کیوں کر ہو

(127)

غلط ہے جذبِ دِل کا شکوہ، دیکھو جرم کس کا ہے
نہ کھینچو گر تم اپنے کو کشاکش درمیاں کیوں ہو

(135)

غالبؔ ترا احوال سُنا دیں گے ہم اُن کو
وہ سُن کے بُلا لیں، یہ اِجارا نہیں کرتے

(137)

غمِ دُنیا سے گر پائی بھی فرصت سر اُٹھانے کی
فلک کا دیکھنا تقریب تیرے یاد آنے کی

غ

(152)

غالبؔ تمھیں کہو کہ ملے گا جواب کیا
مانا کہ تم کہا کیے اور وہ سُنا کیے

(154)

غیر کو یارب وہ کیوں کر منعِ گستاخی کرے
گر حیا بھی اس کو آتی ہے تو شرما جائے ہے

(156)

غنچہ تا شگفتن ہا برگِ عافیت معلوم
باوجودِ دِل جمعی خوابِ گُل پریشاں ہے

(174)

غارت گرِ ناموس نہ ہو گر ہوَسِ زر
کیوں شاہدِ گُل باغ سے بازار میں آوے

(177)

غمِ زمانہ نے جھاڑی نشاطِ عشق کی مستی
وگرنہ ہم بھی اُٹھاتے تھے لذّتِ الَم آگے

غ

(181)

غیر لیں محفل میں بوسے جام کے
ہم رہیں یوں تشنہ لب پیغام کے

(190)

غافل، اِن مہ طلعتوں کے واسطے
چاہنے والا بھی اچھا چاہیے

(191)

غمِ عُشّاق نہ ہو سادگی آموزِ بُتاں
کس قدر خانۂ آئینہ ہے ویراں مجھ سے

(192)

غیر پھرتا ہے لیے یوں ترے خط کو کہ اگر
کوئی پوچھے کہ یہ کیا ہے تو چھپائے نہ بنے

(227)

غم آغوشِ بلا میں پرورش دیتا ہے عاشق کو
چراغِ روشن اپنا قلُزمِ صَرصَر کا مَرجاں ہے

غ

(229)

غفلت کفیلِ عمر و اسدؔ ضامنِ نشاط
اے مرگِ ناگہاں تجھے کیا انتظار ہے

(230)

غالبؔ بُرا نہ مان جو واعظ بُرا کہے
ایسا بھی کوئی ہے کہ سب اچھا کہیں جسے؟

(232)

غالبؔ گر اس سفر میں مجھے ساتھ لے چلیں
حج کا ثواب نذر کروں گا حضور کی

(233)

غم کھانے میں بودا دلِ ناکام بہت ہے
یہ رنج کہ کم ہے مئے گلفام بہت ہے

(234)

غالبؔ ہمیں نہ چھیڑ، کہ پھر جوشِ اشک سے
بیٹھے ہیں ہم تہیّۂ طُوفاں کیے ہوئے

ف

ف

(15)

فرش سے تا عرش واں طوفاں تھا موجِ رنگ کا
یاں زمیں سے آسماں تک سوختن کا باب تھا

(22)

فروغِ شعلۂ خس یک نفس ہے
ہوس کو پاسِ ناموسِ وفا کیا

(26)

فائدہ کیا سوچ آخر تو بھی دَانا ہے اسدؔ
دوستی ناداں کی ہے جی کا زیاں ہوجائے گا

(28)

فلک کو دیکھ کے کرتا ہُوں اُس کو یاد اسدؔ
جفا میں اُس کی ہے انداز کارفرما کا

ف

(62)

فنا تعلیمِ درسِ بے خودی ہُوں اُس زمانے سے
کہ مجنوں لام الف لکھتا تھا دیوارِ دبستاں پر

(62)

فراغت کس قدر رہتی مجھے تشویشِ مرہم سے
بہم گر صلح کرتے پارہ ہائے دِل نمکداں پر

(65)

فلک سے ہم کو عیشِ رفتہ کا کیا کیا تقاضا ہے
مُتاعِ بُردہ کو سمجھے ہوئے ہیں قرض رہزن پر

(65)

فنا کو سونپ، گر مشتاق ہے اپنی حقیقت کا
فروغِ طالعِ خاشاک ہے موقوف گُلخن پر

(68)

فارغ مجھے نہ جان کہ مانندِ صبح و مِہر
ہے داغِ عشق زینتِ جیبِ کفن ہنوز

ف

(74)

فروغِ حُسن سے ہوتی ہے حلِّ مشکلِ عاشق
نہ نکلے شمع کے پا سے، نکالے گر نہ خار آتش

(86)

فرصتِ کار و بارِ شوق کسے
ذوقِ نظارۂ جمال کہاں

(86)

فکرِ دُنیا میں سَر کھپاتا ہُوں
میں کہاں اور یہ وبال کہاں

(159)

فردا و دی کا تفرقہ یک بار مٹ گیا
کل تم گئے کہ ہم پہ قیامت گزر گئی

(197)

فریاد کی کوئی لَے نہیں ہے
نالہ پابندِ نَے نہیں ہے

ف

(228)

فِشارِ تنگیٔ خلوت سے بنتی ہے شبنم
صبا جو غنچے کے پردے میں جا نکلتی ہے

(235)

فلک نہ دُور رکھ اُس سے مجھے، کہ میں ہی نہیں
دراز دستیٔ قاتل کے اِمتحاں کے لیے

ق

(23)

قطرے میں دجلہ دکھائی نہ دے اور جُزو میں کل
کھیل لڑکوں کا ہُوا دیدۂ بینا نہ ہُوا

(29)

قطرۂ مَے بسکہ حیرت سے نفس پَرور ہُوا
خطِّ جامِ مَے سراسر رشتۂ گوہر ہُوا

(37)

قید میں ہے ترے وحشی کو وہی زُلف کی یاد
ہاں کچھ اِک رنجِ گراں بارئ زنجیر بھی تھا

(41)

قاصد کو اپنے ہاتھ سے گردن نہ ماریئے
اس کی خطا نہیں ہے یہ میرا قصور تھا

ق

(88)

قطرہ قطرہ اِک ہیولیٰ ہے نئے ناسُور کا
خوں بھی ذوقِ درد سے فارغ مِرے تن میں نہیں

(91)

قرض کی پیتے تھے مَے لیکن سمجھتے تھے کہ ہاں
رنگ لاوے گی ہماری فاقہ مستی ایک دن

(98)

قاصد کے آتے آتے خط اِک اور لکھ رکھوں
میں جانتا ہُوں جو وہ لکھیں گے جواب میں

(101)

قطرہ اپنا بھی حقیقت میں ہے دریا لیکن
ہم کو تقلیدِ تنک ظرفیِ منصور نہیں

(105)

قیامت ہے کہ سُن لیلیٰ کا دَشتِ قیس میں آنا
تعجب سے وہ بولا یوں بھی ہوتا ہے زمانے میں

(109)

قیدِ ہستی سے رہائی معلوم
اَشک کو بے سر و پا باندھتے ہیں

(112)

قید میں یعقوب نے لی گو، نہ یوسف کی خبر
لیکن آنکھیں روزنِ دیوارِ زنداں ہو گئیں

(116)

قیدِ حیات و بندِ غم اصل میں دونوں ایک ہیں
موت سے پہلے آدمی غم سے نجات پائے کیوں

(121)

قفس میں ہُوں، گر اچھا بھی نہ جانیں میرے شیون کو
مِرا ہونا بُرا کیا ہے نوا سنجانِ گلشن کو

(127)

قفس میں مجھ سے رُودادِ چمن کہتے نہ ڈر ہمدم
گری ہے جس پہ کل بجلی، وہ میرا آشیاں کیوں ہو

ق

(149)

قطع کیجیے نہ تعلق ہم سے
کچھ نہیں ہے تو عداوت ہی سہی

(161)

قاطعِ اعمار ہیں اکثر نجوم
وہ بلائے آسمانی اور ہے

(165)

قبلۂ مقصدِ نگاہِ نیاز
پھر وہی پردۂ عماری ہے

(171)

قتل کا میرے کیا ہے عہد تو بارے
وائے اگر عہد اُستوار نہیں ہے

(175)

قطرہ دریا میں جو مل جائے تو دریا ہو جائے
کام اچھا ہے وہ جس کا کہ مآل اچھا ہے

ق

(177)

قضا نے تھا مجھے چاہا خرابِ بادۂ اُلفت
فقط خراب لکھا، بس نہ چل سکا قلم آگے

(177)

قسم جنازے پہ آنے کی میرے کھاتے ہیں غالبؔ
ہمیشہ کھاتے تھے جو میری جان کی قسم آگے

(180)

قہر ہو یا بلا ہو، جو کچھ ہو
کاش کے تم مِرے لیے ہوتے

(184)

قدرِ سنگِ سرِ رہ رکھتا ہُوں
سخت ارزاں ہے گِرانی میری

(205)

قد و گیسو میں قیس و کوہکن کی آزمائش ہے
جہاں ہم ہیں وہاں دار و رَسن کی آزمائش ہے

ق

(206)

قیامت ہے کہ ہووے مُدّعی کا ہم سفر غالبؔ
وہ کافر جو خُدا کو بھی نہ سونپا جائے ہے مجھ سے

(231)

قمری کفِ خاکستر و بلبل قفسِ رنگ
اے نالہ نشانِ جگرِ سوختہ کیا ہے؟

ک

(1)

کاو کاوِ سخت جانی ہائے تنہائی، نہ پوچھ
صبح کرنا شام کا، لانا ہے جُوئے شِیر کا

(4)

کہتے ہو نہ دیں گے ہم دِل اگر پڑا پایا
دِل کہاں کہ گم ، کیجیے ہم نے مدّعا پایا

(9)

کس سے محرومیِ قسمت کی شکایت کیجیے
ہم نے چاہا تھا کہ مرجائیں سو وہ بھی نہ ہُوا

(10)

کیا آئینہ خانے کا وہ نقشہ تیرے جلوے نے
کرے جو پرتوِ خورشید عالم شبنمستاں کا

ک

(13)

کاوش کا دِل کرے ہے تقاضا کہ ہے ہنوز
ناخن پہ قرض اُس گرہٗ نیم باز کا

(14)

کیوں اندھیری ہے شبِ غم ہے بلاؤں کا نزول
آج ادھر ہی کو رہے گا دیدۂ اختر کھلا

(14)

کیا رہُوں غربت میں خوش جب ہو حوادث کا یہ حال
نامہ لاتا ہے وطن سے نامہ بَر اکثر کھلا

(16)

کچھ نہ کی اپنی جنونِ نارَسا نے ورنہ یاں
ذرّہ ذرّہ رُوکشِ خورشیدِ عالم تاب تھا

(17)

کم جانتے تھے ہم بھی غمِ عشق کو پر اَب
دیکھا تو کم ہُوئے پہ غمِ روزگار تھا

ک

(18)

کی مِرے قتل کے بعد اُس نے جفا سے توبہ
ہائے اُس زُود پشیماں کا پشیماں ہونا

(21)

کوئی میرے دِل سے پوچھے ترے تیرِ نیم کش کو
یہ خلش کہاں سے ہوتی جو جگر کے پار ہوتا

(21)

کہوں کس سے میں کہ کیا ہے شبِ غم بری بلا ہے
مجھے کیا برا تھا مرنا اگر ایک بار ہوتا

(22)

کیا کس نے جگرداری کا دعویٰ
شکیبِ خاطرِ عاشق بھلا کیا

(23)

کم نہیں نازشِ ہم نامیِ چشمِ خوباں
ترا بیمار، بُرا کیا ہے، گر اچھا نہ ہُوا

ک

(27)

کتنے شیریں ہیں تیرے لب کہ رقیب
گالیاں کھا کے بے مزا نہ ہُوا

(27)

کیا وہ نمرُود کی خُدائی تھی
بندگی میں مِرا بھلا نہ ہُوا!

(27)

کچھ تو پڑھیے کہ لوگ کہتے ہیں
آج غالبؔ غزل سَرا نہ ہُوا

(36)

کوئی ویرانی سی ویرانی ہے
دَشت کو دیکھ کے گھر یاد آیا

(36)

کیا ہی رضواں سے لڑائی ہوگی
گھر ترا خلد میں گر یاد آیا

ک

(40)

کیا کہوں بیماریِ غم کی فراغت کا بیاں
جو کہ کھایا خونِ دِل بے منّتِ کیموس تھا

(43)

کوہکن نقّاشِ یک تمثالِ شیریں تھا اسدؔ
سنگ سے سر مار کر ہووے نہ پیدا آشنا

(51)

کافی ہے نشانی ترا چھلّے کا نہ دینا
خالی مجھے دِکھلا کے بہ وقتِ سفر انگشت

(57)

کمالِ گرمیِ سعیِ تلاشِ دید نہ پوچھ
بہ رنگِ خار مِرے آئنے سے جوہر کھینچ

(58)

کون ہوتا ہے حریفِ مے مرد افگنِ عشق
ہے مکرّر لبِ ساقی میں صلا میرے بعد

ک

(60)

کہتے ہیں جب رہی نہ مجھے طاقتِ سخن
جانوں کسی کے دِل کی میں کیوں کر کہے بغیر

(60)

کام اس سے آ پڑا ہے کہ جس کا جہان میں
لیوے نہ کوئی نام ستمگر کہے بغیر

(61)

کیوں جل گیا نہ تابِ رُخِ یار دیکھ کر
جلتا ہُوں اپنی طاقتِ دِیدار دیکھ کر

(61)

کیا آبروئے عشق جہاں عام ہو جفا
رُکتا ہُوں تم کو بے سبب آزار دیکھ کر

(61)

کیا بدگماں ہے مجھ سے کہ آئینے میں مرے
طوطی کا عکس سمجھے ہے، زنگار دیکھ کر

ک

(71)

کیوں کر اُس بُت سے رکھوں جان عزیز
کیا نہیں ہے مجھے ایمان عزیز

(76)

کرے ہے صرف بہ ایمائے شعلہ قصّہ تمام
بہ طرزِ اہلِ فنا ہے فسانہ خوانیِ شمع

(87)

کی وفا ہم سے تو غیر اس کو جفا کہتے ہیں
ہوتی آئی ہے کہ اچھوں کو بُرا کہتے ہیں

(88)

کیا کہوں تاریکیِ زندانِ غم اندھیر ہے
پنبہ نورِ صبح سے کم جس کے روزن میں نہیں

(92)

کس منہ سے شکر کیجیے اس لُطفِ خاص کا
پُرسش ہے اور پائے سخن درمیاں نہیں

ک

(92)

کہتے ہو کیا لکھا ہے تری سَرنوشت میں
گویا جبیں پہ سجدۂ بُت کا نشاں نہیں

(96)

کہتے ہیں جیتے ہیں اُمید پہ لوگ
ہم کو جینے کی بھی اُمید نہیں

(98)

کب سے ہوں، کیا بتاؤں جہانِ خراب میں
شب ہائے ہجر کو بھی رکھوں گر حساب میں

(99)

کل کے لیے کر آج نہ خسّتِ شراب میں
یہ سُوئے ظن ہے ساقیٔ کوثر کے باب میں

(102)

کم نہیں وہ بھی خرابی میں پہ وسعت معلوم
دَشت میں ہے مجھے وہ عیش کہ گھر یاد نہیں

ک

(102)

کم نہیں جلوہ گری میں ترے کوچے سے بہشت
یہی نقشہ ہے ولے اِس قدر آباد نہیں

(102)

کرتے کس منہ سے ہو غربت کی شکایت غالبؔ
تم کو بے مہریٔ یارانِ وطن یاد نہیں

(103)

کیا شمع کے نہیں ہیں ہَوا خواہ اہلِ بزم
ہو غم ہی جاں گداز تو غمخوار کیا کریں

(108)

کوئی کہے کہ شبِ مہ میں کیا بُرائی ہے
بَلا سے، آج اگر دِن کو ابر و باد نہیں

(108)

کبھی جو یاد بھی آتا ہُوں میں تو کہتے ہیں
کہ آج بزم میں کچھ فتنہ و فساد نہیں

ک

(111)

کیوں گردشِ مُدام سے گھبرا نہ جائے دِل
انسان ہُوں پیالہ و ساغر نہیں ہُوں میں

(111)

کس واسطے عزیز نہیں جانتے مجھے
لعل و زُمرُّد و زَر و گوہر نہیں ہُوں میں

(111)

کرتے ہو مجھ کو منعِ قدم بوس کس لیے
کیا آسمان کے بھی برابر نہیں ہُوں میں

(117)

کب مجھے کوئے یار میں رہنے کی وضع یاد تھی
آئنہ دار بن گئی حیرتِ نقشِ پا کہ یوں!

(119)

کعبے میں جا رہا تو نہ دو طعنہ کیا کہیں
بھولا ہُوں حقِّ صحبتِ اہلِ کنشت کو

ک

(125)

کیا وہ بھی بے گنہ کُش وحق ناشناس ہیں
مانا کہ تم بشر نہیں خورشید و ماہ ہو

(127)

کسی کو دے کے دِل کوئی نوا سنجِ فُغاں کیوں ہو
نہ ہو جب دِل ہی سینے میں تو پھر منہ میں زَباں کیوں ہو

(127)

کیا غمخوار نے رُسوا، لگے آگ اِس محبت کو
نہ لاوے تاب جو غم کی وہ میرا رازداں کیوں ہو

(127)

کہا تم نے کہ کیوں ہو غیر کے مِلنے میں رُسوائی
بجا کہتے ہو، سچ کہتے ہو، پھر کہیو کہ ہاں، کیوں ہو

(137)

کھلے گا کس طرح مضموں مِرے مکتوب کا یارب
قسم کھائی ہے اُس کافر نے کاغذ کے جلانے کی

ک

(137)

کہوں کیا خوبیِ اوضاعِ اَبنائے زماں غالبؔ
بدی کی اُس نے جس سے ہم نے کی تھی بارہا نیکی

(139)

کیا تنگ ہم سِتم زدگاں کا جہان ہے
جس میں کہ ایک بیضۂ مُور آسمان ہے

(139)

کی اُس نے گرم، سینۂ اہلِ ہَوس میں جا
آوے نہ کیوں پسند کہ ٹھنڈا مکان ہے

(139)

کیا خوب، تم نے غیر کو بوسہ نہیں دیا
بس چپ رہو ہمارے بھی منہ میں زبان ہے

(140)

کیوں مِری غم خوارگی کا تجھ کو آیا تھا خیال
دُشمنی اپنی تھی میری دوستداری ہائے ہائے

ک

(140)

کس طرح کاٹے کوئی شب ہائے تارِ برشکال
ہے نظر خو کردۂ اختر شماری ہائے ہائے

(141)

کیجیے بیاں سُرورِ تبِ غم کہاں تلک
ہر مُو مرے بدن پہ زبانِ سپاس ہے

(142)

کس کو سُناؤں حسرتِ اِظہار کا گلہ
دِل فردِ جمع و خرجِ زبانہائے لال ہے

(142)

کس پردے میں ہے آئنہ پرداز اے خُدا
رحمت کہ عُذر خواہِ لبِ بے سوال ہے

(149)

کچھ تو دے اَے فلکِ نااِنصاف
آہ و فریاد کی رخصت ہی سہی

غالبؔ الف سے ی تک

ک

(150)

کرتا ہے بسکہ باغ میں تو بے حجابیاں
آنے لگی ہے نکہتِ گُل سے حیا مجھے

(150)

کھُلتا کسی پہ کیوں مرے دِل کا معاملہ
شعروں کے اِنتخاب نے رُسوا کیا مجھے

(152)

کس روز تہمتیں نہ تراشا کیے عدُو
کس دِن ہمارے سر پہ نہ آرے چلا کیے

(155)

کثرت آرائی وحدت ہے پرستاریٔ وہم
کر دیا کافر اِن اَصنامِ خیالی نے مجھے

(156)

کارگاہِ ہستی میں لالہ داغ ساماں ہے
برقِ خرمنِ راحت خونِ گرمِ دہقاں ہے

ک

﴾ 161 ﴿

کوئی دِن گر زندگانی اور ہے
اپنے جی میں ہم نے ٹھانی اور ہے

﴾ 162 ﴿

کوئی اُمید بر نہیں آتی
کوئی صورت نظر نہیں آتی

﴾ 162 ﴿

کیوں نہ چیخوں کہ یاد کرتے ہیں
مِری آواز گر نہیں آتی

﴾ 162 ﴿

کعبے کس منہ سے جاؤ گے غالبؔ
شرم تم کو مگر نہیں آتی

﴾ 164 ﴿

کہتے تو ہو تم سب کہ بُتِ غالیہ مو آئے
اِک مرتبہ گھبرا کے کہو کوئی کہ وو آئے

ک

(164)

کی ہم نفسوں نے اثرِ گریہ میں تقریر
اچھے رہے آپ اُس سے مگر مجھ کو ڈبو آئے

(166)

کشاکش ہائے ہستی سے کرے کیا سعیِ آزادی
ہُوئی زنجیر مَوجِ آب کو فرصت روانی کی

(167)

کروں بیدادِ ذوقِ پر فشانی عرض کیا قدرت
کہ طاقت اُڑ گئی اُڑنے سے پہلے میرے شہپر کی

(167)

کہاں تک روؤں اُس کے خیمے کے پیچھے قیامت ہے
مری قسمت میں یارَب کیا نہ تھی دِیوار پتھر کی

(174)

کانٹوں کی زَباں سُوکھ گئی پیاس سے یارَب
اِک آبلہ پا وادیٔ پُرخار میں آوے

ک

(178)

کیوں نہ ٹھہریں ہدفِ ناوکِ بیداد، کہ ہم
آپ اُٹھا لاتے ہیں گر تیر خطا ہوتا ہے

(182)

کہ زمیں ہوگئی ہے سرتاسر
رُوکشِ سطحِ چرخِ مینائی

(182)

کیوں نہ دُنیا کو ہو خوشی غالبؔ
شاہِ دِیندار نے شفا پائی

(184)

کب وہ سُنتا ہے کہانی میری
اور پھر وہ بھی زبانی میری

(184)

کیا بیاں کر کے مِرا روئیں گے یار
مگر آشفتہ بیانی میری

ک

(184)

کردیا ضُعف نے عاجز غالبؔ
ننگِ پیری ہے جوانی میری

(187)

کیوں ڈرتے ہو عشّاق کی بے حوصلگی سے
یاں تو کوئی سُنتا نہیں فریاد کِسُو کی

(192)

کھیل سمجھا ہے، کہیں چھوڑ نہ دے بھول نہ جائے
کاش یوں بھی ہو کہ بن میرے سَتائے نہ بنے

(192)

کہہ سکے کون کہ یہ جلوہ گری کس کی ہے؟
پردہ چھوڑا ہے وہ اُس نے کہ اُٹھائے نہ بنے

(194)

کرے ہے قتل، لگاوٹ میں تیرا رو دینا
تری طرح کوئی تیغِ نگہ کو آب تو دے

(195)

کہوں کیا دل کی کیا حالت ہے ہجرِ یار میں غالبؔ
کہ بیتابی سے ہر یک تارِ بستر خارِ بستر ہے

(197)

کیوں بوتے ہیں باغبان تونبے
گر باغ گدائے مَے نہیں ہے

(197)

کیوں ردِّ قدح کرے ہے زاہد
مَے ہے یہ مگس کی قے نہیں ہے

(200)

کرے ہے بادہ ترے لب سے کسبِ رنگِ فروغ
خطِ پیالہ سراسر نگاہِ گُلچیں ہے

(200)

کبھی تو اِس دلِ شوریدہ کی بھی داد مِلے
کہ ایک عمر سے حسرت پرستِ بالیں ہے

ک

(201)

کیوں نہ ہو چشمِ بُتاں محوِ تغافُل، کیوں نہ ہو
یعنی اِس بیمار کو نظّارے سے پرہیز ہے

(202)

کہا ہے کس نے کہ غالبؔ بُرا نہیں لیکن
سِوائے اِس کے کہ آشفتہ سر ہے، کیا کہیے

(203)

کیوں نہ ہو بے التفاتی، اُس کی خاطر جمع ہے
جانتا ہے محوِ پُرسِش ہائے پنہانی مجھے

(205)

کریں گے کوہکن کے حوصلے کا امتحاں آخر
ہنوز اُس خستہ کے نیروئے تن کی آزمائش ہے

(206)

کبھی نیکی بھی اُس کے جی میں گر آ جائے ہے مجھ سے
جفائیں کر کے اپنی یاد شرما جائے ہے مجھ سے

(208)

کیا تعجب ہے جو اُس کو دیکھ کر آ جائے رحم
واں تلک کوئی کسی حیلے سے پہنچا دے مجھے

(210)

کہوں جو حال تو کہتے ہو مُدّعا کہیے
تمہیں کہو کہ جو تم یوں کہو تو کیا کہیے

(210)

کہیں حقیقتِ جانکاہیِ مرض لکھیے
کہیں مصیبتِ ناسازیٔ دَوا کہیے

(210)

کبھی شکایتِ رنجِ گراں نشیں کیجیے
کبھی حکایتِ صبرِ گریز پا کہیے

(211)

کہتا ہے کون نالۂ بُلبُل کو بے اثر
پردے میں گُل کے لاکھ جگر چاک ہو گئے

ک

(211)

کرنے گئے تھے اُس سے تغافُل کا ہم گِلہ
کی ایک ہی نگاہ کہ بس خاک ہو گئے

(213)

کُلفتِ اَفسُردگی کو عیشِ بیتابی حرام
ورنہ دنداں در دِل اَفشُردن بِنائے خندہ ہے

(216)

کون ہے جو نہیں ہے حاجت مند
کس کی حاجت رَوا کرے کوئی

(216)

کیا کیا خضر نے سکندر سے
اب کسے رہنما کرے کوئی

(220)

کہاں مَیخانے کا دروازہ غالبؔ! اور کہاں واعِظ
پر اِتنا جانتے ہیں کل وہ جاتا تھا کہ ہم نکلے

(221)

کوہ کے ہُوں بارِ خاطر، گر صدا ہو جایئے
بے تکلُّف، اَے شرارِ جستہ! کیا ہو جایئے

(229)

کس کا سُراغِ جلوہ ہے حیرت کو اے خُدا
آئینہ فرشِ شَشش جہتِ انتظار ہے

(232)

کیا فرض ہے کہ سب کو مِلے ایک سا جواب
آؤ نہ ہم بھی سیر کریں کوہِ طُور کی

(233)

کہتے ہُوئے ساقی سے حیا آتی ہے ورنہ
ہے یوں کہ مجھے دُردِ تہِ جام بہت ہے

(233)

کیا زُہد کو مانوں کہ نہ ہو گرچہ رِیائی
پاداشِ عمل کی طمعِ خام بہت ہے

ک

(234)

کرتا ہُوں جمع پھر جگرِ لخت لخت کو
عرصہ ہُوا ہے دعوتِ مژگاں کیے ہُوئے

گ

گ

(14)

گرچہ ہُوں دیوانہ پر کیوں دوست کا کھاؤں فریب
آستیں میں دشنہ پنہاں ہاتھ میں نشتر کھلا

(14)

گو نہ سمجھوں اُس کی باتیں گو نہ پاؤں اُس کا بھید
پر یہ کیا کم ہے کہ مجھ سے وہ پری پیکر کھلا

(17)

گلیوں میں میری نعش کو کھینچے پھرو کہ میں
جاں دادۂ ہوائے سرِ رہ گزار تھا

(18)

گریہ چاہے ہے خرابی مِرے کاشانے کی
دَر و دیوار سے ٹپکے ہے بیاباں ہونا

غالبؔ الف سے ی تک

گ

(20)

گر کیا ناصح نے ہم کو قید اچھا یوں سہی
یہ جنونِ عشق کے انداز چھٹ جاویں گے کیا

(26)

گر نہ اندوہِ شبِ فرقت بیاں ہو جائے گا
بے تکلُّف داغِ مہ مُہرِ دہاں ہو جائے گا

(26)

گر نگاہِ گرم فرماتی رہی تعلیمِ ضبط
شعلہ خَس میں جیسے خوں رگ میں نہاں ہو جائے گا

(28)

گِلہ ہے شوق کو دِل میں بھی تنگیٔ جا کا
گُہر میں محو ہُوا اضطراب دَریا کا

(32)

گھر ہمارا جو نہ روتے بھی تو ویراں ہوتا
بحر گر بحر نہ ہوتا تو بیاباں ہوتا

گ

(42)

گو میں رہا رہینِ ستم ہائے روزگار
لیکن ترے خیال سے غافل نہیں رہا

(44)

گھستے گھستے مٹ جاتا، آپ نے عبث بدلا
ننگِ سجدہ سے میرے، سنگِ آستاں اپنا

(49)

گر نہیں نکہتِ گُل کو ترے کوچے کی ہَوس
کیوں ہے گردِ رہِ جولانِ صبا ہو جانا

(55)

گلشن میں بندوبست برنگِ دِگر ہے آج
قمری کا طوق حلقۂ بیرونِ در ہے آج

(60)

گھر جب بنا لیا ترے دَر پر کہے بغیر
جانے گا اب بھی تو نہ مِرا گھر کہے بغیر

گ

(61)

گرنی تھی ہم پہ برقِ تجلّی، نہ طُور پر
دیتے ہیں بادہ ظرفِ قدَح خوار دیکھ کر

(67)

گزری نہ بہرحال، یہ مدّت خوش و نا خوش
کرنا تھا جواں مرگ! گزارا کوئی دِن اور

(78)

گردِ راہِ یار ہے سامانِ نازِ زخمِ دِل
ورنہ ہوتا ہے جہاں میں کس قدر پیدا نمک

(80)

گر تجھ کو ہے یقینِ اجابت دُعا نہ مانگ
یعنی بغیرِ یک دلِ بے مُدّعا نہ مانگ

(96)

گردشِ رنگِ طرب سے ڈر ہے
غمِ محرومیِ جاوید نہیں

(113)

گنجائشِ عداوتِ اغیار یک طرف
یاں دِل میں ضعف سے ہَوسِ یار بھی نہیں

(117)

گر ترے دِل میں ہو خیال، وصل میں شوق کا زوال
موجِ محیطِ آب میں مارے ہے دست و پا کہ یوں !

(126)

گئی وہ بات کہ ہو گفتگو تو کیوں کر ہو
کہے سے کچھ نہ ہُوا پھر کہو تو کیوں کر ہو

(136)

گھر میں تھا کیا کہ ترا غم اُسے غارت کرتا
وہ جو رکھتے تھے ہم اِک حسرتِ تعمیر، سو ہے

(140)

گل فشانی ہائے نازِ جلوہ کو کیا ہو گیا
خاک پر ہوتی ہے تیری لالہ کاری ہائے ہائے

گ

(140)

گوش مہجورِ پیام و چشم محرومِ جمال
ایک دِل، تِس پر یہ نا اُمّید واری ہائے ہائے

(142)

گر خامُشی سے فائدہ اِخفائے حال ہے
خوش ہُوں کہ میری بات سمجھنی مُحال ہے

(153)

گزرا اسدؔ مسرّتِ پیغامِ یار سے
قاصد پہ مجھ کو رشکِ سوال و جواب ہے

(154)

گرچہ ہے طرزِ تغافل پردہ دارِ رازِ عشق
پر ہم ایسے کھوئے جاتے ہیں کہ وہ پا جائے ہے

(155)

گرمِ فریاد رکھا شکلِ نہالی نے مجھے
تب اَماں ہجر میں دی بردِ لیالی نے مجھے

غالبؔ الف سے ی تک

گ

(158)

گرچہ ہے کس کس برائی سے وَلے با ایں ہمہ
ذکر میرا مجھ سے بہتر ہے کہ اُس محفل میں ہے

(170)

گوہر کو عقدِ گردنِ خوباں میں دیکھنا
کیا اَوج پر ستارۂ گوہر فروش ہے

(171)

گریہ نکالے ہے تیری بزم سے مجھ کو
ہائے کہ رونے پہ اِختیار نہیں ہے

(174)

گنجینۂ معنی کا طلسم اُس کو سمجھیے
جو لفظ کہ غالبؔ مرے اشعار میں آوے

(178)

گو سمجھتا نہیں پر حُسنِ تلافی دیکھو
شکوۂ جور سے سرگرمِ جفا ہوتا ہے

گ

(184)

گرد بادِ رہ بیتابی ہوں
صَرصَرِ شوق ہے بانی میری

(185)

گر ملے حضرتِ بیدل کا خطِ لوحِ مزار
اسدؔ آئینۂ پردازِ معانی مانگے

(186)

گلشن کو تری صحبت از بسکہ خوش آئی ہے
ہر غنچے کا گل ہونا آغوش کشائی ہے

(191)

گردشِ ساغرِ صد جلوۂ رنگیں تجھ سے
آئنہ داریٔ یک دِیدۂ حیراں مجھ سے

(209)

گو ہاتھ کو جنبش نہیں آنکھوں میں تو دَم ہے
رہنے دو ابھی ساغر و مِینا مِرے آگے

(232)

گو واں نہیں، پہ واں کے نکالے ہُوئے تو ہیں
کعبے سے ان بُتوں کو بھی نسبت ہے دُور کی

(232)

گرمی سہی کلام میں لیکن نہ اِس قدر
کی جس سے بات اُس نے شکایت ضرور کی

(235)

گدا سمجھ کے وہ چُپ تھا مِری جو شامت آئے
اُٹھا اور اُٹھ کے قدم میں نے پاسباں کے لیے

ل

ل

(3)

لیتا ہُوں مکتبِ غمِ دِل میں سبق ہنوز
لیکن یہی کہ رفت گیا، اور بود تھا

(18)

لے گئے خاک میں ہم داغِ تمنّائے نشاط
تو ہو اور آپ بہ صد رنگ گلستاں ہونا

(26)

لے تو لوں سوتے میں اُس کے پائو کا بوسہ مگر
ایسی باتوں سے وہ کافر بدگماں ہو جائے گا

(38)

لبِ خشک در تشنگی مُردگاں کا
زیارت کدہ ہُوں دِلِ آزردگاں کا

ل

(47)

لاگ ہو تو اس کو ہم سمجھیں لگاؤ
جب نہ ہو کچھ بھی تو دھوکا کھائیں کیا

(48)

لطافت بے کثافت جلوہ پیدا کر نہیں سکتی
چمن زنگار ہے آئینۂ بادِ بہاری کا

(51)

لکھتا ہُوں اسدؔ سوزشِ دِل سے سخنِ گرم
تا رکھ نہ سکے کوئی مِرے حرف پر انگشت

(56)

لو ہم مریضِ عشق کے بیمار دار ہیں
اچھا اگر نہ ہو تو مسیحا کا کیا علاج

(62)

لرزتا ہے مِرا دِل زحمتِ مِہرِ دُرخشاں پر
میں ہُوں وہ قطرۂ شبنم کہ ہو خارِ بیاباں پر

ل

(63)

لوگوں کو ہے خورشیدِ جہاں تاب کا دھوکا
ہر روز دِکھاتا ہُوں میں اِک داغِ نہاں اور

(63)

لیتا نہ اگر دِل تمھیں دیتا، کوئی دَم چین
کرتا جو نہ مرتا، کوئی دِن آہ و فغاں اور

(67)

لازم تھا کہ دیکھو مِرا رستا کوئی دِن اور
تنہا گئے کیوں اب رَہو تنہا کوئی دِن اور

(72)

لافِ تمکیں ،فریبِ سادہ دِلی
ہم ہیں اور رازہائے سینہ گداز

(85)

لُوں وام بختِ خُفتہ سے یک خوابِ خوش وَلے
غالبؔ یہ خوف ہے کہ کہاں سے ادا کروں

ل

(88)

لے گئی ساقی کی نخوت قُلزُم آشامی مری
موجِ مے کی آج رگ مینا کی گردن میں نہیں

(98)

لاکھوں لگاؤ ایک چرانا نگاہ کا
لاکھوں بناؤ ایک بگڑنا عتاب میں

(100)

لو وہ بھی کہتے ہیں کہ یہ بے ننگ و نام ہے
یہ جانتا اگر تو لُٹاتا نہ گھر کو میں

(124)

لکھنؤ آنے کا باعث نہیں کُھلتا یعنی
ہوسِ سیر و تماشا سو وہ کم ہے ہم کو

(124)

لیے جاتی ہے کہیں ایک توقّع غالبؔ
جادۂ رہ کششِ کافِ کرم ہے ہم کو

ل

(137)

لپٹنا پرنیاں میں شعلۂ آتش کا آساں ہے
وَلے مشکل ہے حکمت دِل میں سوزِ غم چھپانے کی

(137)

لکد کوبِ حوادث کا تحمّل کر نہیں سکتی
مِری طاقت کہ ضامن تھی بتوں کے ناز اُٹھانے کی

(141)

لیتا نہیں مِرے دِلِ آوارہ کی خبر
اب تک وہ جانتا ہے کہ میرے ہی پاس ہے

(160)

لازم نہیں کہ خضر کی ہم پیروی کریں
جانا کہ اِک بزرگ ہمیں ہم سفر ملے

(168)

لکھتے رہے جنوں کی حکایاتِ خوں چکاں
ہر چند اِس میں ہاتھ ہمارے قلم ہوئے

ل

(170)

لُطفِ خِرامِ ساقی و ذَوقِ صدائے چنگ
یہ جنّتِ نگاہ وہ فردوسِ گوش ہے

(208)

لاغر اِتنا ہُوں کہ گر تو بزم میں جا دے مجھے
میرا ذمّہ دیکھ کر گر کوئی بتلا دے مجھے

(215)

لختِ جگر سے ہے رگِ ہر خار شاخِ گُل
تا چند باغبانیِ صحرا کرے کوئی

(223)

لبِ عیسیٰ کی جُنبش کرتی ہے گہوارہ جُنبانی
قیامت کُشتۂ لعلِ بُتاں کا خوابِ سنگیں ہے

(232)

لڑتا ہے مجھ سے حشر میں قاتل کہ کیوں اُٹھا
گویا ابھی سُنی نہیں آواز صور کی

م

م

(5)

میں عدم سے بھی پَرے ہُوں ورنہ غافل بارہا
میری آہِ آتشیں سے بالِ عنقا جل گیا

(5)

میں ہُوں اور افسردگی کی آرزو غالبؔ کہ دِل
دیکھ کر طرزِ تپاکِ اہلِ دُنیا جل گیا

(9)

میں نے چاہا تھا کہ اندوہِ وفا سے چھوٹوں
وہ ستمگر مِرے مرنے پہ بھی راضی نہ ہُوا

(9)

مر گیا صدمۂ یک جنبشِ لب سے غالبؔ
ناتوانی سے حریفِ دمِ عیسیٰ نہ ہُوا

(10)

مِری تعمیر میں مضمر ہے اِک صورت خرابی کی
ہیولٰی برقِ خرمن کا ہے خونِ گرم دہقاں کا

(11)

محبت تھی چمن سے لیکن اب یہ بے دماغی ہے
کہ موجِ بوئے گُل سے ناک میں آتا ہے دَم میرا

(12)

مجھے راہ سخن میں خوفِ گمراہی نہیں غالبؔ
عصائے خضرِ صحرائے سخن ہے خامہ بیدل کا

(13)

محرم نہیں ہے تو ہی نواہائے راز کا
یاں ورنہ جو حجاب ہے پردہ ہے ساز کا

(14)

منہ نہ کھلنے پر وہ عالم ہے کہ دیکھا ہی نہیں
زُلف سے بڑھ کر نقاب اس شوخ کے منہ پر کھلا

م

(16)

مقدمِ سیلاب سے دِل کیا نشاط آہنگ ہے
خانۂ عاشق مگر سازِ صدائے آب تھا

(16)

میں نے روکا رات غالبؔ کو وگرنہ دیکھتے
اُس کے سیلِ گریہ میں گردوں کفِ سیلاب تھا

(17)

موجِ سرابِ دشتِ وفا کا نہ پوچھ حال
ہر ذرّہ مثلِ جوہرِ تیغ آب دار تھا

(19)

مانعِ وحشت خرامی ہائے لیلیٰ کون ہے
خانۂ مجنونِ صحرا گرد بے دروازہ تھا

(22)

مُحابا کیا ہے میں ضامن اِدھر دیکھ
شہیدانِ نگہ کا خوں بہا کیا

غالبؔ الف سے ی تک

م

(31)

میں اور بزمِ مَے سے یوں تشنہ کام آؤں
گر میں نے کی تھی توبہ ساقی کو کیا ہُوا تھا

(36)

میں نے مجنوں پہ لڑکپن میں اسدؔ
سنگ اُٹھایا تھا کہ سَر یاد آیا

(39)

میں سادہ دِل آزردگیِ یار سے خوش ہُوں
یعنی سبقِ شوق مکرّر نہ ہُوا تھا

(40)

مشہدِ عاشق سے کوسوں تک جو اُگتی ہے حنا
کس قدر یا رَب ہلاکِ حسرتِ پابوس تھا

(42)

مرنے کی اَے دِل اور ہی تدبیر کر کہ میں
شایانِ دست و بازُوئے قاتل نہیں رہا

(43)

میں اور ایک آفت کا ٹکڑا وہ دلِ وحشی کہ ہے
عافیت کا دشمن اور آوارگی کا آشنا

(44)

مَے وہ کیوں بہت پیتے بزمِ غیر میں یا رَب
آج ہی ہُوا منظور اُن کو امتحاں اپنا

(44)

منظر اِک بلندی پر اور ہم بنا سکتے
عرش سے اُدھر ہوتا، کاش کے مکاں اپنا

(46)

مقتل کو کس نشاط سے جاتا ہُوں میں، کہ ہے
پُرگل خیالِ زخم سے دامن نگاہ کا

(47)

موجِ خوں سر سے گزر ہی کیوں نہ جائے
آستانِ یار سے اُٹھ جائیں کیا

(50)

موجۂ گُل سے چراغاں ہے گزرگاہِ خیال
ہے تصوّر میں زبس جلوہ نُما موجِ شراب

(53)

مُند گئیں کھولتے ہی کھولتے آنکھیں غالبؔ
یار لائے مِری بالیں پہ اُسے پر کس وقت

(54)

مہربانی ہائے دُشمن کی شکایت کیجیے
یا بیاں کیجیے سپاسِ لذّتِ آزارِ دوست

(57)

مِرے قدح میں ہے صہبائے آتش پنہاں
بہ روئے سفرہ کبابِ دِلِ سمندر کھینچ

(58)

منصبِ شیفتگی کے کوئی قابل نہ رہا
ہوئی معزولیٔ انداز و اَدا میرے بعد

م

(60)

مقصد ہے ناز و غمزہ وَلے گفتگو میں کام
چلتا نہیں ہے دَشنہ و خنجر کہے بغیر

(62)

مجھے اب، دیکھ کر ابرِ شفق آلودہ یاد آیا
کہ فرقت میں تری آتش برستی تھی گلستاں پر

(63)

مرتا ہُوں اس آواز پہ، ہر چند سر اُڑ جائے
جلاّد کو لیکن وہ کہے جائیں، کہ ہاں اور

(67)

مِٹ جائے گا سر گر ترا پتھّر نہ گھسے گا
ہُوں دَر پہ ترے ناصیہ فرسا کوئی دِن اور

(67)

مجھ سے تمہیں نفرت سہی، نیّر سے لڑائی
بچّوں کا بھی دیکھا نہ تماشا کوئی دِن اور

م

(68)

مَے خانۂ جگر میں یہاں خاک بھی نہیں
خمیازہ کھینچے ہے بُتِ بیدادفن ہنوز

(72)

مجھ کو پوچھا تو کچھ غضب نہ ہُوا
میں غریب اور تو غریب نواز

(73)

مژدہ اَے ذوقِ اسیری کہ نظر آتا ہے
دامِ خالی قفسِ مُرغِ گرفتار کے پاس

(73)

مُند گئیں کھولتے ہی کھولتے آنکھیں ہے ہے !
خوب وقت آئے تم اِس عاشقِ بیمار کے پاس

(73)

میں بھی رُک رُک کے نہ مرتا، جو زباں کے بدلے
دَشنہ اِک تیز سا ہوتا مِرے غمخوار کے پاس

م

(73)

مر گیا پھوڑ کے سر غالبؔ وحشی، ہےَ ہےَ
بیٹھنا اُس کا وہ آ کر تری دِیوار کے پاس

(78)

مجھ کو ارزانی رہے تجھ کو مبارک ہو جیو
نالۂ بلبل کا درد اور خندۂ گُل کا نمک

(82)

محفلیں برہم کرے ہے گنجفہ بازِ خیال
ہیں ورق گردانیِ نیرنگِ یک بُت خانہ ہم

(84)

مجھ کو دیارِ غیر میں مارا وطن سے دور
رکھ لی مِرے خُدا نے مِری بیکسی کی شرم

(86)

مضمحل ہو گئے قُویٰ غالبؔ
وہ عناصر میں اِعتدال کہاں

(89)

میں اَور صد ہزار نوائے جگر خراش
تو اَور ایک وہ نہ شنیدن کہ کیا کہوں

(90)

مہرباں ہو کے بُلالو مجھے، چاہو جس وقت
میں گیا وقت نہیں ہُوں کہ پھر آ بھی نہ سکوں

(93)

مانعِ دشت نوردی کوئی تدبیر نہیں
ایک چکّر ہے مِرے پانو میں زنجیر نہیں

(94)

مت مَردُمکِ دِیدہ میں سمجھو یہ نگاہیں
ہیں جمع سُوَیدائے دِلِ چشم میں آہیں

(98)

ملتی ہے خوئے یار سے نار اِلتہاب میں
کافر ہوں، گر نہ ملتی ہو راحت عذاب میں

غالبؔ الف سے ی تک

م

(98)

مجھ تک کب اُن کی بزم میں آتا تھا دورِ جام
ساقی نے کچھ ملا نہ دِیا ہو شراب میں

(98)

میں مضطرب ہُوں وصل میں خوفِ رقیب سے
ڈالا ہے تم کو وہم نے کس پیچ و تاب میں

(98)

میں اور حظِّ وصل، خُدا ساز بات ہے
جاں نذر دینی بھول گیا اضطراب میں

(101)

میں جو کہتا ہُوں کہ ہم لیں گے قیامت میں تمھیں
کس رعونت سے وہ کہتے ہیں کہ ہم حور نہیں

(112)

میں چمن میں کیا گیا، گویا دبستاں کھل گیا
بلبلیں سُن کر مرے نالے غزل خواں ہوگئیں

م

(113)

ملنا ترا اگر نہیں آساں تو سہل ہے
دُشوار تو یہی ہے کہ دُشوار بھی نہیں

(115)

مزے جہان کے اپنی نظر میں خاک نہیں
سِوائے خونِ جگر، سو جگر میں خاک نہیں

(115)

مگر غبار ہوئے پر ہَوا اُڑا لے جائے
وگرنہ تاب وتواں بال و پر میں خاک نہیں

(117)

میں نے کہا کہ بزمِ ناز چاہیے غیر سے تہی
سُن کے سِتم ظریف نے مجھ کو اُٹھا دیا کہ یوں!

(117)

مجھ سے کہا جو یار نے جاتے ہیں ہوش کس طرح
دیکھ کے میری بے خودی چلنے لگی ہُوا کہ یوں!

م

(120)

مِٹتا ہے فوتِ فرصتِ ہستی کا غم کوئی
عمرِ عزیز صَرفِ عبادت ہی کیوں نہ ہو

(121)

مِرے شاہِ سلیماں جاہ سے نسبت نہیں غالبؔ
فریدون و جم و کے خسرو و داراب و بہمن کو

(122)

مرہم کی جستجو میں پھرا ہُوں جو دُور دُور
تن سے سِوافِگار ہیں اِس خستہ تن کے پانْو

(124)

مقطعِ سلسلۂ شوق نہیں ہے یہ شہر
عزمِ سیرِ نجف وطوفِ حرم ہے ہم کو

(126)

مجھے جنوں نہیں غالبؔ وَلے بہ قولِ حضور
فراقِ یار میں تسکین ہوتو کیوں کر ہو

م

﴾ 132 ﴿

مسجد کے زیرِ سایہ خرابات چاہیے
بھوں پاس آنکھ قبلۂ حاجات چاہیے

﴾ 132 ﴿

مے سے غرض نشاط ہے کس روسیاہ کو
اِک گونہ بے خودی مجھے دِن رات چاہیے

﴾ 133 ﴿

مے عشرت کی خواہش ساقیٔ گردُوں سے کیا کیجیے
لیے بیٹھا ہے اِک دو چار جامِ واژگوں وہ بھی

﴾ 133 ﴿

مِرے دِل میں ہے غالبؔ شوقِ وصل وشکوۂ ہجراں
خُدا وہ دِن کرے جو اس سے میں یہ بھی کہوں وہ بھی

﴾ 142 ﴿

مِشکیں لباسِ کعبہ علی کے قدم سے جان
نافِ زمین ہے نہ کہ نافِ غزال ہے

م

(144)

مجھ سے مت کہہ: ''تو ہمیں کہتا تھا اپنی زندگی''
زندگی سے بھی مِرا جی اِن دِنوں بیزار ہے

(146)

مِری ہستی فضائے حیرت آبادِ تمنّا ہے
جسے کہتے ہیں نالہ وہ اِسی عالَم کا عَنقا ہے

(149)

میرے ہونے میں ہے کیا رُسوائی
اے وہ مجلس نہیں خلوت ہی سہی

(150)

مستانہ طے کرُوں ہُوں رہِ وادیٔ خیال
تا، بازگشت سے نہ رہے مُدّعا مجھے

(152)

مقدُور ہو تو خاک سے پوچھوں کہ اے لئیم
تو نے وہ گنج ہائے گراں مایہ کیا کیے

م

﴾ 153 ﴿

مِینائے مَے ہے سروِ نشاطِ بہار سے
بالِ تدرو جلوۂ موجِ شراب ہے

﴾ 153 ﴿

میں نامراد دِل کی تسلّی کو کیا کروں
مانا کہ تیری رُخ سے نگہ کامیاب ہے

﴾ 159 ﴿

مارا زمانے نے اسدؔ اللہ خاں تمہیں
وہ ولولے کہاں وہ جوانی کدھر گئی

﴾ 162 ﴿

موت کا ایک دِن معیّن ہے
نیند کیوں رات بھر نہیں آتی

﴾ 162 ﴿

مَرتے ہیں آرزو میں مَرنے کی
موت آتی ہے پر نہیں آتی

غالبؔ الف سے ی تک

م

(163)

میں بھی منہ میں زبان رکھتا ہُوں
کاش پوچھو کہ مُدّعا کیا ہے

(163)

میں نے مانا کہ کچھ نہیں غالبؔ
مفت ہاتھ آئے تو بُرا کیا ہے

(169)

مجھے اُس سے کیا توقّع بہ زمانۂ جوانی
کبھی کودکی میں جس نے نہ سُنی مِری کہانی

(170)

مَے نے کیا ہے حُسنِ خود آرا کو بے حجاب
اَے شوق ہاں اجازتِ تسلیمِ ہوش ہے

(174)

مَر جاؤں نہ کیوں رشک سے جب وہ تن نازک
آغوشِ خمِ حلقۂ زُنّار میں آوے

م

(176)

مَے پرستاں خُمِ مَے منہ سے لگائے ہی بنے
ایک دِن گر نہ ہُوا بزم میں ساقی، نہ سہی

(178)

میں جو گستاخ ہُوں آئینِ غزل خوانی میں
یہ بھی تیرا ہی کرم ذَوق فزا ہوتا ہے

(180)

میں اُنہیں چھیڑوں اور کچھ نہ کہیں
چل نکلتے جو مَے پیے ہوتے

(180)

میری قسمت میں غم گر اِتنا تھا
دِل بھی یارَب کئی دیے ہوتے

(184)

مُتَقابل ہے مُقابل میرا
رُک گیا دیکھ روانی میری

(190)

منحصر مرنے پہ ہو جس کی اُمید
نا اُمیدی اُس کی دیکھا چاہیے

(192)

میں بُلاتا تو ہُوں اُس کو مگر اے جذبۂ دِل
اُس پہ بن جائے کچھ ایسی کہ بن آئے نہ بنے

(192)

موت کی راہ نہ دیکھوں؟ کہ بن آئے نہ رہے
تم کو چاہوں؟ کہ نہ آؤ تو بُلائے نہ بنے

(193)

میکدہ گر چشمِ مستِ ناز سے پاوے شکست
مُوئے شیشہ دیدۂ ساغر کی مِژگانی کرے

(201)

مَرتے مَرتے دیکھنے کی آرزُو رہ جائے گی
وائے ناکامی کہ اُس کافر کا خنجر تیز ہے

م

(203)

میرے غم خانے کی قسمت جب رقم ہونے لگی
لکھ دیا منجملۂ اسبابِ ویرانی مجھے

(208)

منہ نہ دِکھلاوے نہ دکھلا، پر بہ اندازِ عتاب
کھول کر پردہ ذرا آنکھیں ہی دکھلا دے مجھے

(209)

مت پوچھ کہ کیا حال ہے میرا ترے پیچھے
تو دیکھ کہ کیا رنگ ہے تیرا مِرے آگے

(218)

مُدّعا محوِ تماشائے شکستِ دِل ہے
آئنہ خانے میں کوئی لیے جاتا ہے مجھے

(220)

مگر لکھوائے کوئی اُس کو خط تو ہم سے لکھوائے
ہُوئی صبح اور گھر سے، کان پر رکھ کر قلم، نکلے

م

(220)

محبت میں نہیں ہے فرق جینے اور مرنے کا
اُسی کو دیکھ کر جیتے ہیں جس کافر پہ دَم نکلے

(222)

مستی، بہ ذَوقِ غفلتِ ساقی، ہلاک ہے
موجِ شراب، یک مِژہٗ خوابناک ہے

(231)

مجبوری و دعوائے گرفتاریِ اُلفت
دستِ تہِ سنگ آمدہ پیمانِ وفا ہے

(231)

معلوم ہُوا حالِ شہیدانِ گزشتہ
تیغِ ستم آئینۂ تصویر نُما ہے

(232)

منظور تھی یہ شکل تجلّی کو نور کی
قسمت کھلی ترے قد و رُخ سے ظہور کی

(234)

مُدّت ہُوئی ہے یار کو مہماں کیے ہُوئے
جوشِ قدح سے بزم چراغاں کیے ہُوئے

(234)

مانگے ہے پھر کسی کو لبِ بام پر ہَوس
زُلفِ سیاہ رُخ پہ پریشاں کیے ہُوئے

(235)

مثال یہ مِری کوشش کی ہے کہ مُرغِ اسیر
کرے قفس میں فراہم خَس آشیاں کے لیے

ن

ن

(1)

نقش فریادی ہے کس کی شوخیِ تحریر کا
کاغذی ہے پیرہن ہر پیکرِ تصویر کا

(10)

نہ آئی سطوتِ قاتل بھی مانع میرے نالوں کو
لیا دانتوں میں جو تنکا ہُوا ریشہ نیستاں کا

(10)

نہیں معلوم کس کس کا لہو پانی ہُوا ہوگا
قیامت ہے سرِشک آلودہ ہونا تیری مژگاں کا

(10)

نظر میں ہے ہماری جادۂ راہِ فنا غالبؔ
کہ یہ شیرازہ ہے عالم کے اجزائے پریشاں کا

(11)

نہ ہوگا یک بیاباں ماندگی سے ذوق کم میرا
حبابِ موجۂ رفتار ہے نقشِ قدم میرا

(15)

ناگہاں اس رنگ سے خونابہ ٹپکانے لگا
دِل کہ ذوقِ کاوشِ ناخن سے لذّت یاب تھا

(16)

نالۂ دِل میں شب اندازِ اثر نایاب تھا
تھا سپندِ بزمِ وصلِ غیر گو بیتاب تھا

(16)

نازشِ ایامِ خاکستر نشینی کیا کہوں
پہلوئے اندیشہ وقفِ بسترِ سنجاب تھا

(19)

نالۂ دِل نے دیے اوراقِ لختِ دِل بہ باد
یادگارِ نالہ اِک دیوانِ بے شیرازہ تھا

(22)

نوازِشہائے بے جا دیکھتا ہُوں
شکایت ہائے رنگیں کا گِلا کیا

(22)

نگاہِ بے محابا چاہتا ہُوں
تغافل ہائے تمکیں آزما کیا

(22)

نفَس موجِ محیطِ بے خودی ہے
تغافل ہائے ساقی کا گِلا کیا

(23)

نام کا میرے ہے جو دکھ کہ کسی کو نہ ملا
کام میں میرے ہے جو فتنہ کہ برپا نہ ہُوا

(25)

نہ ہو حُسنِ تماشا دوست رُسوا بے وفائی کا
بہ مہرِ صد نظر ثابت ہے دعویٰ پارسائی کا

(25)

نہ مارا جان کر بے جرم غافل تیری گردن پر
رہا مانندِ خونِ بے گنہ حق آشنائی کا

(25)

نہ دے نامے کو اتنا طول غالبؔ مختصر لکھ دے
کہ حسرت سنج ہُوں عرضِ ستم ہائے جُدائی کا

(28)

نہ کہہ کہ گریہ بہ مقدارِ حسرتِ دِل ہے
مِری نگاہ میں ہے جمع و خرج دریا کا

(30)

نہ بندھے تشنگیِ شوق کے مضموں غالبؔ
گرچہ دِل کھول کے دریا کو بھی ساحل باندھا

(33)

نہ تھا کچھ تو خُدا تھا کچھ نہ ہوتا تو خُدا ہوتا
ڈبویا مجھ کو ہونے نے، نہ ہوتا میں تو کیا ہوتا

ن

(50)

نشّے کے پردے میں ہے محوِ تماشائے دماغ
بسکہ رکھتی ہے سرِ نشو ونما موجِ شراب

(52)

نہیں گر سر و برگِ ادراکِ معنی
تماشائے نیرنگِ صورت سلامت

(57)

نفس نہ انجمنِ آرزو سے باہر کھینچ
اگر شراب نہیں انتظارِ ساغر کھینچ

(59)

نہیں ہے سایہ، کہ سُن کر نویدِ مقدمِ یار
گئے ہیں چند قدم پیشتر دَر و دِیوار

(59)

نظر میں کھٹکے ہے، بِن تیرے گھر کی آبادی
ہمیشہ روتے ہیں ہم دیکھ کر دَر و دِیوار

ن

(59)

نہ پوچھ بے خودیِ عیشِ مقدمِ سیلاب
کہ ناچتے ہیں پڑے، سر بہ سر، دَر و دِیوار

(59)

نہ کہہ کسی سے، کہ غالبؔ نہیں زمانے میں
حریفِ رازِ محبت مگر دَر و دِیوار

(62)

نہ چھوڑی حضرتِ یوسف نے یاں بھی خانہ آرائی
سفیدی دیدۂ یعقوب کی پھرتی ہے زِنداں پر

(62)

نہیں اقلیمِ اُلفت میں کوئی طُومارِ ناز ایسا
کہ پُشتِ چشم سے، جس کے نہ ہووے مُہر عنواں پر

(62)

نہ لڑ ناصح سے غالبؔ کیا ہُوا گر اُس نے شدّت کی
ہمارا بھی تو آخر زور چلتا ہے گریباں پر

ن

(64)

نہ کی سامانِ عیش و جاہ نے تدبیر وحشت کی
ہُوا جامِ زمرّد بھی مجھے داغِ پلنگ آخر

(67)

ناداں ہو جو کہتے ہو کہ کیوں جیتے ہیں غالبؔ
قسمت میں ہے مَرنے کی تمنّا کوئی دِن اور

(69)

نہ ہو بہ ہرزہ بیاباں نوردِ وہمِ وجود
ہنوز تیرے تصوّر میں ہے، نشیب و فراز

(69)

نہ پوچھ وُسعتِ مَے خانۂ جنوں غالبؔ
جہاں یہ کاسۂ گردُوں ہے ایک خاک انداز

(72)

نہ گُلِ نغمہ ہُوں، نہ پردۂ ساز
میں ہُوں اپنی شکست کی آواز

(72)

نہیں دِل میں مِرے وہ قطرۂ خوں
جس سے مژگاں ہُوئی نہ ہو گل باز

(74)

نہ لیوے گر خسِ جوہر طراوت سبزۂ خط سے
لگاوے خانۂ آئینہ میں رُوئے نگار آتش

(76)

نشاطِ داغِ غمِ عشق کی بہار نہ پوچھ
شگفتگی ہے شہیدِ گُلِ خزانِ شمع

(91)

نغمہ ہائے غم کو بھی اَے دِل غنیمت جانیے
بے صدا ہو جائے گا یہ سازِ ہستی ایک دن

(92)

نقصاں نہیں جنوں میں، بَلا سے ہو گھر خراب
سَو گز زمیں کے بدلے بیاباں گِراں نہیں

ن

(102)

نالہ جز حُسنِ طلب اَے سِتم ایجاد نہیں
ہے تقاضائے جفا شکوۂ بیداد نہیں

(102)

نفی سے کرتی ہے اِثبات تَراوِش گویا
دی ہے جائے دَہن اُس کو دمِ ایجاد نہیں

(107)

نظر لگے نہ کہیں اُس کے دست و بازو کو
یہ لوگ کیوں مِرے زخمِ جگر کو دیکھتے ہیں

(108)

نہیں کہ مجھ کو قیامت کا اعتقاد نہیں
شبِ فراق سے روزِ جزا زیاد نہیں

(109)

نشّۂ رنگ سے ہے وا شُدِ گُل
مست کب بندِ قبا باندھتے ہیں

(112)

نیند اُس کی ہے، دماغ اُس کا ہے، راتیں اُس کی ہیں
تیری زُلفیں جس کے بازو پر پریشاں ہو گئیں

(114)

نہیں ہے زخم کوئی بخیے کے درخور مرے تن میں
ہُوا ہے تارِ اَشکِ یاس رشتہ چشمِ سوزن میں

(114)

نِکوہش مانعِ بے ربطیِ شورِ جنوں آئی
ہُوا ہے خندۂ احباب بخیہ جیب و دامن میں

(114)

نہ جانوں نیک ہُوں یا بد ہُوں پر صحبت مخالف ہے
جو گُل ہُوں تو ہُوں گلخن میں جو خس ہُوں تو ہُوں گلشن میں

(121)

نہیں گر ہمدمی آساں نہ ہو، یہ رَشک کیا کم ہے
نہ دی ہوتی خُدا یا آرزوئے دوست دُشمن کو

ن

(121)

نہ نکلا آنکھ سے تیری اِک آنسو اُس جراحت پر
کیا سینے میں جس نے خونچکاں مِژگانِ سوزن کو

(121)

نہ لُٹتا دِن کو تو کب رات کو یوں بے خبر سوتا
رہا کھٹکا نہ چوری کا دعا دیتا ہُوں رہزن کو

(127)

نکالا چاہتا ہے کام کیا طعنوں سے تو غالبؔ
ترے بے مِہر کہنے سے وہ تجھ پر مہرباں کیوں ہو

(130)

ناچار بیکسی کی بھی حسرت اُٹھایئے
دُشواریٔ رہ و ستمِ ہمرہاں نہ پوچھ

(132)

نشوونما ہے اصل سے غالبؔ فروع کو
خاموشی ہی سے نکلے ہے، جو بات چاہیے

ن

(133)

نہ کرتا کاش نالہ مجھ کو کیا معلوم تھا ہمدم
کہ ہوگا باعثِ افزائشِ دردِ دروں وہ بھی

(133)

نہ اتنا بُرّشِ تیغِ جفا پر ناز فرماؤ
مِرے دریائے بے تابی میں ہے اِک موجِ خوں وہ بھی

(146)

نہ لائی شوخیٔ اندیشہ تابِ رنجِ نومیدی
کفِ افسوس مَلنا عہدِ تجدیدِ تمنّا ہے

(153)

نظّارہ کیا حریف ہو اُس برقِ حُسن کا
جوشِ بہار جلوے کو جس کے نقاب ہے

(154)

نقش کو اُس کے مصوّر پر بھی کیا کیا ناز ہیں
کھینچتا ہے جس قدر اُتنا ہی کھنچتا جائے ہے

ن

(155)

نسیہ و نقدِ دو عالَم کی حقیقت معلوم
لے لیا مجھ سے مِری ہمّتِ عالی نے مجھے

(159)

نظّارے نے بھی کام کیا واں نقاب کا
مستی سے ہر نگہ ترے رُخ پر بکھر گئی

(167)

نِکُوہش ہے سزا فریادیٔ بیدادِ دِلبر کی
مبادا خندۂ دنداں نُما ہو صبحِ محشر کی

(168)

نالے عدم میں چند ہمارے سُپرد تھے
جو واں نہ کھنچ سکے سو وہ یاں آ کے دَم ہوئے

(170)

نے مُژدۂ وِصال نہ نظّارۂ جمال
مُدّت ہُوئی کہ آشتیٔ چشم و گوش ہے

(176)

نہ ہُوئی گر مِرے مَرنے سے تسلّی ، نہ سہی
اِمتحاں اور بھی باقی ہو تو یہ بھی نہ سہی

(176)

نفسِ قیس کہ ہے چشم و چراغِ صحرا
گر نہیں شمعِ سیہ خانۂ لیلیٰ، نہ سہی

(176)

نہ ستائش کی تمنّا نہ صلے کی پروا
گر نہیں ہیں مِرے اشعار میں معنی نہ سہی

(178)

نالہ جاتا تھا پَرے عرش سے میرا، اور اب
لب تک آتا ہے جو ایسا ہی رَسا ہوتا ہے

(179)

نہ شعلے میں یہ کرشمہ نہ برق میں یہ ادا
کوئی بتاؤ کہ وہ شوخِ تُند خو کیا ہے

ن

(185)

نقشِ نازِ بُتِ طنّاز بہ آغوشِ رقیب
پائے طاؤس پئے خامۂ مانی مانگے

(191)

نگہِ گرم سے اِک آگ ٹپکتی ہے اسدؔ
ہے چراغاں خس و خاشاکِ گلستاں مجھ سے

(192)

نکتہ چیں ہے، غمِ دِل اُس کو سُنائے نہ بنے
کیا بنے بات، جہاں بات بنائے نہ بنے

(198)

نہ پوچھ نسخۂ مَرہَم جِراحتِ دِل کا
کہ اُس میں ریزۂ اَلماس جُزوِ اعظم ہے

(205)

نسیمِ مصر کو کیا پیرِ کنعاں کی ہَوا خواہی
اُسے یوسف کی بوئے پیرہن کی آزمائش ہے

(205)

نہیں کچھ سُبحہ و زُنّار کے پھندے میں گیرائی
وفاداری میں شیخ و برہمن کی آزمائش ہے

(207)

نہ جانوں کیونکہ مِٹے داغِ طعنِ بدعہدی
تجھے کہ آئنہ بھی ورطۂ ملامت ہے

(209)

نفرت کا گماں گزرے ہے میں رشک سے گزرا
کیوں کر کہوں لو نام نہ اُن کا مِرے آگے

(210)

نہ کہیو طعن سے پھر تم کہ ہم ستمگر ہیں
مجھے تو خو ہے کہ جو کچھ کہو بجا کہیے

(210)

نہیں ذریعۂ راحت جراحتِ پیکاں
وہ زخمِ تیغ ہے جس کو کہ دِلکشا کہیے

ن

(210)

نہیں نگار کو اُلفت نہ ہو، نگار تو ہے
روانیٔ روشِ و مستیِ ادا کہیے

(210)

نہیں بہار کو فرصت، نہ ہو بہار تو ہے
طَراوتِ چمن و خوبیِ ہَوا کہیے

(212)

نشّہ ہا شادابِ رنگ و ساز ہا مستِ طَرب
شیشۂ مَے سروِ سبز جوئبارِ نغمہ ہے

(215)

ناکامیِ نگاہ ہے برقِ نظارہ سوز
تو وہ نہیں کہ تجھ کو تماشا کرے کوئی

(216)

نہ سنو گر بُرا کہے کوئی
نہ کہو گر بُرا کرے کوئی

ن

(217)

نہ حشر و نشر کا قائل نہ کیش و ملت کا
خدا کے واسطے ایسے کی پھر قسم کیا ہے

(218)

نالہ سرمایۂ یک عالم و عالَم کفِ خاک
آسماں بیضۂ قمری نظر آتا ہے مجھے

(220)

نکلنا خُلد سے آدم کا سُنتے آئے ہیں لیکن
بہت بے آبرو ہو کر ترے کوچے سے ہم نکلے

(228)

نہ پوچھ سینۂ عاشق سے آبِ تیغِ نگاہ
کہ زخمِ رَوزنِ در سے ہَوا نکلتی ہے

(231)

ناکردہ گناہوں کی بھی حسرت کی مِلے داد
یارَب اگر اِن کردہ گناہوں کی سزا ہے

ن

(233)

نے تیر کماں میں ہے، نہ صیّاد کمیں میں
گوشے میں قفس کے مجھے آرام بہت ہے

(235)

نویدِ امن ہے بیدادِ دوست جاں کے لیے
رہی نہ طرزِ ستم کوئی آسماں کے لیے

(235)

نصیر دولت و دِیں اور مُعینِ ملّت و مُلک
بنا ہے چرخِ بریں جس کے آستاں کے لیے

و

(15)

واں کرم کو عُذرِ بارش تھا عناں گیرِ خرام
گریے سے یاں پنبۂ بالش کفِ سیلاب تھا

(15)

واں خود آرائی کو تھا موتی پرونے کا خیال
یاں ہجومِ اشک میں تارِ نگہ نایاب تھا

(18)

وائے دیوانگیِ شوق کہ ہر دَم مجھ کو
آپ جانا اُدھر اور آپ ہی حیراں ہونا

(25)

وہی اِک بات ہے جو یاں نفس واں نکہتِ گُل ہے
چمن کا جلوہ باعث ہے مِری رنگیں نوائی کا

و

(26)

وائے گر میرا ترا انصاف محشر میں نہ ہو
اب تلک تو یہ توقّع ہے کہ واں ہوجائے گا

(35)

وہ مِری چینِ جبیں سے غمِ پنہاں سمجھا
رازِ مکتوب بہ بے ربطیِ عنواں سمجھا

(42)

وَا کر دیے ہیں شوق نے بندِ نقابِ حُسن
غیر از نگاہ اب کوئی حائل نہیں رہا

(59)

وفورِ اَشک نے کاشانے کا کیا یہ رنگ
کہ ہو گئے مِرے دیوار و دَر، دَر و دِیوار

(59)

وہ آ رہا مِرے ہمسائے میں تو سائے سے
ہوئے فدا دَر و دِیوار پر دَر و دِیوار

و

(61)

واحسرتا کہ یار نے کھینچا ستم سے ہاتھ
ہم کو حریصِ لذّتِ آزار دیکھ کر

(69)

وصال جلوہ تماشا ہے، پر دِماغ کہاں
کہ دیجے آئنۂ انتظار کو پرداز

(70)

وُسعتِ سعیِ کرم دیکھ کہ سرتا سرِ خاک
گزرے ہے آبلہ پا ابرِ گہر بار ہنوز

(72)

وہ بھی دِن ہو کہ اس ستمگر سے
ناز کھینچوں بجائے حسرتِ ناز

(84)

وہ حلقہ ہائے زُلف کمیں میں ہیں یا خُدا
رکھ لیجو میرے دعوئ وارستگی کی شرم

(86)

وہ فراق اور وہ وصال کہاں
وہ شب و روز و ماہ و سال کہاں

(87)

وحشت و شیفتہ اب مرثیہ کہویں شاید
مر گیا غالبِؔ آشفتہ نوا کہتے ہیں

(98)

وہ نالہ دِل میں خس کے برابر جگہ نہ پائے
جس نالے سے شگاف پڑے آفتاب میں

(98)

وہ سحر مدّعا طلبی میں نہ کام آئے
جس سحر سے سفینہ رواں ہو سراب میں

(101)

وعدۂ سیرِ گلستاں ہے، خوشا طالعِ شوق
مژدۂ قتل مقدّر ہے جو مذکور نہیں

(102)

وَائے محرومیِ تسلیم و بَدا حالِ وفا
جانتا ہے کہ ہمیں طاقتِ فریاد نہیں

(107)

وہ آئے گھر میں ہمارے خُدا کی قدرت ہے
کبھی ہم اُن کو کبھی اپنے گھر کو دیکھتے ہیں

(112)

وہ نگاہیں کیوں ہوئی جاتی ہیں یارب دِل کے پار
جو مِری کوتاہیِ قسمت سے مِژگاں ہوگئیں

(112)

واں گیا بھی میں تو اُن کی گالیوں کا کیا جواب
یاد تھیں جتنی دُعائیں صرفِ درباں ہوگئیں

(114)

ودیعت خانۂ بیدادِ کاوش ہائے مِژگاں ہُوں
نگینِ نامِ شاہد ہے، مِرے ہر قطرہ خوں تن میں

و

(116)

واں وہ غرورِ عزّ و ناز، یاں یہ حجابِ پاسِ وضع
راہ میں ہم ملیں کہاں، بزم میں وہ بلائے کیوں

(120)

وا رَستہ اس سے ہیں کہ محبت ہی کیوں نہ ہو
کیجیے ہمارے ساتھ عداوت ہی کیوں نہ ہو

(120)

وارستگی بہانۂ بیگانگی نہیں
اپنے سے کر نہ غیر سے وحشت ہی کیوں نہ ہو

(121)

وفاداری بہ شرطِ اُستوُاری اصلِ ایماں ہے
مِرے بُت خانے میں تو کعبے میں گاڑو برہمن کو

(123)

واں اُس کو ہولِ دِل ہے، تو یاں میں ہُوں شرمسار
یعنی یہ میری آہ کی تاثیر سے نہ ہو

و

(124)

واں پہنچ کر جو غش آتا پئے ہم ہے ہم کو
صد رہ آہنگِ زمیں بوسِ قدم ہے ہم کو

(127)

وہ اپنی خو نہ چھوڑیں گے ہم اپنی وضع کیوں چھوڑیں
سبک سر بن کے کیا پوچھیں کہ ہم سے سر گراں کیوں ہو

(127)

وفا کیسی، کہاں کا عشق، جب سر پھوڑنا ٹھہرا
تو پھر، اَے سنگ دِل تیرا ہی سنگِ آستاں کیوں ہو

(142)

وحشت پہ میری عرصۂ آفاق تنگ تھا
دَریا زمین کو عرقِ انفعال ہے

(146)

وفائے دِلبراں ہے اِتّفاقی، ورنہ اَے ہمدم
اثر فریادِ دِل ہائے حزیں کا کس نے دیکھا ہے

و

(159)

وہ بادۂ شبانہ کی سَرمستیاں کہاں
اُٹھیے بس اب کہ لذّتِ خوابِ سحر گئی

(165)

وو ہی صد رنگ نالہ فرسائی
وو ہی صد گونہ اشک باری ہے

(172)

وہ گُل جس گلستاں میں جلوہ فرمائی کرے غالبؔ
چٹکنا غنچۂ گُل کا صدائے خندۂ دِل ہے

(179)

وہ چیز جس کے لیے ہم کو ہو بہشت عزیز
سوائے بادۂ گُلفامِ مشکبُو کیا ہے

(185)

وہ تبِ عشق تمنّا ہے کہ پھر صورتِ شمع
شعلہ تا نبضِ جگر ریشہ دَوانی مانگے

و

(186)

واں کُنگرِ اِستغنا ہردَم ہے بلندی پر
یاں نالے کو اور اُلٹا دعوائے رَسائی ہے

(191)

وحشتِ آتشِ دِل سے شبِ تنہائی میں
صورتِ دُود رہا سایہ گریزاں مجھ سے

(194)

وہ آ کے خواب میں تسکینِ اضطراب تو دے
وَلے مجھے تپشِ دِل مجالِ خواب تو دے

(203)

وائے واں بھی شورِ محشر نے نہ دَم لینے دیا
لے گیا تھا گور میں ذَوقِ تن آسانی مجھے

(203)

وعدہ آنے کا وفا کیجیے یہ کیا انداز ہے
تم نے کیوں سونپی ہے میرے گھر کی دربانی مجھے

و

(205)

وہ آیا بزم میں دیکھو، نہ کہیو پھر کہ غافل تھے
شکیب و صبر اہلِ انجمن کی آزمائش ہے

(205)

وہ آویں گے مِرے گھر؟ وعدہ کیسا، دیکھنا غالبؔ
نئے فتنوں میں اب چرخِ کُہَن کی آزمائش ہے

(206)

وہ بدخو اور میری داستانِ شوق طولانی
عبارت مختصر قاصد بھی گھبرا جائے ہے مجھ سے

(207)

وفا مُقابل و دعوائے عشق بے بنیاد
جُنونِ ساختہ و فصلِ گُل قیامت ہے

(210)

وہ نیشتر سہی پر دل میں جب اتر جاوے
نگاہِ ناز کو پھر کیوں نہ آشنا کہیے

و

(232)

واعظ نہ تم پیو نہ کسی کو پلا سکو
کیا بات ہے تمہاری شرابِ طہور کی

(235)

وہ زندہ ہم ہیں کہ ہیں روشناسِ خلق اے خضر
نہ تم کہ چور بنے عمرِ جاوداں کے لیے

(235)

وَرَق تمام ہُوا اور مَدُح باقی ہے
سَفینہ چاہیے اِس بحرِ بے کراں کے لیے

ہ

ہ

(4)

ہے کہاں تمنّا کا دوسرا قدم یارب
ہم نے دشتِ امکاں کو ایک نقشِ پا پایا

(8)

ہوائے سیرِ گُل آئینۂ بے مہریِ قاتل
کہ اندازِ بہ خوں غلتیدنِ بسمل پسند آیا

(9)

ہُوں ترے وعدہ نہ کرنے میں بھی راضی کہ کبھی
گوش منّت کشِ گلبانگِ تسلی نہ ہُوا

(10)

ہنوز اِک پرتوِ نقشِ خیالِ یار باقی ہے
دلِ افسردہ گویا حجرہ ہے یوسف کے زنداں کا

(13)

ہیں بسکہ جوشِ بادہ سے شیشے اچھل رہے
ہر گوشۂ بساط ہے سرِ شیشہ باز کا

(14)

ہے خیالِ حُسن میں حُسنِ عمل کا سا خیال
خُلد کا اِک دَر ہے میری گور کے اندر کھلا

(20)

ہے اب اس معمورے میں قحطِ غمِ اُلفت اسدؔ
ہم نے یہ مانا کہ دِلی میں رہے کھاویں گے کیا

(21)

ہوئے مر کے ہم جو رسوا، ہوئے کیوں نہ غرقِ دریا
نہ کبھی جنازہ اُٹھتا، نہ کہیں مزار ہوتا

(22)

ہوس کو ہے نشاطِ کار کیا کیا
نہ ہو مرنا تو جینے کا مزا کیا

(23)

ہر بنِ مو سے دمِ ذِکر نہ ٹپکے خوں ناب
حمزہ کا قصّہ ہُوا عشق کا چرچا نہ ہُوا

(27)

ہم کہاں قسمت آزمانے جائیں
تو ہی جب خنجر آزما نہ ہُوا

(27)

ہے خبر گرم اُن کے آنے کی
آج ہی گھر میں بوریا نہ ہُوا

(28)

ہنوز محرمیِ حُسن کو ترستا ہُوں
کرے ہے ہر بنِ مُو کام چشمِ بینا کا

(31)

ہے ایک تیر جس میں دونوں چھدے پڑے ہیں
وہ دِن گئے کہ اپنا دِل سے جگر جُدا تھا

غالبؔ الف سے ی تک

﴿ 33 ﴾

ہوا جب غم سے یوں بے حس تو غم کیا سر کے کٹنے کا
نہ ہوتا گر جُدا تن سے تو زانو پر دھرا ہوتا

﴿ 33 ﴾

ہوئی مُدّت کہ غالبؔ مر گیا، پر یاد آتا ہے
وہ ہر اِک بات پر کہنا کہ یوں ہوتا تو کیا ہوتا

﴿ 37 ﴾

ہُوئی تاخیر تو کچھ باعثِ تاخیر بھی تھا
آپ آتے تھے، مگر کوئی عِناں گیر بھی تھا

﴿ 37 ﴾

ہم تھے مرنے کو کھڑے، پاس نہ آیا نہ سہی
آخر اس شوخ کے ترکش میں کوئی تیر بھی تھا

﴿ 38 ﴾

ہمہ نااُمیدی ہمہ بدگمانی
میں دِل ہُوں فریبِ وفا خوردگاں کا

ہ

(44)

ہم کہاں کے دانا تھے، کس ہنر میں یکتا تھے
بے سبب ہُوا غالبؔ دشمن آسماں اپنا

(47)

ہو لیے کیوں نامہ بر کے ساتھ ساتھ
یارَب اپنے خط کو ہم پہنچائیں کیا

(49)

ہے مجھے اَبرِ بہاری کا برس کر کھلنا
روتے روتے غمِ فرقت میں فنا ہوجانا

(50)

ہے یہ برسات وہ موسم کہ عجب کیا ہے اگر
موجِ ہستی کو کرے فیضِ ہَوا موجِ شراب

(50)

ہوش اُڑتے ہیں مِرے جلوۂ گُل دیکھ اسدؔ
پھر ہُوا وقت کہ ہو بال کُشا موجِ شراب

غالبؔ الف سے ی تک

ه

(58)

ہے جنوں اہلِ جنوں کے لیے آغوشِ وداع
چاک ہوتا ہے گریباں سے جُدا میرے بعد

(59)

ہوئی ہے کس قدر ارزانیِ مے جلوہ
کہ مست ہے ترے کوچے میں ہر دَر و دِیوار

(59)

ہجومِ گریہ کا سامان کب کیا میں نے
کہ گر پڑے نہ مِرے پانٔو پر دَر و دِیوار

(60)

ہر چند ہو مشاہدۂ حق کی گفتگو
بنتی نہیں ہے بادہ و ساغر کہے بغیر

(63)

ہے بسکہ ہر اِک ان کے اشارے میں نشاں اور
کرتے ہیں محبت تو گزرتا ہے گماں اور

۵

(63)

ہر چند سُبک دست ہوئے بُت شکنی میں
ہم ہیں تو ابھی راہ میں ہے سنگِ گراں اور

(63)

ہے خونِ جگر جوش میں، دِل کھول کے روتا
ہوتے جو کئی دیدۂ خوننابہ فشاں اور

(63)

ہیں اور بھی دنیا میں سخنور بہت اچھے
کہتے ہیں کہ غالبؔ کا ہے اندازِ بیاں اور

(65)

ہم اور وہ بے سبب رنج، آشنا دشمن، کہ رکھتا ہے
شُعاعِ مہر سے تہمت نگہ کی چشمِ رَوزن پر

(67)

ہاں اے فلکِ پیر، جواں تھا ابھی عارفؔ
کیا تیرا بگڑتا جو نہ مَرتا کوئی دِن اور

ه

(68)

ہے نازِ مفلساں زرِ از دست رفتہ پر
ہُوں گُل فروشِ شوخیٔ داغِ کہن ہنوز

(69)

ہر ایک ذرّۂ عاشق ہے آفتاب پرست
گئی نہ خاک ہوئے، پر ہوائے جلوۂ ناز

(72)

ہُوں گرفتارِ اُلفتِ صیّاد
ورنہ باقی ہے طاقتِ پرواز

(79)

ہم نے مانا کہ تغافل نہ کرو گے لیکن
خاک ہو جائیں گے ہم تم کو خبر ہوتے تک

(81)

ہے کس قدر ہلاکِ فریبِ وفائے گُل
بلبل کے کاروبار پہ ہیں خندہ ہائے گُل

ہ

(XXX)

ہوں گرمیِ نشاطِ تصوّر سے نغمہ سنج
میں عندلیب گلشن نا آفریدہ ہوں

(86)

ہم سے چھوٹا قمار خانۂ عشق
واں جو جاویں، گرہ میں مال کہاں

(87)

ہے پَرے سرحدِ اِدراک سے اپنا مسجود
قبلے کو اہلِ نظر قبلہ نُما کہتے ہیں

(88)

ہو گئے ہیں جمع اَجزائے نگاہِ آفتاب
ذرّے اس کے گھر کی دِیواروں کے روزن میں نہیں

(88)

ہو فِشارِ ضُعف میں کیا ناتوانی کی نمود
قد کے جھکنے کی بھی گنجائش مِرے تن میں نہیں

(91)

ہم سے کھُل جاؤ بہ وقتِ مَے پرستی ایک دن
ورنہ ہم چھیڑیں گے رکھ کر عُذرِ مستی ایک دن

(92)

ہم پر جفا سے ترکِ وفا کا گماں نہیں
اِک چھیڑ ہے وگرنہ مراد امتحاں نہیں

(92)

ہم سِتم عزیز، ستمگر کو ہم عزیز
نامہرباں نہیں ہے اگر مہرباں نہیں

(92)

ہرچند جاں گدازیِ قہر وعتاب ہے
ہرچند پشت گرمیِ تاب وتواں نہیں

(92)

ہے ننگِ سینہ دِل اگر آتش کدہ نہ ہو
ہے عارِ دِل نفس اگر آذر فشاں نہیں

(96)

ہے تجلّی تری سامانِ وجود
ذرّہ بے پرتوِ خورشید نہیں

(98)

ہے تیوری چڑھی ہوئی اندر نقاب کے
ہے اِک شکن پڑی ہوئی طرفِ نقاب میں

(99)

ہیں آج کیوں ذلیل، کہ کل تک نہ تھی پسند
گستاخیِ فرشتہ ہمارے جناب میں

(99)

ہے مشتمل نمودِ صور پر وجودِ بحر
یاں کیا دھرا ہے قطرہ و موج و حباب میں

(99)

ہے غیبِ غیب جس کو سمجھتے ہیں ہم شہود
ہیں خواب میں ہنوز جو جاگے ہیں خواب میں

(100)

ہے کیا جو کس کے باندھیے میری بلا ڈرے
کیا جانتا نہیں ہُوں تمہاری کمر کو میں

(101)

ہُوں ظہوری کے مقابل میں خِفائی غالبؔ
میرے دعوے پہ یہ حجّت ہے کہ مشہور نہیں

(104)

ہوگئی ہے غیر کی شیریں بیانی کارگر
عشق کا اُس کو گماں ہم بے زبانوں پر نہیں

(106)

ہیں زوال آمادہ اَجزا آفرینش کے تمام
مِہرِ گردُوں ہے چراغِ رہگزارِ باد یاں

(112)

ہم موحّد ہیں ہمارا کیش ہے ترکِ رسوم
ملتیں جب مٹ گئیں، اجزائے ایماں ہوگئیں

(114)

ہُوئی ہے مانعِ ذوقِ تماشا خانہ ویرانی
کفِ سیلاب باقی ہے بہ رنگِ پنبہ روزن میں

(114)

ہُوئے اُس مہروش کے جلوۂ تمثال کے آگے
پَر افشاں جوہر آئینے میں، مثلِ ذرّہ رَوزن میں

(114)

ہزاروں دِل دیے جوشِ جنونِ عشق نے مجھ کو
سیہ ہو کر سُوَیدا ہو گیا ہر قطرہ خوں تن میں

(115)

ہُوا ہُوں عشق کی غارت گری سے شرمندہ
سِوائے حسرتِ تعمیر گھر میں خاک نہیں

(115)

ہمارے شعر ہیں اب صرف دِلگی کے اسدؔ
کھُلا کہ فائدہ عرضِ ہُنر میں خاک نہیں

(116)

ہاں وہ نہیں خُدا پرست، جاؤ وہ بیوفا سہی
جس کو ہو دین و دِل عزیز اُس کی گلی میں جائے کیوں

(119)

ہُوں منحرف نہ کیوں رہ و رسمِ ثواب سے
ٹیڑھا لگا ہے قط قلمِ سرنوشت کو

(120)

ہے مجھ کو تجھ سے تذکرۂ غیر کا گلہ
ہر چند بر سبیلِ شکایت ہی کیوں نہ ہو

(120)

ہے آدمی بجائے خود اِک محشرِ خیال
ہم انجمن سمجھتے ہیں خلوت ہی کیوں نہ ہو

(120)

ہنگامۂ زبونیِٔ ہمت ہے انفعال
حاصل نہ کیجیے دہر سے، عبرت ہی کیوں نہ ہو

٥

﴿ 121 ﴾

ہُوا چرچا جو میرے پانْو کی زنجیر بننے کا
کیا بیتاب کاں میں جنبشِ جوہر نے آہن کو

﴿ 122 ﴾

ہے جوشِ گُل بہار میں یاں تک کہ ہر طرف
اُڑتے ہوئے اُلجھتے ہیں مُرغِ چمن کے پانْوٗ

﴿ 126 ﴾

ہمارے ذہن میں اس فکر کا ہے نام وصال
کہ گر نہ ہو تو کہاں جائیں ہو تو کیوں کر ہو

﴿ 126 ﴾

ہمیں پھر اُن سے امید اور اُنہیں ہماری قدر
ہماری بات ہی پوچھیں نہ وو تو کیوں کر ہو

﴿ 130 ﴾

ہے سبزہ زار ہر دَر و دِیوارِ غم کدہ
جس کی بہار یہ ہو، پھر اُس کی خزاں نہ پوچھ

ہ

(131)

ہے سنگ پر براتِ معاشِ جنونِ عشق
یعنی ہنوز منّتِ طفلاں اُٹھائیے

(132)

ہے رنگِ لالہ و گُل و نسریں جُدا جُدا
ہر رنگ میں بہار کا اِثبات چاہیے

(134)

ہے بزمِ بتاں میں سخن آزردہ لبوں سے
تنگ آئے ہیں ہم ایسے خوشامد طلبوں سے

(134)

ہے دورِ قدح وجہِ پریشانیٔ صہبا
یک بار لگا دو خمِ مَے میرے لبوں سے

(137)

ہماری سادگی تھی اِلتفاتِ ناز پر مرنا
ترا آنا نہ تھا ظالم مگر تمہید جانے کی

~~(139)~~

ہے کائنات کو حرکت تیرے ذَوق سے
پرتو سے آفتاب کے، ذرّے میں جان ہے

~~(139)~~

ہستی کا اِعتبار بھی غم نے مٹا دیا
کس سے کہوں کہ داغ جگر کا نشان ہے

~~(139)~~

ہے بارے اِعتمادِ وفاداری اِس قدر
غالبؔ ہم اِس میں خوش ہیں کہ نامہربان ہے

~~(140)~~

ہاتھ ہی تیغ آزما کا کام سے جاتا رہا
دل پہ اِک لگنے نہ پایا زخمِ کاری ہائے ہائے

~~(141)~~

ہے وہ غرورِ حُسن سے بیگانۂ وفا
ہر چند اُس کے پاس دلِ حق شناس ہے

(141)

ہر اک مکان کو ہے مکیں سے شرف اسدؔ
مجنوں جو مَر گیا ہے تو جنگل اُداس ہے

(142)

ہَے ہَے! خُدا نخواستہ وہ اَور دُشمنی
اے شوقِ مُنفعِل یہ تجھے کیا خیال ہے

(142)

ہستی کے مت فریب میں آجائیو اسدؔ
عالَم تمام حلقۂ دامِ خیال ہے

(144)

ہے وہی بد مستیِ ہر ذرّہ کا خود عذر خواہ
جس کے جلوے سے زمیں تا آسماں سرشار ہے

(149)

ہم بھی دُشمن تو نہیں ہیں اپنے
غیر کو تجھ سے محبت ہی سہی

ہ

(149)

ہم کوئی ترکِ وفا کرتے ہیں
نہ سہی عشق مصیبت ہی سہی

(149)

ہم بھی تسلیم کی خو ڈالیں گے
بے نیازی تری عادت ہی سہی

(150)

ہے آرمیدگی میں نکوہش بجا مجھے
صبحِ وطن ہے خندۂ دنداں نما مجھے

(154)

ہاتھ دھو دِل سے یہی گرمی گر اندیشے میں ہے
آبگینہ تُندیِ صہبا سے پگھلا جائے ہے

(154)

ہو کے عاشق وہ پری رُخ اور نازک بن گیا
رنگ کھلتا جائے ہے جتنا کہ اُڑتا جائے ہے

(155)

ہَوسِ گُل کا تصوّر میں بھی کھٹکا نہ رہا
عجب آرام دِیا بے پَر و بالی نے مجھے

(156)

ہم سے رنجِ بیتابی کس طرح اُٹھایا جائے
داغ پشتِ دستِ عجز شعلہ خس بدنداں ہے

(158)

ہے دِلِ شوریدۂ غالبؔ طلسمِ پیچ و تاب
رحم کر اپنی تمنّا پر کہ کس مشکل میں ہے

(159)

ہر بوالہوس نے حُسن پرستی شعار کی
اب آبروئے شیوۂ اہلِ نظر گئی

(161)

ہو چکیں غالبؔ بلائیں سب تمام
ایک مرگِ ناگہانی اور ہے

؎(162)؎

ہے کچھ ایسی ہی بات جو چپ ہُوں
ورنہ کیا بات کر نہیں آتی

؎(162)؎

ہم وہاں ہیں جہاں سے ہم کو بھی
کچھ ہماری خبر نہیں آتی

؎(163)؎

ہم ہیں مشتاق اور وہ بے زار
یا الٰہی یہ ماجرا کیا ہے

؎(163)؎

ہم کو اُن سے وفا کی ہے اُمید
جو نہیں جانتے وفا کیا ہے

؎(163)؎

ہاں بھلا کر ترا بھلا ہوگا
اور درویش کی صدا کیا ہے

(164)

ہوں کشمکشِ نزع میں ہاں جذبِ محبت
کچھ کہہ نہ سکوں پر وہ مرے پوچھنے کو آئے

(164)

ہے صاعقہ و شعلہ و سیماب کا عالم
آنا ہی سمجھ میں مری آتا نہیں گو آئے

(164)

ہاں اہلِ طلب کون سنے طعنۂ نایافت
دیکھا کہ وہ ملتا نہیں، اپنے ہی کو کھو آئے

(165)

ہو رہا ہے جہان میں اندھیر
زُلف کی پھر سرشتہ داری ہے

(168)

ہستی ہماری اپنی فنا پر دلیل ہے
یاں تک مِٹے کہ آپ ہم اپنی قسم ہوئے

(171)

ہم سے عبث ہے گمانِ رنجشِ خاطر
خاک میں عشاق کی غُبار نہیں ہے

(172)

ہجومِ غم سے یاں تک سرنگونی مجھ کو حاصل ہے
کہ تارِ دامن و تارِ نظر میں فرق مشکل ہے

(173)

ہُوں سراپا سازِ آہنگِ شکایت کچھ نہ پوچھ
ہے یہی بہتر کہ لوگوں میں نہ چھیڑے تو مجھے

(175)

ہم سخن تیشے نے فرہاد کو شیریں سے کیا
جس طرح کا کہ کسی میں ہو کمال اچھا ہے

(175)

ہم کو معلوم ہے جنّت کی حقیقت لیکن
دِل کے خوش رکھنے کو غالبؔ یہ خیال اچھا ہے

(178)

ہر مہینے میں جو یہ بدر سے ہوتا ہے ہلال
آستاں پر ترے مہ ناصیہ سا ہوتا ہے

(179)

ہر ایک بات پہ کہتے ہو تم کہ تو کیا ہے
تمھیں کہو کہ یہ اندازِ گفتگو کیا ہے

(179)

ہُوا ہے شہ کا مُصاحب پھرے ہے اِتراتا
وگرنہ شہر میں غالبؔ کی آبرو کیا ہے

(182)

ہے ہَوا میں شراب کی تاثیر
بادہ نوشی ہے باد پیمائی

(184)

ہُوں زِ خود رفتۂ بیدائے خیال
بھول جانا ہے نشانی میری

٥

(189)

ہے وَصل ہجر عالمِ تمکین و ضبط میں
معشوقِ شوخ و عاشقِ دِیوانہ چاہیے

(191)

ہر قدم دُوریٔ منزل ہے نمایاں مجھ سے
میری رفتار سے، بھاگے ہے بیاباں مجھ سے

(193)

ہے شکستن سے بھی دِل نومید، یارب کب تلک
آبگینہ کوہ پر عرضِ گرانجانی کرے

(197)

ہر چند ہر ایک شے میں تو ہے
پر تجھ سی کوئی شے نہیں ہے

(197)

ہاں کھائیو مت فریبِ ہستی
ہر چند کہیں کہ ہے، نہیں ہے

(197)

ہستی ہے نہ کچھ عدم ہے غالبؔ
آخر تو کیا ہے اے نہیں ہے!

(199)

ہم رشک کو اپنے بھی گوارا نہیں کرتے
مَرتے ہیں ولے اُن کی تمنّا نہیں کرتے

(203)

ہاں نشاطِ آمدِ فصلِ بہاری، واہ واہ
پھر ہُوا ہے تازہ سَودائے غزل خوانی مجھے

(204)

ہے کُشادِ خاطرِ وابستہ در رَہنِ سخن
تھا طلسمِ قفلِ ابجد، خانۂ مکتب مجھے

(206)

ہوئے ہیں پانْو ہی پہلے نبردِ عشق میں زخمی
نہ بھاگا جائے ہے مجھ سے، نہ ٹھہرا جائے ہے مجھ سے

۵

(209)

ہوتا ہے نہاں گرد میں صحرا مرے ہوتے
گھستا ہے جبیں خاک پہ دریا مرے آگے

(209)

ہے موجزَن اِک قُلزمِ خوں کاش یہی ہو
آتا ہے ابھی دیکھیے کیا کیا مِرے آگے

(209)

ہم پیشہ و ہَم مشرب و ہَم راز ہے میرا
غالبؔ کو بُرا کیوں کہو، اچھا مِرے آگے

(212)

ہم نشیں مت کہہ کہ برہم کر نہ بزمِ عیشِ دوست
واں تو میرے نالے کو بھی اِعتبارِ نغمہ ہے

(213)

ہے عدم میں غنچہ محوِ عبرتِ انجامِ گُل
یک جہاں زانو تامُّل در قَفائے خندہ ہے

ہ

(215)

ہر سنگ و خشت ہے صدفِ گوہرِ شکست
نقصاں نہیں جنوں سے جو سَودا کرے کوئی

(215)

ہے وحشتِ طبیعتِ ایجاد یاس خیز
یہ درد وہ نہیں کہ نہ پیدا کرے کوئی

(220)

ہزاروں خواہشیں ایسی کہ ہر خواہش پہ دَم نکلے
بہت نکلے مِرے ارمان لیکن پھر بھی کم نکلے

(220)

ہوئی اِس دَور میں منسوب مجھ سے بادہ آشامی
پھر آیا وہ زمانہ جو جہاں میں جامِ جم نکلے

(220)

ہُوئی جِن سے توقع خستگی کی داد پانے کی
وہ ہم سے بھی زیادہ خستۂ تیغِ سِتم نکلے

ہ

(225)

ہُوں میں بھی تماشائیِ نیرنگِ تمنا
مطلب نہیں کچھ اس سے کہ مطلب ہی بر آوے

(227)

ہجومِ نالہ، حیرت عاجزِ عرضِ یک افغاں ہے
خموشی ریشۂ صد نیستاں سے خس بدنداں ہے

(227)

ہُوئی یہ کثرتِ غم سے تلَف کیفیّتِ شادی
کہ صبحِ عید مجھ کو بدتر از چاکِ گریباں ہے

(229)

ہے ذرّہ ذرّہ تنگیٔ جا سے غُبارِ شوق
گر دام یہ ہے وُسعتِ صحرا شکار ہے

(230)

ہے چشمِ تر میں حسرتِ دیدار سے نہاں
شوقِ عناں گُسیختہ، دریا کہیں جسے

٥

(233)

ہیں اہلِ خرد کس روشِ خاص پہ نازاں
پابستگیٔ رسم و رہِ عام بہت ہے

(233)

ہے قہر گر اَب بھی نہ بنے بات کہ اُن کو
اِنکار نہیں اور مجھے اِبرام بہت ہے

(233)

ہوگا کوئی ایسا بھی کہ غالبؔ کو نہ جانے؟
شاعر تو وہ اچھا ہے پہ بدنام بہت ہے

ی

ی

(7)

یہ لاشِ بے کفن اسدِؔ خستہ جاں کی ہے
حق مغفرت کرے! عجب آزاد مرد تھا

(15)

یاں سرِ پُرشور بے خوابی سے تھا دِیوار جو
واں وہ فرقِ ناز محوِ بالشِ کمخواب تھا

(15)

یاں نفس کرتا تھا روشن شمعِ بزمِ بے خودی
جلوۂ گُل واں بساطِ صحبتِ احباب تھا

(16)

یاد کر وہ دِن کہ ہر یک حلقہ تیرے دَام کا
انتظارِ صید میں اِک دیدۂ بے خواب تھا

ی

(19)

یک قدم وحشت سے درسِ دفترِ امکاں کھلا
جادہ اجزائے دو عالم دشت کا شیرازہ تھا

(21)

یہ نہ تھی ہماری قسمت کہ وِصالِ یار ہوتا
اگر اور جیتے رہتے یہی انتظار ہوتا

(21)

یہ کہاں کی دوستی ہے کہ بنے ہیں دوست ناصح
کوئی چارہ ساز ہوتا کوئی غمگسار ہوتا

(21)

یہ مسائلِ تصوّف یہ ترا بیان غالبؔ
تجھے ہم ولی سمجھتے جو نہ بادہ خوار ہوتا

(22)

یہ قاتل وعدۂ صبر آزما کیوں
یہ کافر فتنۂ طاقت رُبا کیا

ی

(28)

یہ جانتا ہُوں کہ تو اور پاسخِ مکتوب
مگر سِتم زدہ ہُوں ذُوقِ خامہ فرسا کا

(30)

یاس و امّید نے یک عربدہ میداں مانگا
عجزِ ہمّت نے طلسمِ دلِ سائل باندھا

(34)

یک ذرّۂ زمیں نہیں بیکار باغ کا
یاں جادہ بھی فتیلہ ہے لالے کے داغ کا

(35)

یک الف بیش نہیں صیقلِ آئینہ ہنوز
چاک کرتا ہُوں میں جب سے کہ گریباں سمجھا

(37)

یوسف اُس کو کہوں اور کچھ نہ کہے خیر ہوئی
گر بگڑ بیٹھے تو میں لائقِ تعزیر بھی تھا

(54)

یہ غزل اپنی مجھے جی سے پسند آتی ہے آپ
ہے ردیفِ شعر میں غالبؔ زبس تکرارِ دوست

(63)

یا رَب وہ نہ سمجھے ہیں، نہ سمجھیں گے مِری بات
دے اور دِل اُن کو، جو نہ دے مجھ کو زَباں اور

(70)

یک قلم کا غذِ آتش زدہ ہے صفحۂ دشت
نقشِ پا میں ہے تبِ گرمیٔ رفتار ہنوز

(78)

یاد ہیں غالبؔ تجھے وہ دِن کہ وجدِ ذوق میں
زخم سے گرتا تو میں پلکوں سے چنتا تھا نمک

(79)

یک نظر بیش نہیں فرصتِ ہستی غافل
گرمیِ بزم ہے اِک رقصِ شرر ہوتے تک

(107)

یہ ہم جو ہجر میں دِیوار و دَر کو دیکھتے ہیں
کبھی صبا کو کبھی نامہ بر کو دیکھتے ہیں

(111)

یارب زمانہ مجھ کو مِٹاتا ہے کس لیے
لوحِ جہاں پہ حرفِ مکرّر نہیں ہُوں میں

(112)

یاد تھیں ہم کو بھی رنگارنگ بزم آرائیاں
لیکن اب نقش و نگارِ طاقِ نسیاں ہو گئیں

(112)

یوں ہی گر روتا رہا غالبؔ تو اے اہلِ جہاں
دیکھنا اِن بستیوں کو تم کہ ویراں ہو گئیں

(115)

یہ کس بہشت شمائل کی آمد آمد ہے
کہ غیرِ جلوۂ گُل رہگزر میں خاک نہیں

ی

(127)

یہ کہہ سکتے ہو، ہم دِل میں نہیں ہیں، پر یہ بتلاؤ
کہ جب دِل میں تمہیں تم ہو تو آنکھوں سے نہاں کیوں ہو

(127)

یہ فتنہ آدمی کی خانہ ویرانی کو کیا کم ہے
ہوئے تم دوست جس کے دشمن اُس کا آسماں کیوں ہو

(127)

یہی ہے آزمانا تو ستانا کس کو کہتے ہیں
عدُو کے ہو لیے جب تم تو میرا امتحاں کیوں ہو

(131)

یا میرے زخمِ رشک کو رُسوا نہ کیجیے
یا پردۂ تبسّمِ پنہاں اُٹھایئے

(132)

یعنی بہ حسبِ گردشِ پیمانۂ صفات
عارف ہمیشہ مستِ مے ذات چاہیے

ی

(149)

یار سے چھیڑ چلی جائے اسدؔ
گر نہیں وَصل تو حسرت ہی سہی

(163)

یہ پری چہرہ لوگ کیسے ہیں
غمزہ و عِشوہ و ادا کیا ہے

(169)

یوں ہی دُکھ کسی کو دینا نہیں خوب ورنہ کہتا
کہ مِرے عدُو کو یارَب مِلے میری زِندگانی

(170)

یا شب کو دیکھتے تھے کہ ہر گوشۂ بِساط
دامانِ باغبان و کفِ گُل فروش ہے

(170)

یا صبح دَم جو دیکھیے آ کر تو بزم میں
نے وہ سُرُور و سوز نہ جوش و خروش ہے

ی

(177)

یہ عمر بھر جو پریشانیاں اُٹھائی ہیں ہم نے
تمہارے آئیو اے طُرّہ ہائے خم بہ خم آگے

(179)

یہ رشک ہے کہ وہ ہوتا ہے ہم سخن تم سے
وگرنہ خوفِ بد آموزیِ عدُو کیا ہے

(199)

یہ باعثِ نومیدیِ اربابِ ہَوس ہے
غالبؔ کو بُرا کہتے ہو اچھا نہیں کرتے

(202)

یہ ضد کہ آج نہ آوے اور آئے بِن نہ رہے
قضا سے شکوہ ہمیں کس قدر ہے، کیا کہیے

(204)

یاد ہے شادی میں بھی ہنگامۂ یارَب! مجھے
سبحۂ زاہد ہُوا ہے خندہ زیرِ لب مجھے

ی

(204)

یا رَب اس آشفتگی کی داد کس سے چاہیے
رشک آسائش پہ ہے زندانیوں کی اب مجھے

(208)

یاں تلک میری گرفتاری سے وہ خوش ہے کہ میں
زُلف گر بن جاؤں تو شانے میں اُلجھا دے مجھے

دیوانِ غالب

1

نقش فریادی ہے کس کی شوخیِ تحریر کا
کاغذی ہے پیرہن ہر پیکرِ تصویر کا

کاو کاوِ سخت جانی ہائے تنہائی، نہ پوچھ
صبح کرنا شام کا، لانا ہے جُوئے شِیر کا

جذبۂ بے اختیارِ شوق دیکھا چاہیے
سینۂ شمشیر سے باہر، ہے دَم شمشیر کا

آ گہی دامِ شنیدن جس قدر چاہے بچھائے
مُدّعا عنقا ہے اپنے عالمِ تقریر کا

بسکہ ہُوں غالبؔ اَسیری میں بھی آتش زیرِ پا
موئے آتش دِیدہ، ہے حلقہ مِری زنجیر کا

2

جراحت تحفہ الماس ارمغاں داغِ جگر ہدیہ
مبارک باد اسدؔ غم خوارِ جانِ دردمند آیا

3

جُز قیس اور کوئی نہ آیا بہ روئے کار
صحرا مگر بہ تنگیِ چشمِ حسود تھا

آشفتگی نے نقشِ سویدا کیا درست
ظاہر ہُوا کہ داغ کا سرمایہ دُود تھا

تھا خواب میں خیال کو تجھ سے معاملہ
جب آنکھ کھل گئی نہ زیاں تھا نہ سود تھا

لیتا ہُوں مکتبِ غمِ دِل میں سبق ہنوز
لیکن یہی کہ رفت گیا، اور بود تھا

ڈھانپا کفن نے داغِ عیوبِ برہنگی
میں ورنہ ہر لباس میں ننگِ وجود تھا

تیشے بغیر مر نہ سکا کوہکن اسدؔ
سرگشتۂ خمارِ رُسوم و قیود تھا

4

کہتے ہو نہ دیں گے ہم دِل اگر پڑا پایا
دِل کہاں کہ گم ، کیجیے ہم نے مدّعا پایا

عشق سے طبیعت نے زیست کا مزا پایا
درد کی دوا پائی، دردِ بے دوا پایا

دوستدارِ دشمن ہے، اعتمادِ دِل معلوم
آہ بے اثر دیکھی، نالہ نارَسا پایا

سادگی و پرکاری، بے خودی و ہشیاری
حُسن کو تغافل میں جرأت آزما پایا

غنچہ پھر لگا کِھلنے آج ہم نے اپنا دِل
خوں کیا ہُوا دیکھا، گم کیا ہُوا پایا

حالِ دِل نہیں معلوم لیکن اِس قدر یعنی
ہم نے بارہا ڈھونڈا تم نے بارہا پایا

شورِ پندِ ناصح نے زخم پر نمک چھڑکا
آپ سے کوئی پوچھے، تم نے کیا مزا پایا؟

ہے کہاں تمنّا کا دوسرا قدم یارب
ہم نے دشتِ امکاں کو ایک نقشِ پا پایا[1]

[1] یہ شعر دیوانِ غالب میں شائع نہیں ہوا۔

5

دِل مِرا سوزِ نہاں سے بے مُحابا جل گیا
آتشِ خاموش کے مانند گویا جل گیا

دِل میں ذوقِ وصل و یادِ یار تک باقی نہیں
آگ اس گھر میں لگی ایسی کہ جو تھا جل گیا

میں عدم سے بھی پَرے ہُوں ورنہ غافل بار ہا
میری آہِ آتشیں سے بالِ عنقا جل گیا

عرض کیجیے جوہرِ اندیشہ کی گرمی کہاں
کچھ خیال آیا تھا وحشت کا کہ صحرا جل گیا

دِل نہیں تجھ کو دِکھاتا ورنہ داغوں کی بہار
اس چراغاں کا کروں کیا، کارفرما جل گیا

میں ہُوں اور افسردگی کی آرزو غالبؔ کہ دِل
دیکھ کر طرزِ تپاکِ اہلِ دُنیا جل گیا

6

شوق ہر رنگ رقیبِ سروساماں نکلا
قیس تصویر کے پردے میں بھی عریاں نکلا

زخم نے داد نہ دی تنگیِ دِل کی یارب
تیر بھی سینۂ بسمل سے پَر افشاں نکلا

بوئے گُل، نالۂ دِل، دُودِ چراغِ محفل
جو تری بزم سے نکلا سو پریشاں نکلا

دِلِ حسرت زدہ تھا مائدۂ لذّتِ درد
کام یاروں کا بقدرِ لب و دنداں نکلا

تھی نوآموزِ فنا، ہمّتِ دُشوار پسند
سخت مشکل ہے کہ یہ کام بھی آساں نکلا

دِل میں پھر گریے نے اِک شور اُٹھایا غالبؔ
آہ! جو قطرہ نہ نکلا تھا، سو طوفاں نکلا

7

دھمکی میں مر گیا، جو نہ بابِ نبرد تھا
عشقِ نبرد پیشہ طلبگارِ مرد تھا

تھا زندگی میں مرگ کا کھٹکا لگا ہُوا
اُڑنے سے پیشتر بھی مِرا رنگ زرد تھا

تالیفِ نسخہ ہائے وفا کر رہا تھا میں
مجموعۂ خیال ابھی فرد فرد تھا

دِل تا جگر کہ ساحلِ دریائے خوں ہے اب
اس رہگزر میں جلوۂ گُل، آگے گرد تھا

جاتی ہے کوئی کشمکش اندوۂ عشق کی
دِل بھی اگر گیا، تو وہی دِل کا درد تھا

احباب چارہ سازیِ وحشت نہ کر سکے
زنداں میں بھی خیال بیاباں نورد تھا

یہ لاشِ بے کفن اسدؔ خستہ جاں کی ہے
حق مغفرت کرے! عجب آزاد مرد تھا

8

شمارِ سبحہ مرغوبِ بُتِ مشکل پسند آیا
تماشائے بہ یک کف بُردنِ صد دِل پسند آیا

بہ فیضِ بے دِلی نومیدیِ جاوید آساں ہے
کشایش کو ہمارا عقدۂ مشکل پسند آیا

ہوائے سیرِ گُل آئینۂ بے مہریِ قاتل
کہ اندازِ بہ خوں غلتیدنِ بسمل پسند آیا

اسدؔ ہر جا سخن نے طرح باغ تازہ ڈالی ہے
مجھے رنگِ بہارِ ایجادیِ بیدل پسند آیا[1]

[1] یہ شعر دیوانِ غالب میں شائع نہیں ہوا۔

9

دہر میں نقشِ وفا وجہٗ تسلّی نہ ہُوا
ہے یہ وہ لفظ کہ شرمندۂ معنی نہ ہُوا

سبزۂ خط سے ترا کاکلِ سرکش نہ دبا
یہ زمرّد بھی حریفِ دمِ افعی نہ ہُوا

میں نے چاہا تھا کہ اندوہِ وفا سے چھوٹوں
وہ ستمگر مِرے مرنے پہ بھی راضی نہ ہُوا

دِل گزرگاہِ خیالِ مَے و ساغر ہی سہی
گر نفس جادۂ سرمنزلِ تقوی نہ ہُوا

ہُوں ترے وعدہ نہ کرنے میں بھی راضی کہ کبھی
گوش منّت کشِ گُلبانگِ تسلّی نہ ہُوا

کس سے محرومیِ قسمت کی شکایت کیجیے
ہم نے چاہا تھا کہ مر جائیں سو وہ بھی نہ ہُوا

مر گیا صدمۂ یک جنبشِ لب سے غالبؔ
ناتوانی سے حریفِ دمِ عیسیٰ نہ ہُوا

10

ستائش گر ہے زاہد اس قدر جس باغِ رضواں کا
وہ اِک گُلدستہ ہے ہم بےخودوں کے طاقِ نسیاں کا

بیاں کیا کیجیے بیدادِ کاوش ہائے مژگاں کا
کہ ہر اِک قطرۂ خوں دانہ ہے تسبیحِ مرجاں کا

نہ آئی سطوتِ قاتل بھی مانع میرے نالوں کو
لیا دانتوں میں جو تنکا ہُوا ریشہ نیستاں کا

دکھاؤں گا تماشا، دی اگر فرصت زمانے نے
مرا ہر داغِ دل اِک تخم ہے سروِ چراغاں کا

کیا آئینہ خانے کا وہ نقشہ تیرے جلوے نے
کرے جو پرتوِ خورشید عالم شبنمستاں کا

مِری تعمیر میں مضمر ہے اِک صورت خرابی کی
ہیولیٰ برقِ خرمن کا ہے خونِ گرم دہقاں کا

اُگا ہے گھر میں ہر سو سبزہ ویرانی تماشا کر
مدار اب کھودنے پر گھاس کے ہے میرے درباں کا

خموشی میں نہاں خوں گشتہ لاکھوں آرزوئیں ہیں
چراغِ مردہ ہوں میں بے زباں گورِ غریباں کا

ہنوز اِک پرتوِ نقشِ خیالِ یار باقی ہے
دلِ افسردہ گویا حجرہ ہے یوسف کے زنداں کا

بغل میں غیر کی آج آپ سوتے ہیں کہیں ورنہ
سبب کیا خواب میں آ کر تبسّم ہائے پنہاں کا

نہیں معلوم کس کس کا لہو پانی ہُوا ہوگا
قیامت ہے سرِشک آلودہ ہونا تیری مژگاں کا

نظر میں ہے ہماری جادۂ راہِ فنا غالبؔ
کہ یہ شیرازہ ہے عالم کے اجزائے پریشاں کا

11

نہ ہوگا یک بیاباں ماندگی سے ذوق کم میرا
حبابِ موجۂ رفتار ہے نقشِ قدم میرا

محبت تھی چمن سے لیکن اب یہ بے دماغی ہے
کہ موجِ بوئے گُل سے ناک میں آتا ہے دَم میرا

12

سراپا رہنِ عشق و ناگزیرِ اُلفتِ ہستی
عبادت برق کی کرتا ہُوں اور افسوس حاصل کا

بہ قدرِ ظرف ہے ساقی خمارِ تشنہ کامی بھی
جوتو دریائے مَے ہےتو میں خمیازہ ہُوں ساحل کا

مجھے راہ سخن میں خوفِ گمراہی نہیں غالبؔ
عصائے خضرِ صحرائے سخن ہے خامہ بیدل کا[1]

---

[1] یہ شعر دیوانِ غالب میں شائع نہیں ہوا۔

13

محرم نہیں ہے تو ہی نواہائے راز کا
یاں ورنہ جو حجاب ہے پردہ ہے ساز کا

رنگِ شکستہ صبحِ بہارِ نظارہ ہے
یہ وقت ہے شگفتنِ گُلہائے ناز کا

تو اور سوئے غیر نظرہائے تیز تیز
میں اور دکھ تری مژہ ہائے دراز کا

صرفہ ہے ضبطِ آہ میں میرا وگرنہ میں
طعمہ ہُوں ایک ہی نَفَسِ جاں گداز کا

ہیں بسکہ جوشِ بادہ سے شیشے اچھل رہے
ہر گوشۂ بساط ہے سر شیشہ باز کا

دیوانِ غالب

کاوش کا دِل کرے ہے تقاضا کہ ہے ہنوز
ناخن پہ قرض اُس گرہِ نیم باز کا

تاراجِ کاوشِ غمِ ہجراں ہُوا اسدؔ
سینہ کہ تھا دفینہ گہرہائے راز کا

14

بزمِ شاہنشاہ میں اشعار کا دفتر کھلا
رکھیو یارب! یہ درِ گنجینۂ گوہر کھلا

شب ہوئی پھر انجمِ رخشندہ کا منظر کھلا
اس تکلُّف سے کہ گویا بُت کدے کا در کھلا

گرچہ ہُوں دیوانہ پر کیوں دوست کا کھاؤں فریب
آستیں میں دشنہ پنہاں ہاتھ میں نشتر کھلا

گو نہ سمجھوں اُس کی باتیں گو نہ پاؤں اُس کا بھید
پر یہ کیا کم ہے کہ مجھ سے وہ پری پیکر کھلا

ہے خیالِ حُسن میں حُسنِ عمل کا سا خیال
خُلد کا اِک در ہے میری گور کے اندر کھلا

منہ نہ کھلنے پر وہ عالم ہے کہ دیکھا ہی نہیں
زُلف سے بڑھ کر نقاب اس شوخ کے منہ پر کھلا

دَر پہ رہنے کو کہا اور کہہ کے کیسا پھر گیا
جتنے عرصے میں مِرا لپٹا ہُوا بستر کھلا

کیوں اندھیری ہے شبِ غم ہے بلاؤں کا نزول
آج ادھر ہی کو رہے گا دیدۂ اختر کھلا

کیا رہُوں غربت میں خوش جب ہو حوادث کا یہ حال
نامہ لاتا ہے وطن سے نامہ بَر اکثر کھلا

اُس کی امّت میں ہُوں میں، میرے رہیں کیوں کام بند
واسطے جس شہ کے غالبؔ گنبدِ بے دَر کھلا

15

شب کہ برقِ سوزِ دِل سے زہرۂ ابر آب تھا
شعلۂ جوّالہ ہر اِک حلقۂ گرداب تھا

واں کرم کو عُذرِ بارش تھا عناں گیرِ خرام
گریے سے یاں پنبۂ بالش کفِ سیلاب تھا

واں خود آرائی کو تھا موتی پرونے کا خیال
یاں ہجومِ اشک میں تارِ نگہ نایاب تھا

جلوۂ گُل نے کیا تھا واں چراغاں آب جو
یاں رواں مژگانِ چشمِ تر سے خونِ ناب تھا

یاں سرِ پُرشور بے خوابی سے تھا دِیوار جو
واں وہ فرقِ ناز محوِ بالشِ کمخواب تھا

یاں نفس کرتا تھا روشن شمعِ بزمِ بے خودی
جلوۂ گُل واں بساطِ صحبتِ احباب تھا

فرش سے تا عرش واں طوفاں تھا موجِ رنگ کا
یاں زمیں سے آسماں تک سوختن کا باب تھا

ناگہاں اس رنگ سے خوننابہ ٹپکانے لگا
دِل کہ ذوقِ کاوشِ ناخن سے لذّت یاب تھا

16

نالۂ دِل میں شب اندازِ اثر نایاب تھا
تھا سپندِ بزمِ وصلِ غیر گو بیتاب تھا

مقدمِ سیلاب سے دِل کیا نشاط آہنگ ہے
خانۂ عاشق مگر سازِ صدائے آب تھا

نازشِ ایامِ خاکسترنشینی کیا کہوں
پہلوئے اندیشہ وقفِ بسترِ سنجاب تھا

کچھ نہ کی اپنی جنونِ نارسا نے ورنہ یاں
ذرّہ ذرّہ رُوکشِ خورشیدِ عالم تاب تھا

آج کیوں پروا نہیں اپنے اسیروں کی تجھے
کل تلک تیرا بھی دِل مہر و وفا کا باب تھا

یاد کر وہ دِن کہ ہر یک حلقہ تیرے دَام کا
انتظارِ صید میں اِک دیدۂ بے خواب تھا

میں نے روکا رات غالبؔ کو وگرنہ دیکھتے
اُس کے سیلِ گریہ میں گردوں کفِ سیلاب تھا

17

ایک ایک قطرے کا مجھے دینا پڑا حساب
خونِ جگر ودیعتِ مژگانِ یار تھا

اب میں ہُوں اور ماتمِ یک شہرِ آرزو
توڑا جو تو نے آئنہ تمثال دار تھا

گلیوں میں میری نعش کو کھینچے پھرو کہ میں
جاں دادۂ ہوائے سرِ رہ گزار تھا

موجِ سرابِ دشتِ وفا کا نہ پوچھ حال
ہر ذرّہ مثلِ جوہرِ تیغ آب دار تھا

کم جانتے تھے ہم بھی غمِ عشق کو پر اَب
دیکھا تو کم ہُوئے پہ غمِ روزگار تھا

18

بسکہ دشوار ہے ہر کام کا آساں ہونا
آدمی کو بھی میسّر نہیں اِنساں ہونا

گریہ چاہے ہے خرابی مِرے کاشانے کی
دَر و دیوار سے ٹپکے ہے بیاباں ہونا

وائے دیوانگیِ شوق کہ ہر دَم مجھ کو
آپ جانا اُدھر اور آپ ہی حیراں ہونا

جلوہ از بسکہ تقاضائے نگہ کرتا ہے
جوہر آئنہ بھی چاہے ہے مژگاں ہونا

عشرتِ قتل گہِ اہلِ تمنّا مت پوچھ
عیدِ نظّارہ ہے شمشیر کا عریاں ہونا

لے گئے خاک میں ہم داغِ تمنّائے نشاط
تو ہو اور آپ بہ صد رنگ گلستاں ہونا

عشرتِ پارۂ دِل زخمِ تمنّا کھانا
لذّتِ ریشِ جگر غرقِ نمک داں ہونا

کی مِرے قتل کے بعد اُس نے جفا سے توبہ
ہائے اُس زُود پشیماں کا پشیماں ہونا

حَیف اُس چار گرہ کپڑے کی قسمت غالبؔ
جس کی قسمت میں ہو عاشق کا گریباں ہونا

19

شب خمارِ شوقِ ساقی رستخیز اندازہ تھا
تا مُحیطِ بادہ صورت خانۂ خمیازہ تھا

یک قدم وحشت سے درسِ دفترِ امکاں کھلا
جادہ اجزائے دو عالم دشت کا شیرازہ تھا

مانعِ وحشت خرامی ہائے لیلیٰ کون ہے
خانۂ مجنونِ صحرا گرد بے دروازہ تھا

پوچھ مت رسوائیٔ اندازِ استغنائے حُسن
دست مرہونِ حنا رخسار رہنِ غازہ تھا

نالۂ دِل نے دیے اوراقِ لختِ دِل بہ باد
یادگارِ نالہ اِک دیوانِ بے شیرازہ تھا

20

دوست غمخواری میں میری سعی فرماویں گے کیا
زخم کے بھرنے تلک ناخن نہ بڑھ جاویں گے کیا

بے نیازی حد سے گزری بندہ پرور کب تلک
ہم کہیں گے حالِ دِل اور آپ فرماویں گے کیا

حضرتِ ناصح گر آئیں دیدہ و دِل فرشِ راہ
کوئی مجھ کو یہ تو سمجھادو کہ سمجھاویں گے کیا

آج واں تیغ و کفن باندھے ہوئے جاتا ہُوں میں
عذر میرے قتل کرنے میں وہ اب لاویں گے کیا

گر کیا ناصح نے ہم کو قید اچھا یوں سہی
یہ جنونِ عشق کے انداز چھٹ جاویں گے کیا

خانہ زادِ زُلف ہیں زنجیر سے بھاگیں گے کیوں
ہیں گرفتارِ وفا زنداں سے گھبراویں گے کیا

ہے اب اس معمورے میں قحطِ غمِ اُلفت اسدؔ
ہم نے یہ مانا کہ دِلی میں رہے کھاویں گے کیا

21

یہ نہ تھی ہماری قسمت کہ وِصالِ یار ہوتا
اگر اور جیتے رہتے یہی انتظار ہوتا

ترے وعدے پر جیے ہم تو یہ جان جھوٹ جانا
کہ خوشی سے مر نہ جاتے اگر اعتبار ہوتا

تری نازکی سے جانا کہ بندھا تھا عہد بودا
کبھی تو نہ توڑ سکتا اگر استوار ہوتا

کوئی میرے دِل سے پوچھے ترے تیرِ نیم کش کو
یہ خلش کہاں سے ہوتی جو جگر کے پار ہوتا

یہ کہاں کی دوستی ہے کہ بنے ہیں دوست ناصح
کوئی چارہ ساز ہوتا کوئی غمگسار ہوتا

دیوانِ غالب

رگِ سنگ سے ٹپکتا وہ لہو کہ پھر نہ تھمتا
جسے غم سمجھ رہے ہو یہ اگر شرار ہوتا

غم اگرچہ جاں گسل ہے، پہ کہاں بچیں کہ دِل ہے
غمِ عشق گر نہ ہوتا، غمِ روزگار ہوتا

کہوں کس سے میں کہ کیا ہے شبِ غم بری بلا ہے
مجھے کیا برا تھا مرنا اگر ایک بار ہوتا

ہوئے مر کے ہم جو رسوا، ہوئے کیوں نہ غرقِ دریا
نہ کبھی جنازہ اُٹھتا، نہ کہیں مزار ہوتا

اُسے کون دیکھ سکتا کہ یگانہ ہے وہ یکتا
جو دُوئی کی بو بھی ہوتی تو کہیں دو چار ہوتا

یہ مسائلِ تصوّف یہ ترا بیان غالبؔ
تجھے ہم ولی سمجھتے جو نہ بادہ خوار ہوتا

22

ہوس کو ہے نشاطِ کار کیا کیا
نہ ہو مرنا تو جینے کا مزا کیا

تجاہل پیشگی سے مدّعا کیا
کہاں تک اے سراپا ناز کیا کیا

نوازِشہائے بے جا دیکھتا ہُوں
شکایت ہائے رنگیں کا گِلا کیا

نگاہِ بے محابا چاہتا ہُوں
تغافل ہائے تمکیں آزما کیا

فروغِ شعلۂ خس یک نفس ہے
ہوس کو پاسِ ناموسِ وفا کیا

نفَس موجِ محیطِ بے خودی ہے
تغافل ہائے ساقی کا گِلا کیا

دماغِ عطرِ پیراہن نہیں ہے
غمِ آوارگیہائے صبا کیا

دلِ ہر قطرہ ہے سازِ انا البحر
ہم اس کے ہیں، ہمارا پوچھنا کیا

مُحابا کیا ہے میں ضامن اِدھر دیکھ
شہیدانِ نگہ کا خوں بہا کیا

سُن اے غارت گرِ جنسِ وفا سُن
شکستِ قیمتِ دِل کی صدا کیا

کیا کس نے جگرداری کا دعویٰ
شکیبِ خاطرِ عاشق بھلا کیا

یہ قاتل وعدۂ صبر آزما کیوں
یہ کافر فتنۂ طاقت رُبا کیا

بلائے جاں ہے، غالبؔ اس کی ہر بات
عبارت کیا، اِشارت کیا، ادا کیا

23

دَرخورِ قہر و غضب جب کوئی ہم سا نہ ہُوا
پھر غلط کیا ہے کہ ہم سا کوئی پیدا نہ ہُوا

بندگی میں بھی وہ آزادہ و خود بیں ہیں، کہ ہم
اُلٹے پھر آئے دَرِ کعبہ اگر وا نہ ہُوا

سب کو مقبول ہے دعویٰ تری یکتائی کا
روبرو کوئی بُتِ آئنہ سیما نہ ہُوا

کم نہیں نازشِ ہم نامیِ چشمِ خوباں
ترا بیمار، بُرا کیا ہے، گر اچھا نہ ہُوا

سینے کا داغ ہے وہ نالہ کہ لب تک نہ گیا
خاک کا رِزق ہے وہ قطرہ کہ دریا نہ ہُوا

نام کا میرے ہے جو دکھ کہ کسی کو نہ ملا
کام میں میرے ہے جو فتنہ کہ برپا نہ ہُوا

ہر بنِ مو سے دَمِ ذِکر نہ ٹپکے خوناب
حمزہ کا قصّہ ہُوا عشق کا چرچا نہ ہُوا

قطرے میں دجلہ دکھائی نہ دے اور جُزو میں کل
کھیل لڑکوں کا ہُوا دیدۂ بینا نہ ہُوا

تھی خبر گرم کہ غالبؔ کے اُڑیں گے پُرزے
دیکھنے ہم بھی گئے تھے پہ تماشا نہ ہُوا

24

اسدؔ ہم وہ جنوں جولاں گدائے بے سر و پا ہیں
کہ ہے سر پنجۂ مژگانِ آہو پشت خار اپنا

25

پئے نذرِ کرم تحفہ ہے شرمِ نارسائی کا
بہ خوں غلتیدۂ صد رنگ دعویٰ پارسائی کا

نہ ہو حُسنِ تماشا دوست رُسوا بے وفائی کا
بہ مہرِ صد نظر ثابت ہے دعویٰ پارسائی کا

زکاتِ حُسن دے اے جلوۂ بینش کہ مہر آسا
چراغِ خانۂ درویش ہو کاسہ گدائی کا

نہ مارا جان کر بے جرم غافل تیری گردن پر
رہا مانندِ خونِ بے گنہ حق آشنائی کا

تمنّائے زباں محوِ سپاسِ بے زبانی ہے
مٹا جس سے تقاضا شکوۂ بے دست و پائی کا

وہی اِک بات ہے جو یاں نفس واں نکہتِ گُل ہے
چمن کا جلوہ باعث ہے مِری رنگیں نوائی کا

دہانِ ہر بُتِ پیغارہ جو زنجیرِ رُسوائی
عدم تک بے وفا چرچا ہے تیری بے وفائی کا

نہ دے نامے کو اتنا طول غالبؔ مختصر لکھ دے
کہ حسرت سنج ہُوں عرضِ ستم ہائے جُدائی کا

26

گر نہ اندوہِ شبِ فرقت بیاں ہوجائے گا
بے تکلّف داغِ مہ مُہرِ دہاں ہوجائے گا

زُہرہ گر ایسا ہی شامِ ہجر میں ہوتا ہے آب
پرتوِ مہتاب سیلِ خانماں ہوجائے گا

لے تو لوں سوتے میں اُس کے پانْو کا بوسہ مگر
ایسی باتوں سے وہ کافر بدگماں ہو جائے گا

دِل کو ہم صرفِ وفا سمجھے تھے کیا معلوم تھا
یعنی یہ پہلے ہی نذرِ امتحاں ہوجائے گا

سب کے دِل میں ہے جگہ تیری جو تو راضی ہُوا
مجھ پہ گویا اِک زمانہ مہرباں ہوجائے گا

گر نگاہِ گرم فرماتی رہی تعلیمِ ضبط
شعلہ خَس میں جیسے خوں رگ میں نہاں ہو جائے گا

باغ میں مجھ کو نہ لے جا ورنہ میرے حال پر
ہر گُلِ تر ایک چشمِ خوں فشاں ہو جائے گا

وائے گر میرا ترا انصاف محشر میں نہ ہو
اب تلک تو یہ توقّع ہے کہ واں ہو جائے گا

فائدہ کیا سوچ آخر تو بھی دَانا ہے اسدؔ
دوستی ناداں کی ہے جی کا زیاں ہو جائے گا

27

درد منّت کشِ دوا نہ ہُوا
میں نہ اچھا ہُوا، بُرا نہ ہُوا

جمع کرتے ہو کیوں رقیبوں کو
اِک تماشا ہُوا، گِلا نہ ہُوا

ہم کہاں قسمت آزمانے جائیں
تو ہی جب خنجر آزما نہ ہُوا

کتنے شیریں ہیں تیرے لب کہ رقیب
گالیاں کھا کے بے مزا نہ ہُوا

ہے خبر گرم اُن کے آنے کی
آج ہی گھر میں بوریا نہ ہُوا

کیا وہ نمرُود کی خُدائی تھی
بندگی میں مِرا بھلا نہ ہُوا

جان دی، دی ہوئی اسی کی تھی
حق تو یوں ہے کہ حق اَدا نہ ہُوا

زخم گر دَب گیا لہو نہ تھما
کام گر رُک گیا، روا نہ ہُوا

رہزنی ہے کہ دِل ستانی ہے
لے کے دِل، دِلستاں روانہ ہُوا

کچھ تو پڑھیے کہ لوگ کہتے ہیں
آج غالبؔ غزل سَرا نہ ہُوا

28

گِلہ ہے شوق کو دِل میں بھی تنگیِ جا کا
گُہر میں محو ہُوا اضطراب دَریا کا

یہ جانتا ہُوں کہ تو اور پاسُخِ مکتوب
مگر سِتم زدہ ہُوں ذُوقِ خامہ فرسا کا

حنائے پائے خزاں ہے بہار اگر ہے یہی
دوامِ کُلفتِ خاطر ہے عیش دُنیا کا

غمِ فراق میں تکلیفِ سیرِ باغ نہ دو
مجھے دِماغ نہیں خندہ ہائے بے جا کا

ہنوز محرمیِ حُسن کو ترستا ہُوں
کرے ہے ہر بُنِ مُو کام چشمِ بینا کا

دِل اس کو پہلے ہی ناز و اَدا سے دے بیٹھے
ہمیں دِماغ کہاں حُسن کے تقاضا کا

نہ کہہ کہ گریہ بہ مقدارِ حسرتِ دِل ہے
مِری نگاہ میں ہے جمع و خرج دریا کا

فلک کو دیکھ کے کرتا ہُوں اُس کو یاد اسدؔ
جفا میں اُس کی ہے اندازِ کارفرما کا

29

قطرۂ مے بسکہ حیرت سے نفس پرور ہُوا
خطِّ جامِ مے سراسر رشتۂ گوہر ہُوا

اعتبارِ عشق کی خانہ خرابی دیکھنا
غیر نے کی آہ، لیکن وہ خفا مجھ پر ہُوا

30

جب بہ تقریبِ سفر یار نے محمل باندھا
تپشِ شوق نے ہر ذرّے پہ اِک دِل باندھا

اہلِ بینش نے بہ حیرت کدۂ شوخیِ ناز
جوہرِ آئنہ کو طوطیِ بسمل باندھا

یاس و امّید نے یک عربدہ میداں مانگا
عجزِ ہمّت نے طلسمِ دِلِ سائل باندھا

نہ بندھے تشنگیِ شوق کے مضموں غالبؔ
گرچہ دِل کھول کے دریا کو بھی ساحل باندھا

31

میں اور بزمِ مے سے یوں تشنہ کام آؤں
گر میں نے کی تھی توبہ ساقی کو کیا ہُوا تھا

ہے ایک تیر جس میں دونوں چھدے پڑے ہیں
وہ دِن گئے کہ اپنا دِل سے جگر جُدا تھا

درماندگی میں غالبؔ کچھ بن پڑے تو جانوں
جب رشتہ بے گرہ تھا ناخن گِرہ کُشا تھا

32

گھر ہمارا جو نہ روتے بھی تو ویراں ہوتا
بحر گر بحر نہ ہوتا تو بیاباں ہوتا

تنگیٔ دِل کا گلہ کیا یہ وہ کافر دِل ہے
کہ اگر تنگ نہ ہوتا تو پریشاں ہوتا

بعدِ یک عُمرِ وَرَع بار تو دیتا بارے
کاش رِضواں ہی درِ یار کا درباں ہوتا

33

نہ تھا کچھ تو خُدا تھا کچھ نہ ہوتا تو خُدا ہوتا
ڈبویا مجھ کو ہونے نے، نہ ہوتا میں تو کیا ہوتا

ہوا جب غم سے یوں بے حس تو غم کیا سر کے کٹنے کا
نہ ہوتا گر جُدا تن سے تو زانو پر دھرا ہوتا

ہوئی مدّت کہ غالبؔ مر گیا، پر یاد آتا ہے
وہ ہر اِک بات پر کہنا کہ یوں ہوتا تو کیا ہوتا

34

یک ذرّۂ زمیں نہیں بیکار باغ کا
یاں جادہ بھی فتیلہ ہے لالے کے داغ کا

بے مَے کسے ہے طاقتِ آشوبِ آگہی
کھینچا ہے عجزِ حوصلہ نے خط ایاغ کا

بلبل کے کاروبار پہ ہیں خندہ ہائے گُل
کہتے ہیں جس کو عشق، خلل ہے دماغ کا

تازہ نہیں ہے نشّۂ فکرِ سُخن مجھے
تریاکیِ قدیم ہُوں دُودِ چراغ کا

سو بار بندِ عشق سے آزاد ہم ہُوئے
پر کیا کریں کہ دِل ہی عدُو ہے فراغ کا

بے خونِ دِل ہے چشم میں موجِ نگہ غبار
یہ مے کدہ خراب ہے مَے کے سراغ کا

باغِ شگفتہ تیرا بساطِ نشاطِ دِل
اَبرِ بہار خم کدہ کس کے دِماغ کا

35

وہ مِری چینِ جبیں سے غمِ پنہاں سمجھا
رازِ مکتوب بہ بے ربطیِ عنواں سمجھا

یک الف بیش نہیں صیقلِ آئینہ ہنوز
چاک کرتا ہُوں میں جب سے کہ گریباں سمجھا

شرحِ اسبابِ گرفتاریِ خاطر مت پوچھ
اس قدر تنگ ہُوا دِل کہ میں زنداں سمجھا

بدگمانی نے نہ چاہا اسے سرگرمِ خرام
رُخ پہ ہر قطرہ عرق دیدۂ حیراں سمجھا

عجز سے اپنے یہ جانا کہ وہ بدخو ہوگا
نبضِ خس سے تپشِ شعلۂ سوزاں سمجھا

سفرِ عشق میں کی ضعف نے راحت طلبی
ہر قدم سائے کو میں اپنے شبستاں سمجھا

تھا گریزاں مژۂ یار سے دِل تا دمِ مرگ
دفعِ پیکانِ قضا اِس قدر آساں سمجھا

دِل دیا جان کے کیوں اُس کو وفادار اسدؔ
غلطی کی کہ جو کافر کو مسلماں سمجھا

36

پھر مجھے دیدۂ تر یاد آیا
دِل جگر تشنۂ فریاد آیا

دَم لیا تھا نہ قیامت نے ہنوز
پھر ترا وقتِ سفر یاد آیا

سادگی ہائے تمنّا یعنی
پھر وہ نیرنگِ نظر یاد آیا

عذرِ واماندگی اے حسرتِ دِل
نالہ کرتا تھا جگر یاد آیا

زندگی یوں بھی گزر ہی جاتی
کیوں ترا راہگزر یاد آیا

آہ وہ جرأتِ فریاد کہاں
دِل سے تنگ آ کے جگر یاد آیا

پھر ترے کوچے کو جاتا ہے خیال
دِلِ گُم گشتہ، مگر، یاد آیا

کوئی ویرانی سی ویرانی ہے
دَشت کو دیکھ کے گھر یاد آیا

میں نے مجنوں پہ لڑکپن میں اسدؔ
سنگ اُٹھایا تھا کہ سَر یاد آیا

کیا ہی رضواں سے لڑائی ہوگی
گھر ترا خلد میں گر یاد آیا

37

ہُوئی تاخیر تو کچھ باعثِ تاخیر بھی تھا
آپ آتے تھے، مگر کوئی عِناں گیر بھی تھا

تم سے بے جا ہے مجھے اپنی تباہی کا گلہ
اُس میں کچھ شائبۂ خوبیِٔ تقدیر بھی تھا

تو مجھے بھول گیا ہو تو پتا بتلا دُوں
کبھی فتراک میں تیرے کوئی نخچیر بھی تھا

قید میں ہے ترے وحشی کو وہی زُلف کی یاد
ہاں کچھ اِک رنجِ گراں باریِ زنجیر بھی تھا

بجلی اِک کوند گئی آنکھوں کے آگے تو کیا
بات کرتے کہ میں لب تشنۂ تقریر بھی تھا

یوسف اُس کو کہوں اور کچھ نہ کہے خیر ہوئی
گر بگڑ بیٹھے تو میں لائقِ تعزیر بھی تھا

دیکھ کر غیر کو ہو کیوں نہ کلیجا ٹھنڈا
نالہ کرتا تھا، وَلے طالبِ تاثیر بھی تھا

پیشے میں عیب نہیں، رکھیے نہ فرہاد کو نام
ہم ہی آشفتہ سَروں میں وہ جواں میر بھی تھا

ہم تھے مرنے کو کھڑے، پاس نہ آیا نہ سہی
آخر اس شوخ کے ترکش میں کوئی تیر بھی تھا

پکڑے جاتے ہیں فرشتوں کے لکھے پر ناحق
آدمی کوئی ہمارا دمِ تحریر بھی تھا

ریختے کے تمہیں اُستاد نہیں ہو غالبؔ
کہتے ہیں اگلے زمانے میں کوئی میرؔ بھی تھا

38

لبِ خشک در تشنگی مُردگاں کا
زیارت کدہ ہُوں دِل آزردگاں کا

ہمہ نااُمیدی ہمہ بدگمانی
میں دِل ہُوں فریبِ وفا خوردگاں کا

39

تو دوست کسی کا بھی ستمگر نہ ہُوا تھا
اَوروں پہ ہے وہ ظلم کہ مجھ پر نہ ہُوا تھا

چھوڑا مہِ نخشَب کی طرح دستِ قضا نے
خورشید ہنوز اُس کے برابر نہ ہُوا تھا

توفیق بہ اندازۂ ہمت ہے اَزل سے
آنکھوں میں ہے وہ قطرہ کہ گوہر نہ ہُوا تھا

جب تک کہ نہ دیکھا تھا قدِ یار کا عالم
میں معتقدِ فتنۂ محشر نہ ہُوا تھا

میں سادہ دِل آزردگیِ یار سے خوش ہُوں
یعنی سبقِ شوق مکرّر نہ ہُوا تھا

دریائے معاصی تنک آبی سے ہُوا خشک
میرا سرِ دامن بھی ابھی تر نہ ہُوا تھا

جاری تھی اسدؔ داغِ جگر سے مِری تحصیل
آتش کدہ جاگیرِ سمندر نہ ہُوا تھا

40

شب کہ وہ مجلس فروزِ خلوتِ ناموس تھا
رشتۂ ہر شمع خارِ کسوتِ فانوس تھا

مشہدِ عاشق سے کوسوں تک جو اُگتی ہے حنا
کس قدر یا رَب ہلاکِ حسرتِ پابوس تھا

حاصلِ اُلفت نہ دیکھا جز شکستِ آرزو
دِل بہ دِل پیوستہ گویا یک لبِ افسوس تھا

کیا کہوں بیماریِ غم کی فراغت کا بیاں
جو کہ کھایا خونِ دِل بے منّتِ کیموس تھا

41

آئینہ دیکھ اپنا سا منہ لے کے رہ گئے
صاحب کو دِل نہ دینے پہ کتنا غرور تھا

قاصد کو اپنے ہاتھ سے گردن نہ ماریئے
اس کی خطا نہیں ہے یہ میرا قصور تھا

42

عرضِ نیازِ عشق کے قابل نہیں رہا
جس دِل پہ ناز تھا مجھے وہ دِل نہیں رہا

جاتا ہُوں داغِ حسرتِ ہستی لیے ہوئے
ہُوں شمعِ کشتہ دَرخورِ محفل نہیں رہا

مرنے کی اَے دِل اور ہی تدبیر کر کہ میں
شایانِ دست و بازُوئے قاتل نہیں رہا

بر رُوئے شش جہت درِ آئینہ باز ہے
یاں امتیازِ ناقص و کامل نہیں رہا

وَا کر دیے ہیں شوق نے بندِ نقابِ حُسن
غیر از نگاہ اب کوئی حائل نہیں رہا

گو میں رہا رہینِ سِتم ہائے روزگار
لیکن ترے خیال سے غافل نہیں رہا

دِل سے ہوائے کشتِ وفا مٹ گئی کہ واں
حاصل سوائے حسرتِ حاصل نہیں رہا

بیدادِ عشق سے نہیں ڈرتا مگر اسدؔ
جس دِل پہ ناز تھا مجھے وہ دِل نہیں رہا

43

رشک کہتا ہے کہ اس کا غیر سے اِخلاص حَیف
عقل کہتی ہے کہ وہ بے مِہر کس کا آشنا

ذرّہ ذرّہ ساغرِ مَے خانۂ نیرنگ ہے
گردشِ مجنوں بہ چشمکہائے لیلیٰ آشنا

شوق ہے ساماں طرازِ نازشِ اربابِ عجز
ذرّہ صحرا دستگاہ و قطرہ دریا آشنا

میں اور ایک آفت کا ٹکڑا وہ دِلِ وحشی کہ ہے
عافیت کا دشمن اور آوارگی کا آشنا

شکوہ سنجِ رشکِ ہم دیگر نہ رہنا چاہیے
میرا زانو مونس اور آئینہ تیرا آشنا

دیوانِ غالب

کوہکن نقّاشِ یک تمثالِ شیریں تھا اسدؔ
سنگ سے سر مار کر ہووے نہ پیدا آشنا

44

ذکر اُس پری وش کا اور پھر بیاں اپنا
بن گیا رقیب آخر، تھا جو رازداں اپنا

مے وہ کیوں بہت پیتے بزمِ غیر میں یا رب
آج ہی ہُوا منظور اُن کو امتحاں اپنا

منظر اِک بلندی پر اور ہم بنا سکتے
عرش سے اُدھر ہوتا، کاش کے مکاں اپنا

دے وہ جس قدر ذِلّت ہم ہنسی میں ٹالیں گے
بارے آشنا نکلا، اُن کا پاسباں اپنا

دردِ دِل لکھوں کب تک، جاؤں اُن کو دکھلا دوں
اُنگلیاں فگار اپنی خامہ خونچکاں اپنا

دیوانِ غالب

گھستے گھستے مٹ جاتا، آپ نے عبث بدلا
ننگِ سجدہ سے میرے، سنگِ آستاں اپنا

تا کرے نہ غمازی کر لیا ہے دشمن کو
دوست کی شکایت میں ہم نے ہم زباں اپنا

ہم کہاں کے دانا تھے، کس ہنر میں یکتا تھے
بے سبب ہُوا غالبؔ دشمن آسماں اپنا

45

سرمۂ مفتِ نظر ہُوں، مِری قیمت یہ ہے
کہ رہے چشمِ خریدار پہ احساں میرا

رخصتِ نالہ مجھے دے کہ مَبادا ظالم
تیرے چہرے سے ہو ظاہر غمِ پنہاں میرا

46

غافل بہ وہمِ ناز خود آرا ہے ورنہ یاں
بے شانۂ صبا نہیں طُرّہ گیاہ کا

بزمِ قدح سے عیش تمنّا نہ رکھ کہ رنگ
صیدِ ز دام جستہ ہے اِس دَامگاہ کا

رحمت اگر قبول کرے، کیا بعید ہے
شرمندگی سے عُذر نہ کرنا گناہ کا

مقتل کو کس نشاط سے جاتا ہُوں میں، کہ ہے
پُرگُل خیالِ زخم سے دامن نگاہ کا

جاں دَر ہَوائے یک نگۂ گرم ہے اسدؔ
پروانہ ہے وکیل ترے داد خواہ کا

47

جور سے باز آئے، پر باز آئیں کیا
کہتے ہیں ہم تجھ کو منہ دکھلائیں کیا

رات دِن گردش میں ہیں سات آسماں
ہو رہے گا کچھ نہ کچھ، گھبرائیں کیا

لاگ ہو تو اس کو ہم سمجھیں لگاؤ
جب نہ ہو کچھ بھی تو دھوکا کھائیں کیا

ہو لیے کیوں نامہ بر کے ساتھ ساتھ
یا رَب اپنے خط کو ہم پہنچائیں کیا

موجِ خوں سر سے گزر ہی کیوں نہ جائے
آستانِ یار سے اُٹھ جائیں کیا

عمر بھر دیکھا کیے مرنے کی راہ
مر گئے پر دیکھیے دِکھلائیں کیا

پوچھتے ہیں وہ کہ غالبؔ کون ہے
کوئی بتلاؤ کہ ہم بتلائیں کیا

48

لطافت بے کثافت جلوہ پیدا کر نہیں سکتی
چمن زنگار ہے آئینۂ بادِ بہاری کا

حریفِ جوششِ دریا نہیں خود داریِ ساحل
جہاں ساقی ہو تو باطل ہے دعویٰ ہوشیاری کا

49

عشرتِ قطرہ ہے دریا میں فنا ہو جانا
درد کا حد سے گزرنا ہے دوا ہو جانا

تجھ سے قسمت میں مِری صورتِ قفلِ ابجد
تھا لکھا بات کے بنتے ہی جُدا ہو جانا

دِل ہُوا کشمکشِ چارۂ زحمت میں تمام
مٹ گیا گھسنے میں اِس عقدے کا وَا ہو جانا

اب جفا سے بھی ہیں محروم ہم اللہ اللہ
اِس قدر دشمنِ اربابِ وفا ہو جانا

ضعف سے گریہ مبدّل بہ دمِ سرد ہُوا
باور آیا ہمیں پانی کا ہَوا ہو جانا

دِل سے مٹنا تری انگشتِ حنائی کا خیال
ہو گیا گوشت سے ناخن کا جُدا ہو جانا

ہے مجھے اَبرِ بہاری کا برس کر کھلنا
روتے روتے غمِ فرقت میں فنا ہو جانا

گر نہیں نکہتِ گُل کو ترے کوچے کی ہَوس
کیوں ہے گردِ رہِ جولانِ صبا ہو جانا

تا کہ تجھ پر کھلے اعجازِ ہَوائے صیقل
دیکھ برسات میں سبز آئنے کا ہو جانا

بخشے ہے جلوۂ گُل ذوقِ تماشا غالبؔ
چشم کو چاہیے ہر رنگ میں وَا ہو جانا

50

پھر ہُوا وقت کہ ہو بال کُشا موجِ شراب
دے بطِ مے کو دِل و دستِ شِنا موجِ شراب

پوچھ مت وجہِ سیہ مستیِ اربابِ چمن
سایۂ تاک میں ہوتی ہے ہَوا موجِ شراب

جو ہُوا غرقۂ مے بختِ رَسا رکھتا ہے
سر سے گزرے پہ بھی ہے بالِ ہما موجِ شراب

ہے یہ برسات وہ موسم کہ عجب کیا ہے اگر
موجِ ہستی کو کرے فیضِ ہَوا موجِ شراب

چار موج اُٹھتی ہے طوفانِ طرب سے ہر سُو
موجِ گُل، موجِ شفق، موجِ صبا، موجِ شراب

جس قدر رُوحِ نباتی ہے جگر تشنۂ ناز
دے ہے تسکیں بہ دمِ آبِ بقا موجِ شراب

بسکہ دوڑے ہے رگِ تاک میں خوں ہو ہو کر
شہپرِ رنگ سے ہے بال کُشا موجِ شراب

موجۂ گُل سے چراغاں ہے گزرگاہِ خیال
ہے تصوّر میں زبس جلوہ نُما موجِ شراب

نشّے کے پردے میں ہے محوِ تماشائے دماغ
بسکہ رکھتی ہے سرِ نشو ونما موجِ شراب

ایک عالَم پہ ہیں طوفانیٔ کیفیتِ فصل
موجۂ سبزۂ نوخیز سے تا موجِ شراب

شرحِ ہنگامۂ ہستی ہے زہے موسمِ گُل
رہبرِ قطرہ بہ دریا ہے خوشا موجِ شراب

ہوش اُڑتے ہیں مِرے جلوۂ گُل دیکھ اسدؔ
پھر ہُوا وقت کہ ہو بال کُشا موجِ شراب

51

افسوس کہ دنداں کا کیا رزق فلک نے
جن لوگوں کی تھی درخورِ عقدِ گہر انگشت

کافی ہے نشانی ترا چھلّے کا نہ دینا
خالی مجھے دِکھلا کے بہ وقتِ سفر انگشت

لکھتا ہُوں اسدؔ سوزشِ دِل سے سخنِ گرم
تا رکھ نہ سکے کوئی مِرے حرف پر انگشت

52

رہا گر کوئی تا قیامت سلامت
پھر اِک روز مرنا ہے حضرت سلامت

جگر کو مِرے عشقِ خوں نابہ مشرب
لکھے ہے خُداوندِ نعمت سلامت

علی الرغمِ دشمن شہیدِ وفا ہُوں
مبارک مبارک سلامت سلامت

نہیں گر سر و برگِ ادراکِ معنی
تماشائے نیرنگِ صورت سلامت

53

مُند گئیں کھولتے ہی کھولتے آنکھیں غالبؔ
یار لائے مِری بالیں پہ اُسے پر کس وقت

54

آمدِ خط سے ہُوا ہے سرد جو بازارِ دوست
دُودِ شمعِ کشتہ تھا شاید خطِ رخسارِ دوست

اے دِلِ ناعاقبت اَندیش ضبطِ شوق کر
کون لاسکتا ہے تابِ جلوۂ دیدارِ دوست

خانہ وِیراں سازیِ حیرت تماشا کیجیے
صورتِ نقشِ قدم ہُوں رفتۂ رفتارِ دوست

عشق میں بیدادِ رشکِ غیر نے مارا مجھے
کشتۂ دشمن ہُوں آخر گرچہ تھا بیمارِ دوست

چشمِ ما روشن کہ اس بے درد کا دِل شاد ہے
دیدۂ پُرخوں ہمارا ساغرِ سرشارِ دوست

غیر یوں کرتا ہے میری پرسش اُس کے ہجر میں
بے تکلّف دوست ہو جیسے کوئی غم خوارِ دوست

تا کہ میں جانوں کہ ہے اِس کی رسائی واں تلک
مجھ کو دیتا ہے پیامِ وعدۂ دیدارِ دوست

جب کہ میں کرتا ہُوں اپنا شکوۂ ضعفِ دِماغ
سر کرے ہے وہ حدیثِ زُلفِ عنبر بارِ دوست

چپکے چپکے مجھ کو روتے دیکھ پاتا ہے اگر
ہنس کے کرتا ہے بیانِ شوخیِ گفتارِ دوست

مہربانی ہائے دُشمن کی شکایت کیجیے
یا بیاں کیجیے سپاسِ لذّتِ آزارِ دوست

یہ غزل اپنی مجھے جی سے پسند آتی ہے آپ
ہے ردیفِ شعر میں غالبؔ زبس تکرارِ دوست

55

گلشن میں بندوبست برنگِ دِگر ہے آج
قمری کا طوق حلقۂ بیرونِ در ہے آج

آتا ہے ایک پارۂ دِل ہر فُغاں کے ساتھ
تارِ نفس کمندِ شکارِ اثر ہے آج

اے عافیت کنارہ کر، اے انتظام چل
سیلابِ گریہ درپئے دیوار و دَر ہے آج

56

لو ہم مریضِ عشق کے بیمار دار ہیں
اچھا اگر نہ ہو تو مسیحا کا کیا علاج

57

نفس نہ انجمنِ آرزو سے باہر کھینچ
اگر شراب نہیں انتظارِ ساغر کھینچ

کمالِ گرمیِ سعیِ تلاشِ دید نہ پوچھ
بہ رنگِ خار مرے آئنے سے جوہر کھینچ

تجھے بہانۂ راحت ہے انتظار اے دِل
کیا ہے کس نے اشارہ کہ نازِ بستر کھینچ

تری طرف ہے بہ حسرت نظارۂ نرگس
بہ کوریِ دِل و چشمِ رقیب ساغر کھینچ

بہ نیم غمزہ ادا کر حقِ ودیعتِ ناز
نیامِ پردۂ زخمِ جگر سے خنجر کھینچ

مِرے قدح میں ہے صہبائے آتشِ پنہاں
بہ روئے سفرہ کبابِ دلِ سمندر کھینچ

58

حُسن غمزے کی کشاکش سے چھٹا میرے بعد
بارے آرام سے ہیں اہلِ جفا میرے بعد

منصبِ شیفتگی کے کوئی قابل نہ رہا
ہوئی معزولئ انداز و اَدا میرے بعد

شمع بجھتی ہے تو اُس میں سے دُھواں اُٹھتا ہے
شعلۂ عشق سیہ پوش ہُوا میرے بعد

خوں ہے دِل خاک میں احوالِ بتاں پر یعنی
اُن کے ناخن ہوئے محتاجِ حنا میرے بعد

دَر خورِ عرض نہیں جوہرِ بیداد کو جا
نگہِ ناز ہے سُرمے سے خفا میرے بعد

ہے جنوں اہلِ جنوں کے لیے آغوشِ وداع
چاک ہوتا ہے گریباں سے جُدا میرے بعد

کون ہوتا ہے حریفِ مے مرد افگنِ عشق
ہے مکرّر لبِ ساقی میں صلا میرے بعد

غم سے مرتا ہُوں کہ اتنا نہیں دُنیا میں کوئی
کہ کرے تعزیتِ مہر و وفا میرے بعد

آئے ہے بیکسئ عشق پہ رونا غالبؔ
کس کے گھر جائے گا سیلابِ بلا میرے بعد

59

بلا سے ہیں جو بہ پیشِ نظر دَر و دیوار
نگاہِ شوق کو ہیں بال و پَر دَر و دیوار

وفورِ اَشک نے کاشانے کا کیا یہ رنگ
کہ ہو گئے مِرے دیوار و دَر، دَر و دِیوار

نہیں ہے سایہ، کہ سُن کر نویدِ مقدمِ یار
گئے ہیں چند قدم پیشتر دَر و دِیوار

ہوئی ہے کس قدر ارزانیِ مے جلوہ
کہ مست ہے ترے کوچے میں ہر دَر و دِیوار

جو ہے تجھے سرِ سودائے انتظار تو آ
کہ ہیں دُکانِ متاعِ نظر دَر و دِیوار

ہجومِ گریہ کا سامان کب کیا میں نے
کہ گر پڑے نہ مرے پانْو پر دَر و دِیوار

وہ آ رہا مرے ہمسائے میں تو سائے سے
ہوئے فدا دَر و دِیوار پر دَر و دِیوار

نظر میں کھٹکے ہے، بِن تیرے گھر کی آبادی
ہمیشہ روتے ہیں ہم دیکھ کر دَر و دِیوار

نہ پوچھ بے خودیِ عیشِ مقدمِ سیلاب
کہ ناچتے ہیں پڑے، سر بہ سر، دَر و دِیوار

نہ کہہ کسی سے، کہ غالبؔ نہیں زمانے میں
حریفِ رازِ محبت مگر دَر و دِیوار

60

گھر جب بنا لیا ترے دَر پر کہے بغیر
جانے گا اب بھی تو نہ مِرا گھر کہے بغیر

کہتے ہیں جب رہی نہ مجھے طاقتِ سخن
جانوں کسی کے دِل کی میں کیوں کر کہے بغیر

کام اس سے آ پڑا ہے کہ جس کا جہان میں
لیوے نہ کوئی نام ستمگر کہے بغیر

جی میں ہی کچھ نہیں ہے ہمارے وگرنہ ہم
سر جائے یا رہے، نہ رہیں پر کہے بغیر

چھوڑوں گا میں نہ اُس بُتِ کافر کا پوجنا
چھوڑے نہ خلق گو مجھے کافر کہے بغیر

مقصد ہے ناز و غمزہ وَلے گفتگو میں کام
چلتا نہیں ہے دَشنہ و خنجر کہے بغیر

ہر چند ہو مشاہدۂ حق کی گفتگو
بنتی نہیں ہے بادہ و ساغر کہے بغیر

بہرا ہُوں میں تو چاہیے دُونا ہو اِلتفات
سنتا نہیں ہُوں بات مکرّر کہے بغیر

غالبؔ نہ کر حضور میں تو بار بار عرض
ظاہر ہے تیرا حال سب اُن پر کہے بغیر

61

کیوں جل گیا نہ تابِ رُخِ یار دیکھ کر
جلتا ہُوں اپنی طاقتِ دِیدار دیکھ کر

آتش پرست کہتے ہیں اہلِ جہاں مجھے
سرگرمِ نالہ ہائے شرر بار دیکھ کر

کیا آبروئے عشق جہاں عام ہو جفا
رُکتا ہُوں تم کو بے سبب آزار دیکھ کر

آتا ہے میرے قتل کو پُرجوشِ رشک سے
مرتا ہُوں اُس کے ہاتھ میں تلوار دیکھ کر

ثابت ہُوا ہے گردنِ مینا پہ خونِ خلق
لرزے ہے موجِ مَے تری رفتار دیکھ کر

دیوانِ غالب

وا حسرتا کہ یار نے کھینچا ستم سے ہاتھ
ہم کو حریصِ لذّتِ آزار دیکھ کر

بِک جاتے ہیں ہم آپ متاعِ سخن کے ساتھ
لیکن عیارِ طبعِ خریدار دیکھ کر

زُنّار باندھ سبحۂ صد دانہ توڑ ڈال
رَہرَو چلے ہے، راہ کو ہموار دیکھ کر

اِن آبلوں سے پانْو کے گھبرا گیا تھا میں
جی خوش ہُوا ہے راہ کو پُرخار دیکھ کر

کیا بدگماں ہے مجھ سے کہ آئینے میں مرے
طوطی کا عکس سمجھے ہے، زنگار دیکھ کر

گرنی تھی ہم پہ برقِ تجلّی، نہ طُور پر
دیتے ہیں بادَہ ظرفِ قدَح خوار دیکھ کر

سر پھوڑنا وہ غالبؔ شوریدہ حال کا
یاد آگیا مجھے تری دِیوار دیکھ کر

62

لرزتا ہے مِرا دِل زحمتِ مِہرِ دُرخشاں پر
میں ہُوں وہ قطرۂ شبنم کہ ہو خارِ بیاباں پر

نہ چھوڑی حضرتِ یوسف نے یاں بھی خانہ آرائی
سفیدی دیدۂ یعقوب کی پھرتی ہے زِنداں پر

فنا تعلیمِ درسِ بے خودی ہُوں اُس زمانے سے
کہ مجنوں لام الف لکھتا تھا دیوارِ دبستاں پر

فراغت کس قدر رہتی مجھے تشویشِ مرہم سے
بہم گر صلح کرتے پارہ ہائے دِل نمکداں پر

نہیں اقلیمِ اُلفت میں کوئی طُومارِ ناز ایسا
کہ پُشتِ چشم سے، جس کے نہ ہووے مُہر عنواں پر

مجھے اب، دیکھ کر ابرِ شفق آلودہ یاد آیا
کہ فرقت میں تری آتش برستی تھی گلستاں پر

بجُز پروازِ شوقِ ناز کیا باقی رہا ہوگا
قیامت اِک ہَوائے تند ہے خاکِ شہیداں پر

نہ لڑ ناصح سے غالبؔ کیا ہُوا گر اُس نے شدّت کی
ہمارا بھی تو آخر زور چلتا ہے گریباں پر

63

ہے بسکہ ہر اِک ان کے اشارے میں نشاں اور
کرتے ہیں محبت تو گزرتا ہے گماں اور

یا رَب وہ نہ سمجھے ہیں، نہ سمجھیں گے مِری بات
دے اور دِل اُن کو، جو نہ دے مجھ کو زباں اور

اَبرو سے ہے کیا اس نگہِ ناز کو پیوند
ہے تیر مقرّر مگر اِس کی ہے کماں اور

تم شہر میں ہو تو ہمیں کیا غم جب اُٹھیں گے
لے آئیں گے بازار سے جا کر دِل و جاں اور

ہر چند سُبک دست ہوئے بُت شکنی میں
ہم ہیں تو ابھی راہ میں ہے سنگِ گراں اور

دیوانِ غالب

ہے خونِ جگر جوش میں، دِل کھول کے روتا
ہوتے جو کئی دیدۂ خونِنابہ فشاں اور

مرتا ہُوں اس آواز پہ، ہر چند سر اُڑ جائے
جلّاد کو لیکن وہ کہے جائیں، کہ ہاں اور

لوگوں کو ہے خورشیدِ جہاں تاب کا دھوکا
ہر روز دِکھاتا ہُوں میں اِک داغِ نہاں اور

لیتا نہ اگر دِل تمہیں دیتا، کوئی دَم چین
کرتا جو نہ مرتا، کوئی دِن آہ و فغاں اور

پاتے نہیں جب راہ تو چڑھ جاتے ہیں نالے
رُکتی ہے مِری طبع تو ہوتی ہے رواں اور

ہیں اور بھی دنیا میں سخنور بہت اچھے
کہتے ہیں کہ غالبؔ کا ہے اندازِ بیاں اور

64

صفائے حیرتِ آئینہ ہے سامانِ زنگ آخر
تغیّر آبِ برجا ماندہ کا پاتا ہے رنگ آخر

نہ کی سامانِ عیش و جاہ نے تدبیر وحشت کی
ہُوا جامِ زمرّد بھی مجھے داغِ پلنگ آخر

65

جنوں کی دَستگیری کس سے ہو، گر ہو نہ عریانی
گریباں چاک کا حق ہو گیا ہے میری گردن پر

بہ رنگِ کاغذِ آتش زدہ نیرنگِ بیتابی
ہزار آئینہ دِل باندھے ہے بالِ یک تپیدن پر

فلک سے ہم کو عیشِ رفتہ کا کیا کیا تقاضا ہے
مُتاعِ بُردہ کو سمجھے ہوئے ہیں قرض رہزن پر

ہم اور وہ بے سبب رنج، آشنا دشمن، کہ رکھتا ہے
شُعاعِ مِہر سے تُہمت نگہ کی چشمِ رَوزن پر

فنا کو سونپ، گر مشتاق ہے اپنی حقیقت کا
فروغِ طالعِ خاشاک ہے موقوف گُلخن پر

دیوانِ غالب

اسدؔ بسمل ہے کس انداز کا، قاتل سے کہتا ہے
کہ مشقِ ناز کر، خونِ دو عالم میری گردن پر

66

سِتم کش مصلحت سے ہُوں کہ خوباں تجھ پہ عاشق ہیں
تکلُّف برطرف، مل جائے گا تجھ سا رقیب آخر

67

لازم تھا کہ دیکھو مِرا رستا کوئی دِن اور
تنہا گئے کیوں اب رَہو تنہا کوئی دِن اور

مِٹ جائے گا سر گر ترا پتّھر نہ گھسے گا
ہُوں دَر پہ ترے ناصیہ فرسا کوئی دِن اور

آئے ہو کل، اور آج ہی کہتے ہو کہ جاؤں
مانا کہ ہمیشہ نہیں اچھا کوئی دِن اور

جاتے ہوئے کہتے ہو قیامت کو ملیں گے
کیا خوب قیامت کا ہے گویا کوئی دِن اور

ہاں اے فلکِ پیر، جواں تھا ابھی عارفؔ
کیا تیرا بگڑتا جو نہ مَرتا کوئی دِن اور

تم ماہِ شبِ چار دَہُم تھے مِرے گھر کے
پھر کیوں نہ رہا گھر کا وہ نقشا کوئی دِن اور

تم کون سے تھے ایسے کھرے داد و ستَد کے
کرتا ملک الموت تقاضا کوئی دِن اور

مجھ سے تمھیں نفرت سہی، نیّر سے لڑائی
بچّوں کا بھی دیکھا نہ تماشا کوئی دِن اور

گزری نہ بہرحال، یہ مدّت خوش و نا خوش
کرنا تھا جواں مرگ! گزارا کوئی دِن اور

ناداں ہو جو کہتے ہو کہ کیوں جیتے ہیں غالبؔ
قسمت میں ہے مَرنے کی تمنّا کوئی دِن اور

68

فارغ مجھے نہ جان کہ مانندِ صبح و مہر
ہے داغِ عشق زینتِ جیبِ کفن ہنوز

ہے نازِ مفلساں زرِ از دست رفتہ پر
ہوں گل فروشِ شوخیٔ داغِ کہن ہنوز

مَے خانۂ جگر میں یہاں خاک بھی نہیں
خمیازہ کھینچے ہے بُتِ بیدادفن ہنوز

69

حریفِ مطلب مشکل نہیں فُسونِ نیاز
دُعا قبول ہو یارَب، کہ عمرِ خضر دراز

نہ ہو بہ ہرزہ بیاباں نوردِ وہمِ وجود
ہنوز تیرے تصوّر میں ہے، نشیب و فراز

وصال جلوہ تماشا ہے، پر دِماغ کہاں
کہ دیجے آئنۂ انتظار کو پرداز

ہر ایک ذرّۂ عاشق ہے آفتاب پرست
گئی نہ خاک ہوئے، پر ہوائے جلوۂ ناز

نہ پوچھ وُسعتِ مَے خانۂ جنوں غالبؔ
جہاں یہ کاسۂ گردُوں ہے ایک خاک انداز

70

وُسعتِ سعیِ کرم دیکھ کہ سر تا سرِ خاک
گزرے ہے آبلہ پا ابرِ گہر بار ہنوز

یک قلم کاغذِ آتش زدہ ہے صفحۂ دشت
نقشِ پا میں ہے تبِ گرمئ رفتار ہنوز

71

کیوں کر اُس بُت سے رکھوں جان عزیز
کیا نہیں ہے مجھے ایمان عزیز

دِل سے نکلا، پہ نہ نکلا دِل سے
ہے ترے تیر کا پَیکان عزیز

تاب لائے ہی بنے گی غالبؔ
واقعہ سخت ہے اور جان عزیز

72

نہ گُلِ نغمہ ہُوں، نہ پردۂ ساز
میں ہُوں اپنی شکست کی آواز

تو اور آرائشِ خمِ کاکُل
میں اور اندیشہ ہائے دُور دراز

لافِ تمکیں، فریبِ سادہ دِلی
ہم ہیں اور رازہائے سینہ گداز

ہُوں گرفتارِ اُلفتِ صیّاد
ورنہ باقی ہے طاقتِ پرواز

وہ بھی دِن ہو کہ اس ستمگر سے
ناز کھینچوں بجائے حسرتِ ناز

نہیں دِل میں مِرے وہ قطرۂ خوں
جس سے مژگاں ہُوئی نہ ہو گُل باز

اَے ترا غمزہ، یک قلم انگیز
اَے ترا ظلم، سر بہ سر انداز

تو ہُوا جلوہ گر، مبارک ہو
ریزشِ سجدۂ جبینِ نیاز

مجھ کو پوچھا تو کچھ غضب نہ ہُوا
میں غریب اور تو غریب نواز

اسدؔ اللہ خاں تمام ہُوا
اَے دریغا! وہ رندِ شاہد باز

73

مژدہ اَے ذوقِ اسیری کہ نظر آتا ہے
دامِ خالی قفسِ مُرغِ گرفتار کے پاس

جگرِ تشنۂ آزار تسلّی نہ ہُوا
جُوئے خوں ہم نے بہائی بُنِ ہر خار کے پاس

مُند گئیں کھولتے ہی کھولتے آنکھیں ہے ہے!
خوب وقت آئے تم اِس عاشقِ بیمار کے پاس

میں بھی رُک رُک کے نہ مرتا، جو زباں کے بدلے
دَشنہ اِک تیز سا ہوتا مِرے غمخوار کے پاس

دَہنِ شیر میں جا بیٹھیے لیکن اَے دِل
نہ کھڑے ہُو جیے خوبانِ دِل آزار کے پاس

دیکھ کر تجھ کو، چمن بسکہ نمو کرتا ہے
خود بہ خود پہنچے ہے گُل گوشۂ دستار کے پاس

مر گیا پھوڑ کے سر غالبؔ وحشی، ہے ہے
بیٹھنا اُس کا وہ آ کر تری دِیوار کے پاس

74

نہ لیوے گر خسِ جوہر طراوت سبزۂ خط سے
لگاوے خانۂ آئینہ میں رُوئے نگار آتش

فروغِ حُسن سے ہوتی ہے حلِّ مشکلِ عاشق
نہ نکلے شمع کے پاسے، نکالے گر نہ خار آتش

75

جادۂ رہ خُورِ کو وقتِ شام ہے تارِ شُعاع
چرخ وَا کرتا ہے ماہِ نَو سے آغوشِ وَداع

76

رُخِ نگار سے ہے سوزِ جاودانیِ شمع
ہُوئی ہے آتشِ گُل آبِ زندگانیِ شمع

زَبانِ اہلِ زَباں میں ہے مرگ خاموشی
یہ بات بزم میں روشن ہوئی زَبانیِ شمع

کرے ہے صرف بہ ایمائے شعلہ قصّہ تمام
بہ طرزِ اہلِ فنا ہے فسانہ خوانیِ شمع

غم اس کو حسرتِ پروانہ کا ہے اَے شعلہ
ترے لرزنے سے ظاہر ہے ناتوانیِ شمع

ترے خیال سے رُوح اہتزاز کرتی ہے
بہ جلوہ ریزیٔ باد و بہ پَر فشانیِ شمع

نشاطِ داغِ غمِ عشق کی بہار نہ پوچھ
شگفتگی ہے شہیدِ گُلِ خزانِی شمع

جلے ہے دیکھ کے بالینِ یار پر مجھ کو
نہ کیوں ہو دِل پہ مِرے داغِ بدگمانِی شمع

77

بیمِ رقیب سے نہیں کرتے وداعِ ہوش
مجبور، یاں تلک ہُوئے اے اِختیار حَیف

جلتا ہے دِل کہ کیوں نہ ہم اِک بار جل گئے
اَے ناتمامئ نفسِ شعلہ بار حَیف

78

زخم پر چھڑکیں کہاں طفلانِ بے پروا نمک
کیا مزہ ہوتا اگر پتھر میں بھی ہوتا نمک

گردِ راہِ یار ہے سامانِ نازِ زخمِ دِل
ورنہ ہوتا ہے جہاں میں کس قدر پیدا نمک

مجھ کو ارزانی رہے تجھ کو مبارک ہو جیو
نالۂ بلبل کا درد اور خندۂ گُل کا نمک

شورِ جولاں تھا کنارِ بحر پر کس کا کہ آج
گردِ ساحل ہے بہ زخمِ موجۂ دریا نمک

داد دیتا ہے مرے زخمِ جگر کی واہ واہ
یاد کرتا ہے مجھے دیکھے ہے وہ جس جا نمک

چھوڑ کر جانا تنِ مجروحِ عاشق حَیف ہے
دِل طلب کرتا ہے زخم اور مانگے ہیں اعضا نمک

غیر کی منّت نہ کھینچوں گا پئے توفیرِ درد
زخم مثلِ خندۂ قاتل ہے سَرتا پا نمک

یاد ہیں غالبؔ تجھے وہ دِن کہ وجدِ ذوق میں
زخم سے گرتا تو میں پلکوں سے چنتا تھا نمک

79

آہ کو چاہیے اِک عمر اثر ہوتے تک
کون جیتا ہے تری زُلف کے سر ہوتے تک

دامِ ہر موج میں ہے حلقۂ صد کامِ نہنگ
دیکھیں کیا گزرے ہے قطرے پہ گہر ہوتے تک

عاشقی صبر طلب اور تمنّا بیتاب
دِل کا کیا رنگ کروں خونِ جگر ہوتے تک

ہم نے مانا کہ تغافل نہ کرو گے لیکن
خاک ہو جائیں گے ہم تم کو خبر ہوتے تک

پرتوِ خور سے ہے شبنم کو فنا کی تعلیم
میں بھی ہُوں ایک عنایت کی نظر ہوتے تک

یک نظر بیش نہیں فرصتِ ہستی غافل
گرمیِ بزم ہے اِک رقصِ شرر ہوتے تک

غمِ ہستی کا اسدؔ کس سے ہو جُز مرگ علاج
شمع ہر رنگ میں جلتی ہے سحر ہوتے تک

80

گر تجھ کو ہے یقینِ اجابت دُعا نہ مانگ
یعنی بغیرِ یک دلِ بے مُدّعا نہ مانگ

آتا ہے داغِ حسرتِ دِل کا شمار یاد
مجھ سے مِرے گنہ کا حساب اے خدا نہ مانگ

81

ہے کس قدر ہلاکِ فریبِ وفائے گُل
بلبل کے کاروبار پہ ہیں خندہ ہائے گُل

آزادیِ نسیم مبارک کہ ہر طرف
ٹوٹے پڑے ہیں حلقۂ دامِ ہَوائے گُل

جو تھا سو موجِ رنگ کے دھوکے میں مر گیا
اے وائے نالۂ لبِ خونیں نوائے گُل

خوش حال اس حریفِ سیہ مست کا، کہ جو
رکھتا ہو مثلِ سایۂ گُل سر بہ پائے گُل

ایجاد کرتی ہے اِسے تیرے لیے بہار
میرا رقیب ہے نفسِ عطر سائے گُل

شرمندہ رکھتے ہیں مجھے بادِ بہار سے
مینائے بے شراب و دِلِ بے ہَوائے گُل

سطوت سے تیرے جلوۂ حُسنِ غیور کی
خوں ہے مِری نگاہ میں رنگِ ادائے گُل

تیرے ہی جلوے کا ہے یہ دھوکا کہ آج تک
بے اختیار دوڑے ہے گُل دَر قفائے گُل

غالبؔ مجھے ہے اس سے ہم آغوشی آرزو
جس کا خیال ہے گُلِ جیبِ قبائے گُل

82

غم نہیں ہوتا ہے آزادوں کو بیش از یک نفس
برق سے کرتے ہیں روشن شمعِ ماتم خانہ ہم

محفلیں برہم کرے ہے گنجفہ بازِ خیال
ہیں ورق گردانیِ نیرنگِ یک بُت خانہ ہم

با وجودِ یک جہاں ہنگامہ پیدائی نہیں
ہیں چراغانِ شبستانِ دلِ پروانہ ہم

ضعف سے ہے نے قناعت سے یہ ترکِ جستجو
ہیں وبالِ تکیہ گاہِ ہمتِ مردانہ ہم

دائم الحبس اِس میں ہیں لاکھوں تمنّائیں اسدؔ
جانتے ہیں سینۂ پُرخوں کو زِنداں خانہ ہم

83

بہ نالہ حاصلِ دِل بستگی فراہم کر
متاعِ خانۂ زنجیر جُز صدا معلوم

84

مجھ کو دیارِ غیر میں مارا وطن سے دور
رکھ لی مِرے خُدا نے مِری بیکسی کی شرم

وہ حلقہ ہائے زُلف کمیں میں ہیں یا خُدا
رکھ لیجو میرے دعویٔ وارستگی کی شرم

85

لُوں وام بختِ خُفتہ سے یک خوابِ خوش وَلے
غالبؔ یہ خوف ہے کہ کہاں سے ادا کروں

86

وہ فراق اور وہ وصال کہاں
وہ شب و روز و ماہ و سال کہاں

فرصتِ کار و بارِ شوق کسے
ذوقِ نظارۂ جمال کہاں

دِل تو دِل وہ دِماغ بھی نہ رہا
شورِ سَودائے خطّ و خال کہاں

تھی وہ اِک شخص کے تصوّر سے
اب وہ رعنائیٔ خیال کہاں

ایسا آساں نہیں لہو رونا
دِل میں طاقت جگر میں حال کہاں

ہم سے چھوٹا قمار خانۂ عشق
واں جو جاویں، گِرہ میں مال کہاں

فکرِ دُنیا میں سَر کھپاتا ہُوں
میں کہاں اور یہ وبال کہاں

مضمحل ہوگئے قُویٰ غالبؔ
وہ عناصر میں اِعتدال کہاں

87

کی وفا ہم سے تو غیرِ اس کو جفا کہتے ہیں
ہوتی آئی ہے کہ اچھوں کو بُرا کہتے ہیں

آج ہم اپنی پریشانیِ خاطر اُن سے
کہنے جاتے تو ہیں پر دیکھیے کیا کہتے ہیں

اَگلے وقتوں کے ہیں یہ لوگ، انہیں کچھ نہ کہو
جو مَے و نغمہ کو اندوہ رُبا کہتے ہیں

دِل میں آ جائے ہے، ہوتی ہے جو فرصت غش سے
اور پھر کون سے نالے کو رَسا کہتے ہیں

ہے پَرے سرحدِ اِدراک سے اپنا مسجود
قبلے کو اہلِ نظر قبلہ نُما کہتے ہیں

پائے افگار پہ جب سے تجھے رحم آیا ہے
خارِ رہ کو ترے ہم مہر گیا کہتے ہیں

اِک شرر دِل میں ہے اس سے کوئی گھبرائے گا کیا
آگ مطلوب ہے ہم کو جو ہَوا کہتے ہیں

دیکھیے لاتی ہے اس شوخ کی نخوت کیا رنگ
اُس کی ہر بات پہ ہم نامِ خُدا کہتے ہیں

وحشت و شیفتہ اب مرثیہ کہویں شاید
مر گیا غالبؔ آشفتہ نوا کہتے ہیں

88

آبرُو کیا خاک اُس گُل کی کہ گلشن میں نہیں
ہے گریباں ننگِ پیراہن جو دامن میں نہیں

ضعف سے اَے گریہ کچھ باقی مِرے تن میں نہیں
رنگ ہو کر اُڑ گیا، جو خوں کہ دامن میں نہیں

ہوگئے ہیں جمع اَجزائے نگاہِ آفتاب
ذرّے اس کے گھر کی دِیواروں کے روزن میں نہیں

کیا کہوں تاریکیِ زندانِ غم اندھیر ہے
پنبہ نورِ صبح سے کم جس کے روزن میں نہیں

رونقِ ہستی ہے عشقِ خانہ ویراں ساز سے
اَنجمن بے شمع ہے، گر برق خرمن میں نہیں

زخم سِلوانے سے مجھ پر چارہ جوئی کا ہے طعن
غیر سمجھا ہے کہ لذّت زخمِ سوزن میں نہیں

بسکہ ہیں ہم اِک بہارِ ناز کے مارے ہوئے
جلوۂ گُل کے سِوا گرد اپنے مدفن میں نہیں

قطرہ قطرہ اِک ہیولٰی ہے نئے ناسُور کا
خوں بھی ذوقِ درد سے فارغ مِرے تن میں نہیں

لے گئی ساقی کی نخوت قُلزُم آشامی مری
مَوجِ مَے کی آج رگ مینا کی گردن میں نہیں

ہو فِشارِ ضُعف میں کیا ناتوانی کی نمود
قد کے جھکنے کی بھی گنجائش مِرے تن میں نہیں

تھی وطن میں شان کیا غالبؔ کہ ہو غربت میں قدر
بے تکلُّف ہُوں وہ مُشتِ خس کہ گلخن میں نہیں

89

عُہدے سے مدحِ ناز کے، باہر نہ آ سکا
گر اِک ادا ہو تو اُسے اپنی قضا کہوں

حلقے ہیں چشم ہائے کُشادہ بہ سُوئے دِل
ہر تارِ زُلف کو نگہِ سُرمہ سا کہوں

میں اَور صد ہزار نوائے جگر خراش
تو اَور ایک وہ نہ شنیدن کہ کیا کہوں

ظالم مِرے گماں سے مجھے مُنفعِل نہ چاہ
ہَے ہَے خُدا نہ کردہ، تجھے بیوفا کہوں

90

مہرباں ہو کے بُلا لو مجھے، چاہو جس وقت
میں گیا وقت نہیں ہوں کہ پھر آ بھی نہ سکوں

ضعف میں طعنۂ اغیار کا شکوہ کیا ہے
بات کچھ سر تو نہیں ہے کہ اُٹھا بھی نہ سکوں

زہر ملتا ہی نہیں مجھ کو، ستمگر! ورنہ
کیا قسم ہے ترے مِلنے کی کہ کھا بھی نہ سکوں

91

ہم سے کھل جاؤ بہ وقتِ مے پرستی ایک دن
ورنہ ہم چھیڑیں گے رکھ کر عذرِ مستی ایک دن

غرّۂ اوجِ بنائے عالمِ امکاں نہ ہو
اِس بلندی کے نصیبوں میں ہے پستی ایک دن

قرض کی پیتے تھے مے لیکن سمجھتے تھے کہ ہاں
رنگ لاوے گی ہماری فاقہ مستی ایک دن

نغمہ ہائے غم کو بھی اَے دِل غنیمت جانیے
بے صدا ہو جائے گا یہ سازِ ہستی ایک دن

دَھول دَھپّا اس سَراپا ناز کا شیوہ نہیں
ہم ہی کر بیٹھے تھے غالبؔ پیش دستی ایک دن

92

ہم پر جفا سے ترکِ وفا کا گماں نہیں
اِک چھیڑ ہے وگرنہ مراد امتحاں نہیں

کس منہ سے شکر کیجیے اس لُطفِ خاص کا
پُرسش ہے اور پائے سخن درمیاں نہیں

ہم کو سِتم عزیز، ستمگر کو ہم عزیز
نامہرباں نہیں ہے اگر مہرباں نہیں

بوسہ نہیں، نہ دیجیے دَشنام ہی سہی
آخر زَباں تو رکھتے ہو تم گر دَہاں نہیں

ہرچند جاں گدازیِ قہر و عتاب ہے
ہرچند پشت گرمیِ تاب و تواں نہیں

جاں مطربِ ترانۂ ''ھَلْ مَن مَّزِیْد'' ہے
لب پردہ سنجِ زمزمۂ الاماں نہیں

خنجر سے چیر سینہ اگر دِل نہ ہو دو نیم
دِل میں چھری چبھو، مژہ گر خوں چَکاں نہیں

ہے ننگِ سینہ دِل اگر آتش کدہ نہ ہو
ہے عارِ دِل نفس اگر آذر فشاں نہیں

نقصاں نہیں جنوں میں، بَلا سے ہو گھر خراب
سَو گز زمیں کے بدلے بیاباں گِراں نہیں

کہتے ہو کیا لکھا ہے تری سَرنوشت میں
گویا جبیں پہ سجدۂ بُت کا نشاں نہیں

پاتا ہُوں اُس سے داد کچھ اپنے کلام کی
رُوحُ القدُس اگرچہ مِرا ہم زباں نہیں

دیوانِ غالب

جاں ہے بہائے بوسہ وَلے کیوں کہے ابھی
غالبؔ کو جانتا ہے کہ وہ نیم جاں نہیں

93

مانعِ دشت نوردی کوئی تدبیر نہیں
ایک چکّر ہے مِرے پانو میں زنجیر نہیں

شوق اُس دشت میں دوڑائے ہے مجھ کو کہ جہاں
جادہ غیر از نگہِ دیدۂ تصویر نہیں

حسرتِ لذّتِ آزار رہی جاتی ہے
جادۂ راہِ وفا جُز دمِ شمشیر نہیں

رنجِ نومیدیٔ جاوید! گوارا رہیو
خوش ہُوں گر، نالہ زبونی کشِ تاثیر نہیں

سَر کھجاتا ہے جہاں زخمِ سَر اچھا ہو جائے
لذّتِ سنگ بہ اندازۂ تقریر نہیں

جب کرم رخصتِ بیباکی و گستاخی دے
کوئی تقصیر بجُز خجلتِ تقصیر نہیں

غالبؔ اپنا یہ عقیدہ ہے بہ قولِ ناسخ
آپ بے بہرہ ہے جو معتقدِ میرؔ نہیں

94

مت مَردُمکِ دِیدہ میں سمجھو یہ نگاہیں
ہیں جمع سُوَیدائے دِلِ چشم میں آہیں

دیر و حرم آئینۂ تکرارِ تمنّا
وا ماندگیِ شوق تراشے ہے پناہیں [1]

[1] یہ شعر دیوانِ غالب میں شائع نہیں ہوا۔

95

برشکالِ گریۂ عاشق ہے دیکھا چاہیے
کھِل گئی مانندِ گُل سَو جا سے دِیوارِ چمن

اُلفتِ گُل سے غلط ہے دعوئ وارستگی
سرو ہے باوصفِ آزادی گرفتارِ چمن

96

عشق تاثیر سے نومید نہیں
جاں سپاری شجرِ بید نہیں

سلطنت دَست بہ دست آئی ہے
جامِ مے خاتمِ جمشید نہیں

ہے تجلّی تری سامانِ وجود
ذرّہ بے پرتوِ خورشید نہیں

رازِ معشوق نہ رُسوا ہو جائے
ورنہ مَر جانے میں کچھ بھید نہیں

گردشِ رنگِ طرب سے ڈر ہے
غمِ محرومیِ جاوید نہیں

دیوانِ غالب

کہتے ہیں جیتے ہیں اُمید پہ لوگ
ہم کو جینے کی بھی اُمید نہیں

97

جہاں تیرا نقشِ قدم دیکھتے ہیں
خیاباں خیاباں اِرم دیکھتے ہیں

دِل آشفتگاں خالِ کنجِ دَہن کے
سُویدا میں سیرِ عدم دیکھتے ہیں

ترے سروِ قامت سے یک قدِّ آدم
قیامت کے فتنے کو کم دیکھتے ہیں

تماشا کہ اے محوِ آئینہ داری
تجھے کس تمنّا سے ہم دیکھتے ہیں

سراغِ تَفِ نالہ لے داغِ دِل سے
کہ شب رو کا نقشِ قدم دیکھتے ہیں

بنا کر فقیروں کا ہم بھیس غالبؔ
تماشائے اہلِ کرم دیکھتے ہیں

98

ملتی ہے خوئے یار سے نار اِلتہاب میں
کافر ہوں، گر نہ ملتی ہو راحت عذاب میں

کب سے ہوں، کیا بتاؤں جہانِ خراب میں
شب ہائے ہجر کو بھی رکھوں گر حساب میں

تا پھر نہ انتظار میں نیند آئے عمر بھر
آنے کا عہد کر گئے آئے جو خواب میں

قاصد کے آتے آتے خط اِک اور لکھ رکھوں
میں جانتا ہُوں جو وہ لکھیں گے جواب میں

مجھ تک کب اُن کی بزم میں آتا تھا دورِ جام
ساقی نے کچھ ملا نہ دِیا ہو شراب میں

جو مُنکرِ وفا ہو فریب اُس پہ کیا چلے
کیوں بدگماں ہُوں دوست سے دشمن کے باب میں

میں مضطرب ہُوں وصل میں خوفِ رقیب سے
ڈالا ہے تم کو وہم نے کس پیچ و تاب میں

میں اور حظِّ وصل، خُدا ساز بات ہے
جاں نذر دینی بھول گیا اضطراب میں

ہے تیوری چڑھی ہوئی اندر نقاب کے
ہے اِک شکن پڑی ہوئی طرفِ نقاب میں

لاکھوں لگاؤ ایک چرانا نگاہ کا
لاکھوں بناؤ ایک بگڑنا عتاب میں

وہ نالہ دِل میں خس کے برابر جگہ نہ پائے
جس نالے سے شگاف پڑے آفتاب میں

وہ سحر مدّعا طلبی میں نہ کام آئے
جس سحر سے سفینہ رواں ہو سراب میں

غالبؔ چھٹی شراب پر اب بھی کبھی کبھی
پیتا ہُوں روزِ ابر و شبِ ماہ تاب میں

99

کل کے لیے کر آج نہ خسّتِ شراب میں
یہ سُوئے ظن ہے ساقیٔ کوثر کے باب میں

ہیں آج کیوں ذلیل، کہ کل تک نہ تھی پسند
گستاخیِ فرشتہ ہمارے جناب میں

جاں کیوں نکلنے لگتی ہے تن سے دمِ سماع
گر وہ صدا سمائی ہے چنگ و رباب میں

رَو میں ہے رخشِ عمر کہاں دیکھیے تھمے
نے ہاتھ باگ پر ہے نہ پا ہے رِکاب میں

اُتنا ہی مجھ کو اپنی حقیقت سے بعد ہے
جتنا کہ وہمِ غیر سے ہُوں پیچ و تاب میں

اصلِ شہود و شاہد و مشہود ایک ہے
حیراں ہُوں پھر مشاہدہ ہے کس حساب میں

ہے مشتمل نمودِ صور پر وجودِ بحر
یاں کیا دھرا ہے قطرہ و موج و حباب میں

شرم اِک ادائے ناز ہے اپنے ہی سے سہی
ہیں کتنے بے حجاب کہ ہیں یوں حجاب میں

آرائشِ جمال سے فارغ نہیں ہنوز
پیشِ نظر ہے آئنہ دائم نقاب میں

ہے غیبِ غیب جس کو سمجھتے ہیں ہم شہود
ہیں خواب میں ہنوز جو جاگے ہیں خواب میں

غالبؔ ندیمِ دوست سے آتی ہے بوئے دوست
مشغولِ حق ہوں بندگیٔ بو تُراب میں

100

حیراں ہُوں، دِل کو روؤں کہ پیٹوں جگر کو میں
مقدور ہو تو ساتھ رکھوں نوحہ گر کو میں

چھوڑا نہ رَشک نے کہ ترے گھر کا نام لوں
ہر اک سے پوچھتا ہُوں کہ جاؤں کدھر کو میں

جانا پڑا رقیب کے در پر ہزار بار
اے کاش جانتا نہ ترے رہ گزر کو میں

ہے کیا جو کس کے باندھیے میری بلا ڈرے
کیا جانتا نہیں ہُوں تمھاری کمر کو میں

لو وہ بھی کہتے ہیں کہ یہ بے ننگ و نام ہے
یہ جانتا اگر تو لُٹاتا نہ گھر کو میں

چلتا ہُوں تھوڑی دور ہر اِک تیز رو کے ساتھ
پہچانتا نہیں ہُوں ابھی راہبر کو میں

خواہش کو احمقوں نے پرستش دیا قرار
کیا پوجتا ہُوں اُس بُتِ بیداد گر کو میں

پھر بے خودی میں بھول گیا راہِ کوئے یار
جاتا وگرنہ ایک دِن اپنی خبر کو میں

اپنے پہ کر رہا ہُوں قیاس اہلِ دہر کا
سمجھا ہُوں دِل پذیر متاعِ ہنر کو میں

غالبؔ خُدا کرے کہ سوارِ سمندِ ناز
دیکھوں علی بہادرِ عالی گہر کو میں

101

ذکر میرا بہ بدی بھی اُسے منظور نہیں
غیر کی بات بگڑ جائے تو کچھ دُور نہیں

وعدۂ سیرِ گلستاں ہے، خوشا طالعِ شوق
مژدۂ قتل مقدّر ہے جو مذکور نہیں

شاہدِ ہستیِ مطلق کی کمر ہے عالَم
لوگ کہتے ہیں کہ ہے، پر ہمیں منظور نہیں

قطرہ اپنا بھی حقیقت میں ہے دریا لیکن
ہم کو تقلیدِ تنک ظرفیِ منصور نہیں

حسرت، اَے ذوقِ خرابی کہ وہ طاقت نہ رہی
عشقِ پر عربدہ کی گوں تنِ رنجور نہیں

میں جو کہتا ہُوں کہ ہم لیں گے قیامت میں تمہیں
کس رعونت سے وہ کہتے ہیں کہ ہم حور نہیں

ظلم کر ظلم، اگر لُطف دریغ آتا ہو
تو تغافل میں کسی رنگ سے معذور نہیں

صاف دُردی کشِ پیمانۂ جم ہیں ہم لوگ
وائے وہ بادہ کہ افشُردۂ انگور نہیں

ہُوں ظہوری کے مقابل میں خِفائی غالبؔ
میرے دعوے پہ یہ حجّت ہے کہ مشہور نہیں

102

نالہ جز حُسنِ طلب اَے سِتم ایجاد نہیں
ہے تقاضائے جفا شکوۂ بیداد نہیں

عشق و مزدوریِ عشرت گہِ خسرو کیا خوب
ہم کو تسلیمِ نِکو نامئ فرہاد نہیں

کم نہیں وہ بھی خرابی میں پہ وسعت معلوم
دَشت میں ہے مجھے وہ عیش کہ گھر یاد نہیں

اہلِ بینش کو ہے طوفانِ حوادث مکتب
لطمۂ موج کم از سیلئ اُستاد نہیں

وَائے محرومیِ تسلیم و بَدا حالِ وفا
جانتا ہے کہ ہمیں طاقتِ فریاد نہیں

رنگِ تمکینِ گُل و لالہ پریشاں کیوں ہے
گر چراغانِ سرِ رہ گزرِ باد نہیں

سبدِ گُل کے تلے بند کرے ہے گُلچیں
مُژدہ اے مُرغ کہ گلزار میں صیّاد نہیں

نفی سے کرتی ہے اِثبات تَراوِش گویا
دی ہے جائے دَہن اُس کو دمِ ایجاد نہیں

کم نہیں جلوہ گری میں ترے کوچے سے بہشت
یہی نقشہ ہے وَلے اِس قدر آباد نہیں

کرتے کس منہ سے ہو غربت کی شکایت غالبؔ
تم کو بے مِہریٔ یارانِ وطن یاد نہیں

103

دونوں جہان دے کے وہ سمجھے یہ خوش رہا
یاں آ پڑی یہ شرم کہ تکرار کیا کریں

تھک تھک کے ہر مقام پہ دو چار رہ گئے
تیرا پتا نہ پائیں تو ناچار کیا کریں

کیا شمع کے نہیں ہیں ہوا خواہ اہلِ بزم
ہو غم ہی جاں گداز تو غمخوار کیا کریں

104

ہوگئی ہے غیر کی شیریں بیانی کارگر
عشق کا اُس کو گماں ہم بے زبانوں پر نہیں

105

قیامت ہے کہ سُن لیلیٰ کا دشتِ قیس میں آنا
تعجب سے وہ بولا یوں بھی ہوتا ہے زمانے میں

دلِ نازک پہ اُس کے رحم آتا ہے مجھے غالبؔ
نہ کر سرگرم اُس کافر کو اُلفت آزمانے میں

106

دِل لگا کر لگ گیا اُن کو بھی تنہا بیٹھنا
بارے اپنی بیکسی کی ہم نے پائی داد یاں

ہیں زوال آمادہ اَجزا آفرینش کے تمام
مِہرِ گردُوں ہے چراغِ رہگزارِ باد یاں

107

یہ ہم جو ہجر میں دِیوار و دَر کو دیکھتے ہیں
کبھی صبا کو کبھی نامہ بر کو دیکھتے ہیں

وہ آئے گھر میں ہمارے خُدا کی قدرت ہے
کبھی ہم اُن کو کبھی اپنے گھر کو دیکھتے ہیں

نظر لگے نہ کہیں اُس کے دست و بازو کو
یہ لوگ کیوں مِرے زخمِ جگر کو دیکھتے ہیں

ترے جواہرِ طرفِ کُلہ کو کیا دیکھیں
ہم اَوجِ طالعِ لعل و گہر کو دیکھتے ہیں

108

نہیں کہ مجھ کو قیامت کا اعتقاد نہیں
شبِ فراق سے روزِ جزا زیاد نہیں

کوئی کہے کہ شبِ مہ میں کیا بُرائی ہے
بَلا سے، آج اگر دِن کو ابر و باد نہیں

جو آؤں سامنے اُن کے تو مرحبا نہ کہیں
جو جاؤں واں سے کہیں کو تو خیر باد نہیں

کبھی جو یاد بھی آتا ہُوں میں تو کہتے ہیں
کہ آج بزم میں کچھ فتنہ و فساد نہیں

علاوہ عید کے ملتی ہے اور دِن بھی شراب
گدائے کوچۂ مَے خانہ نامراد نہیں

جہاں میں ہو غم و شادی بہم، ہمیں کیا کام
دِیا ہے ہم کو خُدا نے وہ دِل کہ شاد نہیں

تم اُن کے وعدے کا ذکر اُن سے کیوں کرو غالبؔ
یہ کیا کہ تم کہو اور وہ کہیں کہ یاد نہیں

109

تیرے توسن کو صبا باندھتے ہیں
ہم بھی مضموں کی ہَوا باندھتے ہیں

آہ کا کس نے اثر دیکھا ہے
ہم بھی اک اپنی ہَوا باندھتے ہیں

تیری فرصت کے مقابل اَے عمر
برق کو پابہ حنا باندھتے ہیں

قیدِ ہستی سے رہائی معلوم
اَشک کو بے سروپا باندھتے ہیں

نشّۂ رنگ سے ہے وا شُدِ گُل
مست کب بندِ قبا باندھتے ہیں

غلطی ہائے مضامیں مت پوچھ
لوگ نالے کو رَسا باندھتے ہیں

اہلِ تدبیر کی واماندگیاں!
آبلوں پر بھی حنا باندھتے ہیں

سادہ پُرکار ہیں خوباں غالبؔ
ہم سے پیمانِ وفا باندھتے ہیں

110

زمانہ سخت کم آزار ہے، بہ جانِ اسدؔ
وگرنہ ہم تو توقّع زیادہ رکھتے ہیں

111

دائم پڑا ہُوا ترے دَر پر نہیں ہُوں میں
خاک ایسی زندگی پہ کہ پتھر نہیں ہُوں میں

کیوں گردشِ مُدام سے گھبرا نہ جائے دِل
انسان ہُوں پیالہ و ساغر نہیں ہُوں میں

یارب زمانہ مجھ کو مِٹاتا ہے کس لیے
لوحِ جہاں پہ حرفِ مکرّر نہیں ہُوں میں

حد چاہیے سَزا میں عُقُوبت کے واسطے
آخر گناہ گار ہُوں، کافر نہیں ہُوں میں

کس واسطے عزیز نہیں جانتے مجھے
لعل و زُمرُّد و زَر و گوہر نہیں ہُوں میں

رکھتے ہو تم قدم مِری آنکھوں سے کیوں دریغ
رُتبے میں مِہر و ماہ سے کمتر نہیں ہُوں میں

کرتے ہو مجھ کو منعِ قدم بوس کس لیے
کیا آسمان کے بھی برابر نہیں ہُوں میں

غالبؔ وظیفہ خوار ہو دو شاہ کو دُعا
وہ دِن گئے جو کہتے تھے نوکر نہیں ہُوں میں

112

سب کہاں، کچھ لالہ و گُل میں نمایاں ہو گئیں
خاک میں کیا صورتیں ہوں گی کہ پنہاں ہو گئیں

یاد تھیں ہم کو بھی رنگارنگ بزم آرائیاں
لیکن اب نقش و نگارِ طاقِ نسیاں ہو گئیں

تھیں بَنَاتُ النّعشِ گردُوں دِن کو پردے میں نہاں
شب کو اِن کے جی میں کیا آئی کہ عریاں ہو گئیں

قید میں یعقوب نے لی گو، نہ یوسف کی خبر
لیکن آنکھیں روزنِ دیوارِ زنداں ہو گئیں

سب رقیبوں سے ہوں ناخوش پر زنانِ مصر سے
ہے زُلیخا خوش کہ محوِ ماہِ کنعاں ہو گئیں

جوئے خوں آنکھوں سے بہنے دو کہ ہے شامِ فراق
میں یہ سمجھوں گا کہ شمعیں دو فروزاں ہوگئیں

اِن پری زادوں سے لیں گے خُلد میں ہم اِنتقام
قدرتِ حق سے یہی حوریں اگر واں ہوگئیں

نیند اُس کی ہے، دماغ اُس کا ہے، راتیں اُس کی ہیں
تیری زُلفیں جس کے بازو پر پریشاں ہوگئیں

میں چمن میں کیا گیا، گویا دبستاں کھل گیا
بلبلیں سُن کر مِرے نالے غزل خواں ہوگئیں

وہ نگاہیں کیوں ہوئی جاتی ہیں یارب دِل کے پار
جو مِری کوتاہیِ قسمت سے مِژگاں ہوگئیں

بسکہ روکا میں نے اور سینے میں اُبھریں پے بہ پے
میری آہیں بخیۂ چاکِ گریباں ہوگئیں

واں گیا بھی میں تو اُن کی گالیوں کا کیا جواب
یاد تھیں جتنی دُعائیں صرفِ درباں ہوگئیں

جاں فزا ہے بادہ جس کے ہاتھ میں جام آ گیا
سب لکیریں ہاتھ کی گویا رگِ جاں ہوگئیں

ہم موحّد ہیں ہمارا کیش ہے ترکِ رسوم
ملتیں جب مٹ گئیں، اجزائے ایماں ہوگئیں

رنج سے خوگر ہُوا انساں تو مٹ جاتا ہے رنج
مشکلیں مجھ پر پڑیں اتنی، کہ آساں ہوگئیں

یوں ہی گر روتا رہا غالبؔ تو اے اہلِ جہاں
دیکھنا اِن بستیوں کو تم کہ ویراں ہوگئیں

113

دیوانگی سے دوش پہ زنّار بھی نہیں
یعنی ہمارے جیب میں اِک تار بھی نہیں

دِل کو نیازِ حسرتِ دیدار کر چکے
دیکھا تو ہم میں طاقتِ دیدار بھی نہیں

ملنا ترا اگر نہیں آساں تو سہل ہے
دُشوار تو یہی ہے کہ دُشوار بھی نہیں

بے عشق عمر کٹ نہیں سکتی ہے اور یاں
طاقت بہ قدرِ لذّتِ آزار بھی نہیں

شوریدگی کے ہاتھ سے ہے سَر وبالِ دوش
صحرا میں اے خُدا کوئی دیوار بھی نہیں

گنجائشِ عداوتِ اغیار یک طرف
یاں دِل میں ضعف سے ہَوسِ یار بھی نہیں

ڈر نالہ ہائے زار سے میرے خُدا کو مان
آخر نوائے مُرغِ گرفتار بھی نہیں

دِل میں ہے یار کی صفِ مِژگاں سے رُوکشی
حالانکہ طاقتِ خلشِ خار بھی نہیں

اِس سادگی پہ کون نہ مر جائے اَے خُدا
لڑتے ہیں اور ہاتھ میں تلوار بھی نہیں

دیکھا اسدؔ کو خلوت و جلوت میں بارہا
دیوانہ گر نہیں ہے تو ہشیار بھی نہیں

114

نہیں ہے زخم کوئی بخیے کے در خور مِرے تن میں
ہُوا ہے تارِ اَشکِ یاس رشتہ چشمِ سوزن میں

ہُوئی ہے مانعِ ذوقِ تماشا خانہ ویرانی
کفِ سیلاب باقی ہے بہ رنگِ پنبہ روزن میں

ودیعت خانۂ بیدادِ کاوش ہائے مِژگاں ہُوں
نگینِ نامِ شاہد ہے، مِرے ہر قطرہ خوں تن میں

بیاں کس سے ہو ظلمت گستری میرے شبستاں کی
شبِ مہ ہو جو رکھ دیں پنبہ دیواروں کے روزن میں

نِکوہش مانعِ بے ربطیِ شورِ جنوں آئی
ہُوا ہے خندۂ احباب بخیہ جیب و دامن میں

ہُوئے اُس مہروش کے جلوۂ تمثال کے آگے
پَرافشاں جوہر آئینے میں، مثلِ ذرّہ رَوزن میں

نہ جانوں نیک ہُوں یا بد ہُوں پر صحبت مخالف ہے
جو گُل ہُوں تو ہُوں گلخن میں جو خس ہُوں تو ہُوں گلشن میں

ہزاروں دِل دیے جوشِ جنونِ عشق نے مجھ کو
سیہ ہو کر سُوَیدا ہو گیا ہر قطرہ خوں تن میں

اسدؔ زِندانیٔ تاثیرِ اُلفت ہائے خوباں ہُوں
خمِ دستِ نوازِش ہو گیا ہے طَوق گردن میں

115

مزے جہان کے اپنی نظر میں خاک نہیں
سِوائے خونِ جگر، سو جگر میں خاک نہیں

مگر غبار ہوئے پر ہَوا اُڑا لے جائے
وگرنہ تاب و تواں بال و پر میں خاک نہیں

یہ کس بہشت شمائل کی آمد آمد ہے
کہ غیرِ جلوۂ گُل رہگزر میں خاک نہیں

بھلا اُسے نہ سہی کچھ مجھی کو رحم آتا
اثر مِرے نفسِ بے اثر میں خاک نہیں

خیالِ جلوۂ گُل سے خراب ہیں مے کش
شراب خانے کے دِیوار و دَر میں خاک نہیں

ہُوا ہُوں عشق کی غارت گری سے شرمندہ
سِوائے حسرتِ تعمیر گھر میں خاک نہیں

ہمارے شعر ہیں اب صرف دِلگی کے اسدؔ
کھُلا کہ فائدہ عرضِ ہُنر میں خاک نہیں

116

دِل ہی تو ہے، نہ سنگ و خشت، درد سے بھر نہ آئے کیوں
روئیں گے ہم ہزار بار، کوئی ہمیں ستائے کیوں

دَیر نہیں حرم نہیں، دَر نہیں آستاں نہیں
بیٹھے ہیں رہ گزر پہ ہم، غیر ہمیں اُٹھائے کیوں

جب وہ جمالِ دِل فُروز صورتِ مہرِ نیم روز
آپ ہی ہو نظارہ سوز پردے میں منہ چھپائے کیوں

دَشنۂ غمزہ جاں ستاں، ناوکِ ناز بے پناہ
تیرا ہی عکسِ رُخ سہی سامنے تیرے آئے کیوں

قیدِ حیات و بندِ غم اصل میں دونوں ایک ہیں
موت سے پہلے آدمی غم سے نجات پائے کیوں

حُسن اور اُس پہ حُسنِ ظن رہ گئی بوالہوس کی شرم
اپنے پہ اعتماد ہے غیر کو آزمائے کیوں

واں وہ غرورِ عزّ و ناز، یاں یہ حجابِ پاسِ وضع
راہ میں ہم ملیں کہاں، بزم میں وہ بلائے کیوں

ہاں وہ نہیں خُدا پرست، جاؤ وہ بیوفا سہی
جس کو ہو دین و دِل عزیز اُس کی گلی میں جائے کیوں

غالبؔ خستہ کے بغیر کون سے کام بند ہیں
روئیے زار زار کیا، کیجیے ہائے ہائے کیوں

117

غنچۂ ناشگفتہ کو دُور سے مت دِکھا کہ یوں
بوسے کو پوچھتا ہُوں میں منہ سے مجھے بتا، کہ یوں!

پُرسشِ طرزِ دِلبری کیجیے کیا کہ بِن کہے
اُس کے ہر اک اشارے سے نکلے ہے یہ ادا کہ یوں!

رات کے وقت مَے پیے، ساتھ رقیب کو لیے
آوے وہ یاں خُدا کرے، پر نہ کرے خُدا کہ یوں!

غیر سے رات کیا بنی، یہ جو کہا تو دیکھیے
سامنے آن بیٹھنا اَور یہ دیکھنا کہ یوں!

بزم میں اُس کے رُوبرو کیوں نہ خموش بیٹھیے
اُس کی تو خامشی میں بھی ہے یہی مُدّعا کہ یوں!

میں نے کہا کہ بزمِ ناز چاہیے غیر سے تہی
سُن کے سِتم ظریف نے مجھ کو اُٹھا دیا کہ یوں!

مجھ سے کہا جو یار نے جاتے ہیں ہوش کس طرح
دیکھ کے میری بے خودی چلنے لگی ہُوا کہ یوں!

کب مجھے کوئے یار میں رہنے کی وضع یاد تھی
آئنہ دار بن گئی حیرتِ نقشِ پا کہ یوں!

گر ترے دِل میں ہو خیال، وصل میں شوق کا زوال
موجِ محیطِ آب میں مارے ہے دست و پا کہ یوں!

جو یہ کہے کہ ریختہ کیونکہ ہو رشکِ فارسی
گفتۂ غالبؔ ایک بار پڑھ کے اُسے سُنا کہ یوں!

118

حسد سے دِل اگر افسردہ ہے گرمِ تماشا ہو
کہ چشمِ تنگ شاید کثرتِ نظّارہ سے وا ہو

بہ قدرِ حسرتِ دِل چاہیے ذوقِ معاصی بھی
بھروں یک گوشۂ دامن گر آبِ ہفت دریا ہو

اگر وہ سرو قد گرمِ خرامِ ناز آ جاوے
کفِ ہر خاکِ گلشن شکلِ قمری نالہ فرسا ہو

119

کعبے میں جا رہا تو نہ دو طعنہ کیا کہیں
بھولا ہُوں حقِّ صحبتِ اہلِ کنشت کو

طاعت میں تا رہے نہ مے و انگبیں کی لاگ
دوزخ میں ڈال دو کوئی لے کر بہشت کو

ہُوں منحرف نہ کیوں رہ و رسمِ ثواب سے
ٹیڑھا لگا ہے قط قلمِ سرنوشت کو

غالبؔ کچھ اپنی سعی سے لہنا نہیں مجھے
خرمن جلے اگر نہ ملخ کھائے کشت کو

120

وا رَستہ اس سے ہیں کہ محبت ہی کیوں نہ ہو
کیجیے ہمارے ساتھ عداوت ہی کیوں نہ ہو

چھوڑا نہ مجھ میں ضعف نے رنگ اختلاط کا
ہے دِل پہ بار نقشِ محبت ہی کیوں نہ ہو

ہے مجھ کو تجھ سے تذکرۂ غیر کا گلہ
ہر چند بر سبیلِ شکایت ہی کیوں نہ ہو

پیدا ہوئی ہے کہتے ہیں ہر درد کی دوا
یوں ہو تو چارۂ غمِ اُلفت ہی کیوں نہ ہو

ڈالا نہ بیکسی نے کسی سے معاملہ
اپنے سے کھینچتا ہُوں خجالت ہی کیوں نہ ہو

ہے آدمی بجائے خود اِک محشرِ خیال
ہم انجمن سمجھتے ہیں خلوت ہی کیوں نہ ہو

ہنگامۂ زبونیٔ ہمت ہے انفعال
حاصل نہ کیجیے دہر سے، عبرت ہی کیوں نہ ہو

وارستگی بہانۂ بیگانگی نہیں
اپنے سے کر نہ غیر سے وحشت ہی کیوں نہ ہو

مِٹتا ہے فوتِ فرصتِ ہستی کا غم کوئی
عمرِ عزیز صَرفِ عبادت ہی کیوں نہ ہو

اُس فتنہ خو کے دَر سے اب اُٹھتے نہیں اسدؔ
اِس میں ہمارے سر پہ قیامت ہی کیوں نہ ہو

121

قفس میں ہُوں، گراچھا بھی نہ جانیں میرے شیون کو
مِرا ہونا بُرا کیا ہے نوا سنجانِ گلشن کو

نہیں گر ہمدمی آساں نہ ہو، یہ رَشک کیا کم ہے
نہ دی ہوتی خُدا یا آرزوئے دوست دُشمن کو

نہ نکلا آنکھ سے تیری اِک آنسو اُس جراحت پر
کیا سینے میں جس نے خونچکاں مِژگانِ سوزن کو

خُدا شرمائے ہاتھوں کو کہ رکھتے ہیں کشاکش میں
کبھی میرے گریباں کو کبھی جاناں کے دامن کو

ابھی ہم قتل گہ کا دیکھنا آساں سمجھتے ہیں
نہیں دیکھا شناور جوئے خوں میں تیرے توسن کو

ہُوا چرچا جو میرے پاؤں کی زنجیر بننے کا
کیا بیتاب کاں میں جنبشِ جوہر نے آہن کو

خوشی کیا، کھیت پر میرے اگر سَو بار ابر آوے
سمجھتا ہُوں کہ ڈھونڈے ہے ابھی سے برق خِرمن کو

وفاداری بہ شرطِ اُستواری اصلِ ایماں ہے
مرے بُت خانے میں تو کعبے میں گاڑو برہمن کو

شہادت تھی مِری قسمت میں، جو دی تھی یہ خو مجھ کو
جہاں تلوار کو دیکھا، جھکا دیتا تھا گردن کو

نہ لُٹتا دِن کو تو کب رات کو یوں بے خبر سوتا
رہا کھٹکا نہ چوری کا دعا دیتا ہُوں رہزن کو

سخن کیا کہہ نہیں سکتے کہ جویا ہوں جواہر کے
جگر کیا ہم نہیں رکھتے کہ کھودیں جا کے معدن کو

مِرے شاہِ سلیماں جاہ سے نسبت نہیں غالبؔ
فریدون و جم و کے خسرو و داراب و بہمن کو

122

دھوتا ہُوں جب میں پینے کو اُس سیم تن کے پانو
رکھتا ہے ضد سے، کھینچ کے باہر لگن کے پانو

دی سادگی سے جان، پڑوں کوہکن کے پانو
ہَیہات! کیوں نہ ٹوٹ گئے پیر زَن کے پانو

بھاگے تھے ہم بہت، سو اُسی کی سزا ہے یہ
ہو کر اسیر دابتے ہیں راہزن کے پانو

مرہم کی جستجو میں پھرا ہُوں جو دُور دُور
تن سے سِوا فِگار ہیں اِس خستہ تن کے پانو

اللہ رے ذوقِ دشت نوردی ، کہ بعدِ مرگ
ہلتے ہیں خود بہ خود مِرے اندر کفن کے پانو

ہے جوشِ گُل بہار میں یاں تک کہ ہر طرف
اُڑتے ہوئے اُلجھتے ہیں مُرغِ چمن کے پانو

شب کو کسی کے خواب میں آیا نہ ہو کہیں
دُکھتے ہیں آج اُس بُتِ نازک بدن کے پانو

غالبؔ مِرے کلام میں کیوں کر مزہ نہ ہو
پیتا ہُوں دھو کے خسروِ شیریں سخن کے پانو

123

واں اُس کو ہولِ دِل ہے، تو یاں میں ہُوں شرمسار
یعنی یہ میری آہ کی تاثیر سے نہ ہو

اپنے کو دیکھتا نہیں، ذوقِ ستم کو دیکھ
آئینہ تاکہ دیدۂ نخچیر سے نہ ہو

124

واں پہنچ کر جو غش آتا پئے ہم ہے ہم کو
صد رہ آہنگِ زمیں بوسِ قدم ہے ہم کو

دِل کو میں اور مجھے دِل محوِ وفا رکھتا ہے
کس قدر ذوقِ گرفتاریٔ ہم ہے ہم کو

ضعف سے نقشِ پئے مُور ہے طَوقِ گردن
ترے کوچے سے کہاں طاقتِ رَم ہے ہم کو

جان کر کیجیے تغافل کہ کچھ اُمیّد بھی ہو
یہ نگاہِ غلط انداز تو سم ہے ہم کو

رَشکِ ہم طرحی و دَردِ اثرِ بانگِ حزیں
نالۂ مُرغِ سحر تیغِ دو دَم ہے ہم کو

سَر اُڑانے کے جو وعدے کو مکرّر چاہا
ہنس کے بولے کہ ترے سَر کی قسم ہے ہم کو

دِل کے خوں کرنے کی کیا وجہ، ولیکن ناچار
پاسِ بے رونقیٔ دیدہ اَہم ہے ہم کو

تم وہ نازک کہ خموشی کو فُغاں کہتے ہو
ہم وہ عاجز کہ تغافل بھی سِتم ہے ہم کو

لکھنؤ آنے کا باعث نہیں کُھلتا یعنی
ہوسِ سیر و تماشا سو وہ کم ہے ہم کو

مقطعِ سلسلۂ شوق نہیں ہے یہ شہر
عزمِ سیرِ نجف و طوفِ حرم ہے ہم کو

لیے جاتی ہے کہیں ایک توقّع غالبؔ
جادۂ رہ کششِ کافِ کرم ہے ہم کو

125

تم جانو تم کو غیر سے جو رسم و راہ ہو
مجھ کو بھی پوچھتے رہو تو کیا گناہ ہو

بچتے نہیں مواخذۂ روزِ حشر سے
قاتل اگر رقیب ہے تو تم گواہ ہو

کیا وہ بھی بے گنہ کش و حق ناشناس ہیں
مانا کہ تم بشر نہیں خورشید و ماہ ہو

اُبھرا ہُوا نقاب میں ہے اُن کے ایک تار
مَرتا ہُوں میں کہ یہ نہ کسی کی نگاہ ہو

جب مے کدہ چھٹا تو پھر اب کیا جگہ کی قید
مسجد ہو، مدرسہ ہو، کوئی خانقاہ ہو

سنتے ہیں جو بہشت کی تعریف، سب درست
لیکن خُدا کرے وہ ترا جلوہ گاہ ہو

غالبؔ بھی گر نہ ہو تو کچھ ایسا ضرر نہیں
دنیا ہو یارَب اور مِرا بادشاہ ہو

126

گئی وہ بات کہ ہو گفتگو تو کیوں کر ہو
کہے سے کچھ نہ ہُوا پھر کہو تو کیوں کر ہو

ہمارے ذہن میں اس فکر کا ہے نام وصال
کہ گر نہ ہو تو کہاں جائیں ہو تو کیوں کر ہو

اَدب ہے اور یہی کشمکش تو کیا کیجیے
حیا ہے اور یہی گومگو تو کیوں کر ہو

تمھیں کہو کہ گزارا صنم پرستوں کا
بُتوں کی ہو اگر ایسی ہی خو تو کیوں کر ہو

اُلجھتے ہو تم اگر دیکھتے ہو آئینہ
جو تم سے شہر میں ہوں ایک دو تو کیوں کر ہو

جسے نصیب ہو روزِ سیاہ میرا سا
وہ شخص دِن نہ کہے رات کو تو کیوں کر ہو

ہمیں پھر اُن سے امید اور اُنہیں ہماری قدر
ہماری بات ہی پوچھیں نہ وو تو کیوں کر ہو

غلط نہ تھا ہمیں خط پر گماں تسلّی کا
نہ مانے دیدۂ دِیدار جو تو کیوں کر ہو

بتاؤ اُس مِژہ کو دیکھ کر کہ مجھ کو قرار
یہ نیش ہو رگِ جاں میں فرو تو کیوں کر ہو

مجھے جنوں نہیں غالبؔ وَلے بہ قولِ حضور
فراقِ یار میں تسکین ہو تو کیوں کر ہو

127

کسی کو دے کے دِل کوئی نوا سنجِ فُغاں کیوں ہو
نہ ہو جب دِل ہی سینے میں تو پھر منہ میں زَباں کیوں ہو

وہ اپنی خو نہ چھوڑیں گے ہم اپنی وضع کیوں چھوڑیں
سبک سر بن کے کیا پوچھیں کہ ہم سے سرگراں کیوں ہو

کیا غمخوار نے رُسوا، لگے آگ اِس محبت کو
نہ لاوے تاب جو غم کی وہ میرا رازداں کیوں ہو

وفا کیسی، کہاں کا عشق، جب سر پھوڑنا ٹھہرا
تو پھر، اَے سنگ دِل تیرا ہی سنگِ آستاں کیوں ہو

قفس میں مجھ سے رُودادِ چمن کہتے نہ ڈر ہمدم
گری ہے جس پہ کل بجلی، وہ میرا آشیاں کیوں ہو

یہ کہہ سکتے ہو، ہم دِل میں نہیں ہیں، پر یہ بتلاؤ
کہ جب دِل میں تمہیں تم ہوتو آنکھوں سے نہاں کیوں ہو

غلط ہے جذبِ دِل کا شکوہ، دیکھو جرم کس کا ہے
نہ کھینچو گر تم اپنے کو کشاکش درمیاں کیوں ہو

یہ فتنہ آدمی کی خانہ ویرانی کو کیا کم ہے
ہوئے تم دوست جس کے دشمن اُس کا آسماں کیوں ہو

یہی ہے آزمانا تو ستانا کس کو کہتے ہیں
عدُو کے ہو لیے جب تم تو میرا امتحاں کیوں ہو

کہا تم نے کہ کیوں ہو غیر کے مِلنے میں رُسوائی
بجا کہتے ہو، سچ کہتے ہو، پھر کہیو کہ ہاں، کیوں ہو

نکالا چاہتا ہے کام کیا طعنوں سے تو غالبؔ
ترے بے مِہر کہنے سے وہ تجھ پر مہرباں کیوں ہو

128

رہیے اب ایسی جگہ چل کر جہاں کوئی نہ ہو
ہم سخن کوئی نہ ہو اور ہم زَباں کوئی نہ ہو

بے دَر و دِیوار سا اِک گھر بنایا چاہیے
کوئی ہمسایہ نہ ہو اور پاسباں کوئی نہ ہو

پڑیے گر بیمار تو کوئی نہ ہو تیماردار
اور اگر مَر جایئے تو نوحہ خواں کوئی نہ ہو

129

از مہر تا بہ ذرّہ دِل و دِل ہے آئنہ
طُوطی کو شش جہت سے مُقابل ہے آئنہ

دِل کارگاہِ فکر و اسدؔ بے نوائے دِل
یاں سنگِ آستانۂ بیدل ہے آئنہ [1]

[1] یہ شعر دیوانِ غالب میں شائع نہیں ہوا۔

130

ہے سبزہ زار ہر دَر و دِیوارِ غم کدہ
جس کی بہار یہ ہو، پھر اُس کی خزاں نہ پوچھ

ناچار بیکسی کی بھی حسرت اُٹھایئے
دُشواریٔ رہ و ستمِ ہمرہاں نہ پوچھ

131

صد جلوہ رُو بہ رُو ہے، جو مژگاں اُٹھائیے
طاقت کہاں کہ دِید کا اِحساں اُٹھائیے

ہے سنگ پر براتِ معاشِ جنونِ عشق
یعنی ہنوز منّتِ طفلاں اُٹھائیے

دِیوار، بارِ منّتِ مزدُور سے ہے خم
اے خانماں خراب نہ اِحساں اُٹھائیے

یا میرے زخمِ رشک کو رُسوا نہ کیجیے
یا پردۂ تبسّمِ پنہاں اُٹھائیے

132

مسجد کے زیرِ سایہ خرابات چاہیے
بھوں پاس آنکھ قبلۂ حاجات چاہیے

عاشق ہوئے ہیں آپ بھی ایک اور شخص پر
آخر سِتم کی کچھ تو مُکافات چاہیے

دے داد اَے فلک دِلِ حسرت پرست کی
ہاں کچھ نہ کچھ تلافیٔ مافات چاہیے

سیکھے ہیں مہ رُخوں کے لیے ہم مصوّری
تقریب کچھ تو بہرِ ملاقات چاہیے

مے سے غرض نشاط ہے کس روسیاہ کو
اِک گونہ بے خودی مجھے دِن رات چاہیے

ہے رنگِ لالہ و گُل و نسریں جُدا جُدا
ہر رنگ میں بہار کا اِثبات چاہیے

سرپائے خُم پہ چاہیے ہنگامِ بیخودی
رُو سُوئے قبلہ وقتِ مُناجات چاہیے

یعنی بہ حسبِ گردشِ پیمانۂ صفات
عارف ہمیشہ مستِ مے ذات چاہیے

نشوونما ہے اصل سے غالبؔ فروع کو
خاموشی ہی سے نکلے ہے، جو بات چاہیے

133

بساطِ عجز میں تھا ایک دِل، یک قطرہ خوں وہ بھی
سو رہتا ہے بہ اندازِ چکیدن سرنگوں وہ بھی

رہے اُس شوخ سے آزردہ ہم چندے تکلّف سے
تکلّف برطرف تھا ایک اندازِ جنوں وہ بھی

خیالِ مرگ کب تسکیں دِلِ آزردہ کو بخشے
مِرے دامِ تمنّا میں ہے اِک صیدِ زبوں وہ بھی

نہ کرتا کاش نالہ، مجھ کو کیا معلوم تھا ہمدم
کہ ہوگا باعثِ افزائشِ دردِ دَرُوں وہ بھی

نہ اتنا بُرّشِ تیغِ جفا پر ناز فرماؤ
مِرے دریائے بے تابی میں ہے اِک موجِ خوں وہ بھی

مے عشرت کی خواہش ساقیٔ گردُوں سے کیا کیجیے
لیے بیٹھا ہے اِک دو چار جامِ واژگوں وہ بھی

مِرے دِل میں ہے غالبؔ شوقِ وصل و شکوۂ ہجراں
خُدا وہ دِن کرے جو اس سے میں یہ بھی کہوں وہ بھی

134

ہے بزمِ بتاں میں سخن آزردہ لبوں سے
تنگ آئے ہیں ہم ایسے خوشامد طلبوں سے

ہے دورِ قدح وجۂ پریشانیٔ صہبا
یک بار لگا دو خمِ مَے میرے لبوں سے

رندانِ درِ مَے کدہ گستاخ ہیں زاہد
زنہار نہ ہونا طرف ان بے ادبوں سے

بیدادِ وفا دیکھ کہ جاتی رہی آخر
ہر چند مِری جان کو تھا ربط لبوں سے

135

تا ہم کو شکایت کی بھی باقی نہ رہے جا
سُن لیتے ہیں گو ذِکر ہمارا نہیں کرتے

غالبؔ ترا احوال سُنا دیں گے ہم اُن کو
وہ سُن کے بُلا لیں، یہ اِجارا نہیں کرتے

136

گھر میں تھا کیا کہ ترا غم اُسے غارت کرتا
وہ جو رکھتے تھے ہم اِک حسرتِ تعمیر، سو ہے

137

غمِ دُنیا سے گر پائی بھی فرصت سر اُٹھانے کی
فلک کا دیکھنا تقریب تیرے یاد آنے کی

کھلے گا کس طرح مضموں مرے مکتوب کا یا رب
قسم کھائی ہے اُس کافر نے کاغذ کے جلانے کی

لپٹنا پرنیاں میں شعلۂ آتش کا آساں ہے
وَلے مشکل ہے حکمت دِل میں سوزِ غم چھپانے کی

انہیں منظور اپنے زخمیوں کا دیکھ آنا تھا
اُٹھے تھے سیرِ گُل کو دیکھنا شوخی بہانے کی

ہماری سادگی تھی اِلتفاتِ ناز پر مرنا
ترا آنا نہ تھا ظالم مگر تمہید جانے کی

لکد کوبِ حوادث کا تحمّل کر نہیں سکتی
مِری طاقت کہ ضامن تھی بتوں کے ناز اُٹھانے کی

کہوں کیا خوبیِ اوضاعِ اَبنائے زماں غالبؔ
بدی کی اُس نے جس سے ہم نے کی تھی بارہا نیکی

138

حاصل سے ہاتھ دھو بیٹھ، اَے آرزو خرامی
دِل جوشِ گریہ میں ہے ڈُوبی ہُوئی اسامی

اُس شمع کی طرح سے جس کو کوئی بجھا دے
میں بھی جلے ہُوؤں میں ہُوں داغِ ناتمامی

139

کیا تنگ ہم سِتم زدگاں کا جہان ہے
جس میں کہ ایک بیضۂ مُور آسمان ہے

ہے کائنات کو حرکت تیرے ذَوق سے
پرتو سے آفتاب کے، ذرّے میں جان ہے

حالانکہ ہے یہ سیلیٔ خارا سے لالہ رنگ
غافل کو میرے شیشے پہ مَے کا گمان ہے

کی اُس نے گرم، سینۂ اہلِ ہَوس میں جا
آوے نہ کیوں پسند کہ ٹھنڈا مکان ہے

کیا خوب، تم نے غیر کو بوسہ نہیں دیا
بس چپ رہو ہمارے بھی منہ میں زبان ہے

بیٹھا ہے جو کہ سایۂ دیوارِ یار میں
فرماں روائے کشورِ ہندوستان ہے

ہستی کا اِعتبار بھی غم نے مٹا دیا
کس سے کہوں کہ داغ جگر کا نشان ہے

ہے بارے اِعتمادِ وفاداری اِس قدر
غالبؔ ہم اِس میں خوش ہیں کہ نا مہربان ہے

140

درد سے میرے ہے تجھ کو بے قراری ہائے ہائے
کیا ہوئی ظالم تری غفلت شعاری ہائے ہائے

تیرے دِل میں گر نہ تھا آشوبِ غم کا حوصلہ
تو نے پھر کیوں کی تھی میری غمگساری ہائے ہائے

کیوں مِری غم خوارگی کا تجھ کو آیا تھا خیال
دُشمنی اپنی تھی میری دوستداری ہائے ہائے

عمر بھر کا تو نے پیمانِ وفا باندھا تو کیا
عمر کو بھی تو نہیں ہے پائداری ہائے ہائے

زہر لگتی ہے مجھے آب و ہوائے زندگی
یعنی تجھ سے تھی اِسے ناسازگاری ہائے ہائے

گل فشانی ہائے نازِ جلوہ کو کیا ہو گیا
خاک پر ہوتی ہے تیری لالہ کاری ہائے ہائے

شرمِ رُسوائی سے جا چھپنا نقابِ خاک میں
ختم ہے اُلفت کی تجھ پر پردہ داری ہائے ہائے

خاک میں ناموسِ پیمانِ محبت مل گئی
اُٹھ گئی دنیا سے راہ و رسمِ یاری ہائے ہائے

ہاتھ ہی تیغ آزما کا کام سے جاتا رہا
دِل پہ اِک لگنے نہ پایا زخمِ کاری ہائے ہائے

کس طرح کاٹے کوئی شب ہائے تارِ برشکال
ہے نظر خو کردۂ اختر شماری ہائے ہائے

گوش مہجورِ پیام و چشم محرومِ جمال
ایک دِل، تِس پر یہ نا اُمّید واری ہائے ہائے

عشق نے پکڑا نہ تھا، غالبؔ ابھی وحشت کا رنگ
رہ گیا تھا دِل میں جو کچھ ذوقِ خواری، ہائے ہائے

141

سرگشتگی میں عالمِ ہستی سے یاس ہے
تسکیں کو دے نوید کہ مرنے کی آس ہے

لیتا نہیں مرے دلِ آوارہ کی خبر
اب تک وہ جانتا ہے کہ میرے ہی پاس ہے

کیجے بیاں سُرورِ تبِ غم کہاں تلک
ہر مُو مرے بدن پہ زبانِ سپاس ہے

ہے وہ غرورِ حُسن سے بیگانۂ وفا
ہر چند اُس کے پاس دلِ حق شناس ہے

پی جس قدر ملے، شبِ مہتاب میں شراب
اس بلغمی مزاج کو گرمی ہی راس ہے

ہر اک مکان کو ہے مکیں سے شرف اسدؔ
مجنوں جو مَر گیا ہے تو جنگل اُداس ہے

142

گر خامُشی سے فائدہ اِخفائے حال ہے
خوش ہُوں کہ میری بات سمجھنی مُحال ہے

کس کو سُناؤں حسرتِ اِظہار کا گلہ
دِل فردِ جمع و خرجِ زبان ہائے لال ہے

کس پردے میں ہے آئنہ پرداز اے خُدا
رحمت کہ عُذر خواہِ لبِ بے سوال ہے

ہے ہَے! خُدانخواستہ وہ اَور دُشمنی
اے شوقِ مُنفعِل یہ تجھے کیا خیال ہے

مِشکیں لباسِ کعبہ علی کے قدم سے جان
نافِ زمین ہے نہ کہ نافِ غَزال ہے

وحشت پہ میری عرصۂ آفاق تنگ تھا
دَریا زمین کو عرقِ انفعال ہے

ہستی کے مت فریب میں آ جائیو اسدؔ
عالَم تمام حلقۂ دامِ خیال ہے

143

تم اپنے شکوے کی باتیں نہ کھود کھود کے پوچھو
حَذَر کرو مِرے دِل سے کہ اس میں آگ دبی ہے

دِلا یہ درد و اَلَم بھی تو مُغتَنَم ہے کہ آخر
نہ گریۂ سَحَری ہے نہ آہِ نیم شبی ہے

:

144

ایک جا حرفِ وفا لکھا تھا، سو بھی مٹ گیا
ظاہراً کاغذ ترے خط کا، غلط بردار ہے

جی جلے ذوقِ فنا کی ناتمامی پر نہ کیوں
ہم نہیں جلتے نفس ہر چند آتشبار ہے

آگ سے پانی میں بجھتے وقت اُٹھتی ہے صدا
ہر کوئی درماندگی میں نالے سے ناچار ہے

ہے وہی بدمستیِ ہر ذرّہ کا خود عذر خواہ
جس کے جلوے سے زمیں تا آسماں سرشار ہے

مجھ سے مت کہہ: ''تو ہمیں کہتا تھا اپنی زندگی''
زندگی سے بھی مِرا جی اِن دِنوں بیزار ہے

آنکھ کی تصویر سَرنامے پہ کھینچی ہے کہ تا
تجھ پہ کھُل جاوے کہ اس کو حسرتِ دیدار ہے

145

پینس میں گزرتے ہیں جو کوچے سے وہ میرے
کندھا بھی کہاروں کو بدلنے نہیں دیتے

146

مِری ہستی فضائے حیرت آبادِ تمنّا ہے
جسے کہتے ہیں نالہ وہ اِسی عالَم کا عَنقا ہے

خزاں کیا، فصلِ گُل کہتے ہیں کس کو، کوئی موسم ہو
وہی ہم ہیں، قفس ہے، اور ماتم بال و پر کا ہے

وفائے دِلبراں ہے اِتّفاقی، ورنہ اَے ہمدم
اثر فریادِ دِل ہائے حزیں کا کس نے دیکھا ہے

نہ لائی شوخیٔ اندیشہ تابِ رنجِ نومیدی
کفِ افسوس مَلنا عہدِ تجدیدِ تمنّا ہے

147

رحم کر ظالم کہ کیا بودِ چراغِ کُشتہ ہے
نبضِ بیمارِ وفا دُودِ چراغِ کُشتہ ہے

دِل لگی کی آرزو بے چین رکھتی ہے ہمیں
ورنہ یاں بے رونقی سُودِ چراغِ کُشتہ ہے

148

چشمِ خوباں خامُشی میں بھی نوا پرداز ہے
سُرمہ، تو کہوے کہ، دُودِ شعلۂ آواز ہے

پیکرِ عُشّاق سازِ طالعِ ناساز ہے
نالہ گویا گردشِ سیّارہ کی آواز ہے

دستگاہِ دیدۂ خوں بارِ مجنوں دیکھنا
یک بیاباں جلوۂ گُل فرشِ پا انداز ہے

149

عشق مجھ کو نہیں، وحشت ہی سہی
میری وحشت، تری شہرت ہی سہی

قطع کیجیے نہ تعلق ہم سے
کچھ نہیں ہے تو عداوت ہی سہی

میرے ہونے میں ہے کیا رُسوائی
اے وہ مجلس نہیں خلوت ہی سہی

ہم بھی دُشمن تو نہیں ہیں اپنے
غیر کو تجھ سے محبت ہی سہی

اپنی ہستی ہی سے ہو جو کچھ ہو
آگہی گر نہیں غفلت ہی سہی

عمر ہر چند کہ ہے برق خرام
دِل کے خوں کرنے کی فرصت ہی سہی

ہم کوئی ترکِ وفا کرتے ہیں
نہ سہی عشق مصیبت ہی سہی

کچھ تو دے اَے فلکِ نااِنصاف
آہ و فریاد کی رخصت ہی سہی

ہم بھی تسلیم کی خو ڈالیں گے
بے نیازی تری عادت ہی سہی

یار سے چھیڑ چلی جائے اسدؔ
گر نہیں وَصل تو حسرت ہی سہی

150

ہے آرمیدگی میں نِکوہش بجا مجھے
صبحِ وطن ہے خندۂ دَنداں نُما مجھے

ڈھونڈے ہے اُس مُغنّیِ آتش نفس کو جی
جس کی صدا ہو جلوۂ برقِ فنا مجھے

مستانہ طے کرُوں ہُوں رہِ وادیٔ خیال
تا، بازگشت سے نہ رہے مُدّعا مجھے

کرتا ہے بسکہ باغ میں تو بے حجابیاں
آنے لگی ہے نکہتِ گُل سے حیا مجھے

کھُلتا کسی پہ کیوں مِرے دِل کا معاملہ
شعروں کے اِنتخاب نے رُسوا کیا مجھے

151

زندگی اپنی جب اِس شکل سے گزری غالبؔ
ہم بھی کیا یاد کریں گے کہ خُدا رکھتے تھے!

152

اُس بزم میں مجھے نہیں بنتی حیا کیے
بیٹھا رہا اگرچہ اِشارے ہُوا کیے

دِل ہی تو ہے سیاستِ دَرباں سے ڈَر گیا
میں اور جاؤں دَر سے ترے بِن صدا کیے

رکھتا پھِروں ہُوں خِرقہ و سجّادہ رہنِ مَے
مُدّت ہُوئی ہے دعوتِ آب و ہَوا کیے

بے صرفہ ہی گزرتی ہے، ہو گرچہ عُمرِ خضر
حضرت بھی کل کہیں گے کہ ہم کیا کیا کیے

مقدُور ہو تو خاک سے پوچھوں کہ اے لئیم
تو نے وہ گنج ہائے گراں مایہ کیا کیے

کس روز تہمتیں نہ تراشا کیے عدُو
کس دِن ہمارے سر پہ نہ آرے چلا کیے

صحبت میں غیر کی نہ پڑی ہو کہیں یہ خو
دینے لگا ہے بوسہ بغیر التجا کیے

ضد کی ہے اور بات مگر خو بُری نہیں
بھولے سے اس نے سینکڑوں وعدے وفا کیے

غالبؔ تمہیں کہو کہ ملے گا جواب کیا
مانا کہ تم کہا کیے اور وہ سُنا کیے

153

رفتارِ عمر قطعِ رہِ اِضطراب ہے
اِس سال کے حساب کو برق آفتاب ہے

مِینائے مَے ہے سرو نشاطِ بہار سے
بالِ تدرو جلوۂ موجِ شراب ہے

زخمی ہُوا ہے پاشنہ پائے ثبات کا
نے بھاگنے کی گوں نہ اِقامت کی تاب ہے

جادادِ بادہ نوشیٔ رِنداں ہے شش جہت
غافل گماں کرے ہے کہ گیتی خراب ہے

نظّارہ کیا حریف ہو اُس برقِ حُسن کا
جوشِ بہار جلوے کو جس کے نقاب ہے

میں نامراد دِل کی تسلّی کو کیا کروں
مانا کہ تیری رُخ سے نگہ کامیاب ہے

گزرا اسدؔ مسرّتِ پیغامِ یار سے
قاصد پہ مجھ کو رشکِ سوال و جواب ہے

154

دیکھنا قسمت کہ آپ اپنے پہ رشک آ جائے ہے
میں اسے دیکھوں، بھلا کب مجھ سے دیکھا جائے ہے

ہاتھ دھو دِل سے یہی گرمی گر اندیشے میں ہے
آبگینہ تُندیِ صہبا سے پگھلا جائے ہے

غیر کو یارب وہ کیوں کر منعِ گستاخی کرے
گر حیا بھی اس کو آتی ہے تو شرما جائے ہے

شوق کو یہ لت کہ ہر دَم نالہ کھینچے جایئے
دِل کی وہ حالت کہ دَم لینے سے گھبرا جائے ہے

دُور چشمِ بد تری بزمِ طرب سے واہ واہ
نغمہ ہو جاتا ہے واں گر نالہ میرا جائے ہے

گرچہ ہے طرزِ تغافل پردہ دارِ رازِ عشق
پر ہم ایسے کھوئے جاتے ہیں کہ وہ پا جائے ہے

اُس کی بزم آرائیاں سُن کر دِلِ رنجور یاں
مثلِ نقشِ مدّعائے غیر بیٹھا جائے ہے

ہو کے عاشق وہ پری رُخ اور نازک بن گیا
رنگ کھلتا جائے ہے جتنا کہ اُڑتا جائے ہے

نقش کو اُس کے مصوّر پر بھی کیا کیا ناز ہیں
کھینچتا ہے جس قدر اُتنا ہی کھنچتا جائے ہے

سایہ میرا مجھ سے مثلِ دُود بھاگے ہے اسدؔ
پاس مجھ آتش بجاں کے کس سے ٹھہرا جائے ہے

155

گرمِ فریاد رکھا شکلِ نہالی نے مجھے
تب اَماں ہجر میں دی بردِ لیالی نے مجھے

نسیہ و نقدِ دو عالَم کی حقیقت معلوم
لے لیا مجھ سے مِری ہمّتِ عالی نے مجھے

کثرت آرائی وحدت ہے پرستاریٔ وہم
کر دیا کافرِ اِن اَصنامِ خیالی نے مجھے

ہَوسِ گُل کا تصوّر میں بھی کھٹکا نہ رہا
عجب آرام دِیا بے پَر و بالی نے مجھے

156

کارگاہِ ہستی میں لالہ داغ ساماں ہے
برقِ خرمنِ راحت خونِ گرمِ دہقاں ہے

غنچہ تا شگفتن ہا برگِ عافیت معلوم
باوجودِ دلِ جمعی خوابِ گُل پریشاں ہے

ہم سے رنجِ بیتابی کس طرح اُٹھایا جائے
داغ پشتِ دستِ عجز شعلہ خس بدنداں ہے

157

اُگ رہا ہے دَر و دِیوار سے سبزہ غالبؔ
ہم بیاباں میں ہیں اور گھر میں بہار آئی ہے

158

سادگی پر اُس کی مر جانے کی حسرت دِل میں ہے
بس نہیں چلتا کہ پھر خنجر کفِ قاتل میں ہے

دیکھنا تقریر کی لذّت کہ جو اُس نے کہا
میں نے یہ جانا کہ گویا یہ بھی میرے دِل میں ہے

گرچہ ہے کس کس برائی سے وَلے با ایں ہمہ
ذکر میرا مجھ سے بہتر ہے کہ اُس محفل میں ہے

بس ہجومِ نا اُمیدی خاک میں مِل جائے گی
یہ جو اِک لذّت ہماری سعیِ بے حاصل میں ہے

رنجِ رہ کیوں کھینچیے، واماندگی کو عشق ہے
اُٹھ نہیں سکتا ہمارا جو قدم منزل میں ہے

جلوہ زارِ آتشِ دوزخ ہمارا دِل سہی
فتنۂ شورِ قیامت کس کی آب و گُل میں ہے

ہے دِلِ شوریدۂ غالبؔ طلسمِ پیچ و تاب
رحم کر اپنی تمنّا پر کہ کس مشکل میں ہے

159

دِل سے تری نگاہ جگر تک اُتر گئی
دونوں کو اِک ادا میں رضامند کر گئی

شق ہو گیا ہے سینہ خوشا لذّتِ فراغ
تکلیفِ پردہ داریِ زخمِ جگر گئی

وہ بادۂ شبانہ کی سرمستیاں کہاں
اُٹھیے بس اب کہ لذّتِ خوابِ سحر گئی

اُڑتی پھرے ہے خاک مِری کوئے یار میں
بارے اب اَے ہَوا! ہَوسِ بال و پَر گئی

دیکھو تو دِل فریبیٔ اندازِ نقشِ پا
موجِ خرامِ یار بھی کیا گُل کتر گئی

ہر بوالہوس نے حُسن پرستی شعار کی
اب آبروئے شیوۂ اہلِ نظر گئی

نظّارے نے بھی کام کیا واں نقاب کا
مستی سے ہر نگہ ترے رُخ پر بکھر گئی

فردا و دی کا تفرقہ یک بار مٹ گیا
کل تم گئے کہ ہم پہ قیامت گزر گئی

مارا زمانے نے اسدؔاللہ خاں تمہیں
وہ ولولے کہاں وہ جوانی کدھر گئی

160

تسکیں کو ہم نہ روئیں جو ذوقِ نظر ملے
حورانِ خُلد میں تری صورت مگر ملے

اپنی گلی میں مجھ کو نہ کر دفن بعدِ قتل
میرے پتے سے خلق کو کیوں تیرا گھر ملے

ساقی گری کی شرم کرو آج، ورنہ ہم
ہر شب پیا ہی کرتے ہیں مَے، جس قدر ملے

تجھ سے تو کچھ کلام نہیں لیکن اَے ندیم
میرا سلام کہیو اگر نامہ بر ملے

تم کو بھی ہم دکھائیں کہ مجنوں نے کیا کیا
فرصت کشاکشِ غمِ پنہاں سے گر ملے

لازم نہیں کہ خضر کی ہم پیروی کریں
جانا کہ اِک بزرگ ہمیں ہم سفر ملے

اے ساکنانِ کوچۂ دِلدار! دیکھنا
تم کو کہیں جو غالبؔ آشفتہ سر ملے

161

کوئی دِن گر زندگانی اور ہے
اپنے جی میں ہم نے ٹھانی اور ہے

آتشِ دوزخ میں یہ گرمی کہاں
سوزِ غَم ہائے نہانی اور ہے

بارہا دیکھی ہیں اُن کی رنجشیں
پر کچھ اب کی، سرگرانی اور ہے

دے کے خط منہ دیکھتا ہے نامہ بر
کچھ تو پیغامِ زَبانی اور ہے

قاطعِ اعمار ہیں اکثر نجوم
وہ بلائے آسمانی اور ہے

ہو چکیں غالبؔ بلائیں سب تمام
ایک مرگِ ناگہانی اور ہے

162

کوئی اُمید بر نہیں آتی
کوئی صورت نظر نہیں آتی

موت کا ایک دِن معیّن ہے
نیند کیوں رات بھر نہیں آتی

آگے آتی تھی حالِ دِل پہ ہنسی
اب کسی بات پر نہیں آتی

جانتا ہُوں ثوابِ طاعت و زُہد
پر طبیعت اِدھر نہیں آتی

ہے کچھ ایسی ہی بات جو چپ ہُوں
ورنہ کیا بات کر نہیں آتی

کیوں نہ چیخوں کہ یاد کرتے ہیں
مِری آواز گر نہیں آتی

داغِ دِل گر نظر نہیں آتا
بو بھی اے چارہ گر نہیں آتی

ہم وہاں ہیں جہاں سے ہم کو بھی
کچھ ہماری خبر نہیں آتی

مَرتے ہیں آرزو میں مَرنے کی
موت آتی ہے پر نہیں آتی

کعبے کس منہ سے جاؤ گے غالبؔ
شرم تم کو مگر نہیں آتی

163

دلِ ناداں تجھے ہُوا کیا ہے
آخر اس دَرد کی دَوا کیا ہے

ہم ہیں مشتاق اور وہ بے زار
یا الٰہی یہ ماجرا کیا ہے

میں بھی منہ میں زبان رکھتا ہُوں
کاش پوچھو کہ مُدّعا کیا ہے

جب کہ تجھ بِن نہیں کوئی موجود
پھر یہ ہنگامہ اے خُدا کیا ہے

یہ پری چہرہ لوگ کیسے ہیں
غمزہ و عِشوہ و ادا کیا ہے

دیوانِ غالب

شکنِ زُلفِ عنبریں کیوں ہے
نگہِ چشمِ سُرمہ سا کیا ہے

سبزہ و گُل کہاں سے آئے ہیں
ابر کیا چیز ہے، ہَوا کیا ہے

ہم کو اُن سے وفا کی ہے اُمید
جو نہیں جانتے وفا کیا ہے

ہاں بھلا کر ترا بھلا ہوگا
اور درویش کی صدا کیا ہے

جان تم پر نثار کرتا ہُوں
میں نہیں جانتا دُعا کیا ہے

میں نے مانا کہ کچھ نہیں غالبؔ
مفت ہاتھ آئے تو بُرا کیا ہے

164

کہتے تو ہو تم سب کہ بُتِ غالیہ مو آئے
اِک مرتبہ گھبرا کے کہو کوئی کہ وو آئے

ہُوں کشمکشِ نزع میں ہاں جذبِ محبت
کچھ کہہ نہ سکوں پر وہ مِرے پوچھنے کو آئے

ہے صاعقہ و شعلہ و سیماب کا عالَم
آنا ہی سمجھ میں مِری آتا نہیں گو آئے

ظاہر ہے کہ گھبرا کے نہ بھاگیں گے نکیرین
ہاں منہ سے مگر بادۂ دوشینہ کی بو آئے

جلّاد سے ڈرتے ہیں نہ واعظ سے جھگڑتے
ہم سمجھے ہوئے ہیں اُسے جس بھیس میں جو آئے

ہاں اہلِ طلب کون سنے طعنۂ نایافت
دیکھا کہ وہ ملتا نہیں، اپنے ہی کو کھو آئے

اپنا نہیں وہ شیوہ کہ آرام سے بیٹھیں
اس در پہ نہیں بار تو کعبے ہی کو ہو آئے

کی ہم نفسوں نے اثرِ گریہ میں تقریر
اچھے رہے آپ اُس سے مگر مجھ کو ڈبو آئے

اُس انجمنِ ناز کی کیا بات ہے غالبؔ
ہم بھی گئے واں اور تری تقدیر کو رو آئے

165

پھر کچھ اِک دِل کو بے قراری ہے
سینہ جویائے زخمِ کاری ہے

پھر جگر کھودنے لگا ناخن
آمدِ فصلِ لالہ کاری ہے

قبلۂ مقصدِ نگاہِ نیاز
پھر وہی پردۂ عماری ہے

چشم دَلّالِ جنسِ رُسوائی
دِل خریدارِ ذَوقِ خواری ہے

وو ہی صد رنگ نالہ فرسائی
وو ہی صد گونہ اشک باری ہے

دِل ہَوائے خرامِ ناز سے پھر
محشرستانِ بے قراری ہے

جلوہ پھر عرضِ ناز کرتا ہے
روزِ بازارِ جاں سِپاری ہے

پھر اُسی بے وفا پہ مَرتے ہیں
پھر وہی زندگی ہماری ہے

پھر کھُلا ہے درِ عدالتِ ناز
گرم بازارِ فوجداری ہے

ہو رہا ہے جہان میں اندھیر
زُلف کی پھر سرشتہ داری ہے

پھر دیا پارۂ جگر نے سوال
ایک فریاد و آہ و زاری ہے

پھر ہُوئے ہیں گواہِ عشق طلب
اَشک باری کا حکم جاری ہے

دِل و مِژگاں کا جو مُقدّمہ تھا
آج پھر اُس کی رُوبکاری ہے

بے خودی بے سبب نہیں غالبؔ
کچھ تو ہے جس کی پردہ داری ہے

166

جنوں تہمت کشِ تسکیں نہ ہو، گر شادمانی کی
نمک پاشِ خراشِ دِل ہے لذّت زندگانی کی

کشاکش ہائے ہستی سے کرے کیا سعیِ آزادی
ہُوئی زنجیر مَوجِ آب کو فرصت روانی کی

پس از مردن بھی دِیوانہ زیارت گاہِ طفلاں ہے
شرارِ سنگ نے تُربت پہ میری گُل فشانی کی

167

نِکوہش ہے سزا فریادیٔ بیدادِ دِلبر کی
مبادا خندۂ دنداں نُما ہو صبح محشر کی

رگِ لیلیٰ کو خاکِ دشتِ مجنوں ریشگی بخشے
اگر بووے بجائے دانہ دہقاں نوک نشتر کی

پرِ پروانہ شاید بادبانِ کشتیِ مَے تھا
ہوئی مجلس کی گرمی سے روانی دورِ ساغر کی

کروں بیدادِ ذوقِ پر فشانی عرض کیا قدرت
کہ طاقت اُڑ گئی اُڑنے سے پہلے میرے شہپر کی

کہاں تک روؤں اُس کے خیمے کے پیچھے قیامت ہے
مِری قسمت میں یا رَب کیا نہ تھی دِیوار پتھر کی

168

بے اعتدالیوں سے سبک سب میں ہم ہوئے
جتنے زیادہ ہوگئے اُتنے ہی کم ہوئے

پنہاں تھا دام سخت قریب آشیان کے
اُڑنے نہ پائے تھے کہ گرفتار ہم ہوئے

ہستی ہماری اپنی فنا پر دلیل ہے
یاں تک مِٹے کہ آپ ہم اپنی قسم ہوئے

سختی کشانِ عشق کی پوچھے ہے کیا خبر
وہ لوگ رفتہ رفتہ سراپا اَلَم ہوئے

تیری وفا سے کیا ہو تلافی کہ دہر میں
تیرے سِوا بھی ہم پہ بہت سے سِتم ہوئے

لکھتے رہے جنوں کی حکایاتِ خوں چکاں
ہر چند اِس میں ہاتھ ہمارے قلم ہوئے

اللہ رے تیری تندیٔ خو جس کے بیم سے
اَجزائے نالہ دِل میں مِرے رزقِ ہم ہوئے

اہلِ ہَوس کی فتح ہے ترکِ نبردِ عشق
جو پانْو اُٹھ گئے وہی اُن کے علَم ہوئے

نالے عدم میں چند ہمارے سُپرد تھے
جو واں نہ کھنچ سکے سو وہ یاں آ کے دَم ہوئے

چھوڑی اسدؔ نہ ہم نے گدائی میں دِل لگی
سائل ہُوئے تو عاشقِ اہلِ کرم ہوئے

169

جو نہ نقدِ داغِ دِل کی کرے شعلہ پاسبانی
تو فسُردگی نہاں ہے بہ کمینِ بے زبانی

مجھے اُس سے کیا توقّع بہ زمانۂ جوانی
کبھی کودکی میں جس نے نہ سُنی مری کہانی

یوں ہی دُکھ کسی کو دینا نہیں خوب ورنہ کہتا
کہ مرے عدُو کو یارب مِلے میری زِندگانی

170

ظلمت کدے میں میرے شبِ غم کا جوش ہے
اِک شمع ہے دلیلِ سَحر سو خموش ہے

نے مُژدۂ وِصال نہ نظّارۂ جمال
مُدّت ہُوئی کہ آشتیِ چشم و گوش ہے

مَے نے کیا ہے حُسنِ خود آرا کو بے حجاب
اَے شوق ہاں اجازتِ تسلیمِ ہوش ہے

گوہر کو عقدِ گردنِ خوباں میں دیکھنا
کیا اَوج پر ستارۂ گوہر فروش ہے

دِیدار بادہ، حوصلہ ساقی، نگاہ مست
بزمِ خیال مَیکدۂ بے خروش ہے

اَے تازہ واردانِ بِساطِ ہَوائے دِل
زِنہار اگر تمھیں ہَوسِ نائے و نوش ہے

دیکھو مجھے، جو دیدۂ عبرت نگاہ ہو
میری سُنو، جو گوشِ نصیحت نیوش ہے

ساقی بہ جلوہ دُشمنِ ایمان و آگہی
مُطرب بہ نغمہ رہزنِ تمکین و ہوش ہے

یا شب کو دیکھتے تھے کہ ہر گوشۂ بِساط
دامانِ باغبان و کفِ گُل فروش ہے

لُطفِ خِرامِ ساقی و ذَوقِ صدائے چنگ
یہ جنّتِ نگاہ وہ فردوسِ گوش ہے

یا صبح دَم جو دیکھیے آ کر تو بزم میں
نے وہ سُرُور و سوز نہ جوش و خروش ہے

داغِ فراقِ صحبتِ شب کی جلی ہُوئی
اِک شمع رہ گئی ہے سو وہ بھی خموش ہے

آتے ہیں غیب سے یہ مضامیں خیال میں
غالبؔ صریرِ خامہ نوائے سُروش ہے

171

آ کہ مِری جان کو قرار نہیں ہے
طاقتِ بیدادِ اِنتظار نہیں ہے

دیتے ہیں جنّت حیاتِ دہر کے بدلے
نشّہ بہ اندازۂ خمار نہیں ہے

گریہ نکالے ہے تیری بزم سے مجھ کو
ہائے کہ رونے پہ اِختیار نہیں ہے

ہم سے عبث ہے گمانِ رنجشِ خاطر
خاک میں عشّاق کی غُبار نہیں ہے

دِل سے اُٹھا لُطفِ جلوہ ہائے معانی
غیرِ گُل آئینۂ بہار نہیں ہے

قتل کا میرے کیا ہے عہد تو بارے
وائے اگر عہد اُستوار نہیں ہے

تو نے قسم مے کشی کی کھائی ہے غالبؔ
تیری قسم کا کچھ اِعتبار نہیں ہے

172

ہجومِ غم سے یاں تک سر نگونی مجھ کو حاصل ہے
کہ تارِ دامن و تارِ نظر میں فرق مشکل ہے

رفوئے زخم سے مطلب ہے لذّت زخمِ سوزن کی
سمجھیو مت کہ پاسِ درد سے دِیوانہ غافل ہے

وہ گُل جس گلستاں میں جلوہ فرمائی کرے غالبؔ
چٹکنا غنچۂ گُل کا صدائے خندۂ دِل ہے

173

پا بہ دامن ہو رہا ہُوں بسکہ میں صحرا نورد
خارِ پا ہیں جوہرِ آئینۂ زانو مجھے

دیکھنا حالت مِرے دِل کی ہم آغوشی کے وقت
ہے نگاہِ آشنا تیرا سرِ ہر مُو مجھے

ہُوں سراپا سازِ آہنگِ شکایت کچھ نہ پوچھ
ہے یہی بہتر کہ لوگوں میں نہ چھیڑے تو مجھے

174

جس بزم میں تو ناز سے گفتار میں آوے
جاں کالبدِ صورتِ دِیوار میں آوے

سائے کی طرح ساتھ پھریں سرو وصنوبر
تو اِس قدِ دِل کش سے جو گلزار میں آوے

تب نازِ گراں مایگیٔ اشک بجا ہے
جب لختِ جگر دیدۂ خوں بار میں آوے

دے مجھ کو شکایت کی اجازت کہ ستمگر
کچھ تجھ کو مزہ بھی مِرے آزار میں آوے

اس چشمِ فسوں گر کا اگر پائے اشارہ
طُوطی کی طرح آئنہ گفتار میں آوے

کانٹوں کی زَباں سُوکھ گئی پیاس سے یارَب
اِک آبلہ پا وادیٔ پُرخار میں آوے

مَرجاؤں نہ کیوں رشک سے جب وہ تنِ نازک
آغوشِ خمِ حلقۂ زُنّار میں آوے

غارت گرِ ناموس نہ ہو گر ہَوسِ زر
کیوں شاہدِ گُل باغ سے بازار میں آوے

تب چاکِ گریباں کا مزہ ہے دِلِ نالاں
جب اِک نفس اُلجھا ہُوا ہر تار میں آوے

آتش کدہ ہے سینہ مِرا رازِ نہاں سے
اے وائے، اگر معرضِ اِظہار میں آوے

گنجینۂ معنی کا طلسم اُس کو سمجھیے
جو لفظ کہ غالبؔ مِرے اشعار میں آوے

175

حُسنِ مہ گرچہ بہ ہنگامِ کمال اچھا ہے
اُس سے میرا مہِ خورشید جمال اچھا ہے

بوسہ دیتے نہیں اور دِل پہ ہے ہر لحظہ نگاہ
جی میں کہتے ہیں کہ مُفت آئے تو مال اچھا ہے

اور بازار سے لے آئے اگر ٹوٹ گیا
ساغرِ جم سے مِرا جامِ سفال اچھا ہے

بے طلب دیں تو مزہ اُس میں سِوا ملتا ہے
وہ گدا جس کو نہ ہو خوئے سوال اچھا ہے

اُن کے دیکھے سے جو آ جاتی ہے منہ پر رونق
وہ سمجھتے ہیں کہ بیمار کا حال اچھا ہے

دیکھیے پاتے ہیں عشّاق بتوں سے کیا فیض
اِک برہمن نے کہا ہے کہ یہ سال اچھا ہے

ہم سخن تیشے نے فرہاد کو شیریں سے کیا
جس طرح کا کہ کسی میں ہو کمال اچھا ہے

قطرہ دریا میں جو مل جائے تو دریا ہو جائے
کام اچھا ہے وہ جس کا کہ مآل اچھا ہے

خضر سلطاں کو رکھے خالقِ اکبر سرسبز
شاہ کے باغ میں یہ تازہ نہال اچھا ہے

ہم کو معلوم ہے جنّت کی حقیقت لیکن
دِل کے خوش رکھنے کو غالبؔ یہ خیال اچھا ہے

176

نہ ہُوئی گر مِرے مَرنے سے تسلّی، نہ سہی
اِمتحاں اور بھی باقی ہو تو یہ بھی نہ سہی

خار خارِ الَمِ حسرتِ دِیدار تو ہے
شوق گلچینِ گلستانِ تسلّی نہ سہی

مَے پرستاں خُمِ مَے منہ سے لگائے ہی بنے
ایک دِن گر نہ ہُوا بزم میں ساقی، نہ سہی

نفسِ قیس کہ ہے چشم و چراغِ صحرا
گر نہیں شمعِ سیہ خانۂ لیلیٰ، نہ سہی

ایک ہنگامے پہ موقوف ہے گھر کی رونق
نوحۂ غم ہی سہی نغمۂ شادی، نہ سہی

نہ ستائش کی تمنّا نہ صلے کی پروا
گر نہیں ہیں مرے اشعار میں معنی نہ سہی

عشرتِ صحبتِ خوباں ہی غنیمت سمجھو
نہ ہوئی غالبؔ اگر عمرِ طبیعی، نہ سہی

177

عجب نشاط سے جلّاد کے چلے ہیں ہم آگے
کہ اپنے سائے سے، سر پانو سے ہے دو قدم آگے

قضا نے تھا مجھے چاہا خرابِ بادۂ اُلفت
فقط خراب لکھا، بس نہ چل سکا قلم آگے

غمِ زمانہ نے جھاڑی نشاطِ عشق کی مستی
وگرنہ ہم بھی اُٹھاتے تھے لذّتِ الَم آگے

خُدا کے واسطے داد اِس جنونِ شوق کی دینا
کہ اُس کے دَر پہ پہنچتے ہیں نامہ بر سے ہم آگے

یہ عمر بھر جو پریشانیاں اُٹھائی ہیں ہم نے
تمہارے آئیو اے طُرّہ ہائے خم بہ خم آگے

دِل و جگر میں پر افشاں جو ایک موجۂ خوں ہے
ہم اپنے زَعم میں سمجھے ہُوئے تھے اِس کو دم آگے

قسم جنازے پہ آنے کی میرے کھاتے ہیں غالبؔ
ہمیشہ کھاتے تھے جو میری جان کی قسم آگے

178

شکوے کے نام سے بے مِہر خفا ہوتا ہے
یہ بھی مت کہہ کہ جو کہیے تو گلا ہوتا ہے

پُر ہوں میں شکوے سے یوں، راگ سے جیسے باجا
اِک ذرا چھیڑیے، پھر دیکھیے کیا ہوتا ہے

گو سمجھتا نہیں پر حُسنِ تلافی دیکھو
شکوۂ جور سے سرگرمِ جفا ہوتا ہے

عشق کی راہ میں ہے چرخِ مکُوکب کی وہ چال
سست رَو جیسے کوئی آبلہ پا ہوتا ہے

کیوں نہ ٹھہریں ہدفِ ناوکِ بیداد، کہ ہم
آپ اُٹھا لاتے ہیں گر تیر خطا ہوتا ہے

خوب تھا پہلے سے ہوتے جو ہم اپنے بد خواہ
کہ بھلا چاہتے ہیں اور بُرا ہوتا ہے

نالہ جاتا تھا پَرے عرش سے میرا، اور اب
لب تک آتا ہے جو ایسا ہی رَسا ہوتا ہے

خامہ میرا کہ وہ ہے باربُدِ بزمِ سخن
شاہ کی مدح میں یوں نغمہ سَرا ہوتا ہے

اے شہنشاہِ کواکب سِپہ و مہر عَلم
تیرے اکرام کا حق کس سے ادا ہوتا ہے

سات اقلیم کا حاصل جو فراہم کیجیے
تو وہ لشکر کا ترے نعل بہا ہوتا ہے

ہر مہینے میں جو یہ بدر سے ہوتا ہے ہلال
آستاں پر ترے مہ ناصیہ سا ہوتا ہے

میں جو گستاخ ہُوں آئینِ غزل خوانی میں
یہ بھی تیرا ہی کرم ذَوق فزا ہوتا ہے

رکھیو غالبؔ مجھے اس تلخ نوائی میں معاف
آج کچھ درد مرے دِل میں سوا ہوتا ہے

179

ہر ایک بات پہ کہتے ہو تم کہ تو کیا ہے
تمہیں کہو کہ یہ اندازِ گفتگو کیا ہے

نہ شعلے میں یہ کرشمہ نہ برق میں یہ ادا
کوئی بتاؤ کہ وہ شوخِ تُند خو کیا ہے

یہ رشک ہے کہ وہ ہوتا ہے ہم سخن تم سے
وگرنہ خوفِ بد آموزیِ عدُو کیا ہے

چِپک رہا ہے بدن پر لہو سے پیراہن
ہمارے جیب کو اب حاجتِ رَفو کیا ہے

جلا ہے جسم جہاں، دِل بھی جل گیا ہوگا
کُریدتے ہو جو اب راکھ جستجو کیا ہے

رگوں میں دوڑتے پھرنے کے ہم نہیں قائل
جب آنکھ سے ہی نہ ٹپکا تو پھر لہو کیا ہے

وہ چیز جس کے لیے ہم کو ہو بہشت عزیز
سوائے بادۂ گلفامِ مشکبُو کیا ہے

پیوں شراب اگر خُم بھی دیکھ لوں دو چار
یہ شیشہ و قَدح و کوزہ و سَبُو کیا ہے

رہی نہ طاقتِ گفتار اور اگر ہو بھی
تو کس اُمید پہ کہیے کہ آرزُو کیا ہے

ہُوا ہے شہ کا مُصاحب پھرے ہے اِتراتا
وگرنہ شہر میں غالبؔ کی آبرو کیا ہے

180

میں اُنہیں چھیڑوں اور کچھ نہ کہیں
چل نکلتے جو مے پیے ہوتے

قہر ہو یا بلا ہو، جو کچھ ہو
کاش کے تم مِرے لیے ہوتے

میری قسمت میں غم گر اِتنا تھا
دِل بھی یارَب کئی دیے ہوتے

آ ہی جاتا وہ راہ پر غالبؔ
کوئی دِن اور بھی جیے ہوتے

181

غیر لیں محفل میں بوسے جام کے
ہم رہیں یوں تشنہ لب پیغام کے

خستگی کا تم سے کیا شکوہ کہ یہ
ہتھکنڈے ہیں چرخِ نیلی فام کے

خط لکھیں گے گرچہ مطلب کچھ نہ ہو
ہم تو عاشق ہیں تمہارے نام کے

رات پی زمزم پہ مے اور صُبحدم
دھوئے دھبّے جامۂ احرام کے

دِل کو آنکھوں نے پھنسایا کیا مگر
یہ بھی حلقے ہیں تمہارے دام کے

شاہ کے ہے غُسلِ صحت کی خبر
دیکھیے کب دِن پھریں حمام کے

عشق نے غالبؔ نکما کر دیا
ورنہ ہم بھی آدمی تھے کام کے

182

پھر اِس انداز سے بہار آئی
کہ ہوئے مِہر و مہ تماشائی

دیکھو اے ساکنانِ خطّۂ خاک
اِس کو کہتے ہیں عالَم آرائی

کہ زمیں ہوگئی ہے سر تا سر
رُوکشِ سطحِ چرخِ مینائی

سبزے کو جب کہیں جگہ نہ ملی
بن گیا روئے آب پر کائی

سبزہ و گُل کے دیکھنے کے لیے
چشمِ نرگس کو دی ہے بینائی

ہے ہَوا میں شراب کی تاثیر
بادہ نوشی ہے باد پیمائی

کیوں نہ دُنیا کو ہو خوشی غالبؔ
شاہِ دِیندار نے شفا پائی

183

تغافُل دوست ہُوں، میرا دِماغِ عجز عالی ہے
اگر پہلو تہی کیجیے تو جا میری بھی خالی ہے

رہا آباد عالَم اہلِ ہمت کے نہ ہونے سے
بھرے ہیں جس قدر جام و سَبو میخانہ خالی ہے

184

کب وہ سُنتا ہے کہانی میری
اور پھر وہ بھی زبانی میری

خلشِ غمزۂ خونریز نہ پوچھ
دیکھ خوننابہ فِشانی میری

کیا بیاں کر کے مراروئیں گے یار
مگر آشفتہ بیانی میری

ہُوں زِ خود رفتۂ بیدائے خیال
بھول جانا ہے نشانی میری

مُتَقابل ہے مُقابل میرا
رُک گیا دیکھ روانی میری

قدرِ سنگِ سرِ رہ رکھتا ہُوں
سخت ارزاں ہے گِرانی میری

گرد بادِ رہَ بیتابی ہُوں
صَرصَرِ شوق ہے بانی میری

دہَن اُس کا جو نہ معلوم ہُوا
کھل گئی ہیچ مدانی میری

کر دیا ضُعف نے عاجز غالبؔ
ننگِ پیری ہے جوانی میری

185

نقشِ نازِ بُتِ طنّاز بہ آغوشِ رقیب
پائے طاؤس پئے خامۂ مانی مانگے

تو وہ بدخو کہ تحیّر کو تماشا جانے
غم وہ افسانہ کہ آشفتہ بیانی مانگے

وہ تبِ عشق تمنّا ہے کہ پھر صورتِ شمع
شعلہ تا نبضِ جگر ریشہ دَوانی مانگے

گر ملے حضرتِ بیدل کا خطِ لوحِ مزار
اسدؔ آئینۂ پردازِ معانی مانگے [1]

---

[1] یہ شعر دیوانِ غالب میں شائع نہیں ہوا۔

186

گلشن کو تری صحبت از بسکہ خوش آئی ہے
ہر غنچے کا گُل ہونا آغوش کُشائی ہے

واں کُنگُرِ اِستغنا ہردَم ہے بلندی پر
یاں نالے کو اور اُلٹا دعوائے رَسائی ہے

از بسکہ سکھاتا ہے غم ضبط کے اندازے
جو داغ نظر آیا اِک چشم نمائی ہے

187

جس زخم کی ہو سکتی ہو تدبیر رَفو کی
لکھ دیجیو یا رَب اُسے قسمت میں عدو کی

اچھا ہے سَر انگشتِ حنائی کا تصوّر
دِل میں نظر آتی تو ہے اِک بوند لہو کی

کیوں ڈرتے ہو عشّاق کی بے حوصلگی سے
یاں تو کوئی سُنتا نہیں فریاد کِسُو کی

دَشنے نے کبھی منہ نہ لگایا ہو جگر کو
خنجر نے کبھی بات نہ پوچھی ہو گلُو کی

صد حَیف وہ نا کام کہ اِک عمر سے غالبؔ
حسرت میں رہے ایک بُتِ عَربدہ جُو کی

188

سیماب پُشت گرمیٔ آئینہ دے ہے ہم
حیراں کیے ہُوئے ہیں دِلِ بے قرار کے

آغوشِ گُل کُشُودہ برائے وَداع ہے
اے عندلیب چل، کہ چلے دِن بہار کے

189

ہے وَصل ہجر عالمِ تمکین و ضبط میں
معشوقِ شوخ و عاشقِ دِیوانہ چاہیے

اُس لب سے مل ہی جائے گا بوسہ کبھی تو، ہاں
شوقِ فضول و جرأتِ رندانہ چاہیے

190

چاہیے اچھوں کو جتنا چاہیے
یہ اگر چاہیں تو پھر کیا چاہیے

صحبتِ رنداں سے واجب ہے حذر
جائے مَے اپنے کو کھینچا چاہیے

چاہنے کو تیرے کیا سمجھا تھا دِل
بارے اب اِس سے بھی سمجھا چاہیے

چاک مت کر جیب بے ایّامِ گُل
کچھ اُدھر کا بھی اِشارا چاہیے

دوستی کا پردہ ہے بیگانگی
منہ چھپانا ہم سے چھوڑا چاہیے

دُشمنی نے میری کھویا غیر کو
کس قدر دشمن ہے دیکھا چاہیے

اپنی رُسوائی میں کیا چلتی ہے سعی
یار ہی ہنگامہ آرا چاہیے

منحصر مرنے پہ ہو جس کی اُمید
نا اُمیدی اُس کی دیکھا چاہیے

غافل، اِن مہ طلعتوں کے واسطے
چاہنے والا بھی اچھا چاہیے

چاہتے ہیں خوبرُویوں کو اسدؔ
آپ کی صورت تو دیکھا چاہیے

191

ہر قدم دُوریٔ منزل ہے نمایاں مجھ سے
میری رفتار سے، بھاگے ہے بیاباں مجھ سے

درسِ عنوانِ تماشا بہ تغافل خوشتر
ہے نگہ رشتۂ شیرازۂ مِژگاں مجھ سے

وحشتِ آتشِ دِل سے شبِ تنہائی میں
صورتِ دُود رہا سایہ گریزاں مجھ سے

غمِ عُشّاق نہ ہو سادگی آموزِ بُتاں
کس قدر خانۂ آئینہ ہے ویراں مجھ سے

اثرِ آبلہ سے جادۂ صحرائے جنوں
صورتِ رشتۂ گوہر ہے چراغاں مجھ سے

بے خودی بسترِ تمہیدِ فراغت ہُو جو
پُر ہے سائے کی طرح میرا شبستاں مجھ سے

شوقِ دِیدار میں گر تو مجھے گردن مارے
ہو نگہ مثلِ گُلِ شمع پریشاں مجھ سے

بیکسی ہائے شبِ ہجر کی وحشت، ہے ہے
سایہ خورشیدِ قیامت میں ہے پنہاں مجھ سے

گردشِ ساغرِ صد جلوۂ رنگیں تجھ سے
آئنہ داریٔ یک دِیدۂ حیراں مجھ سے

نگہ گرم سے اِک آگ ٹپکتی ہے اسدؔ
ہے چراغاں خس و خاشاکِ گلستاں مجھ سے

192

نکتہ چیں ہے، غمِ دِل اُس کو سُنائے نہ بنے
کیا بنے بات، جہاں بات بنائے نہ بنے

میں بُلاتا تو ہُوں اُس کو مگر اے جذبۂ دِل
اُس پہ بن جائے کچھ ایسی کہ بن آئے نہ بنے

کھیل سمجھا ہے، کہیں چھوڑ نہ دے بھول نہ جائے
کاش یوں بھی ہو کہ بِن میرے سَتائے نہ بنے

غیر پھرتا ہے لیے یوں ترے خط کو کہ اگر
کوئی پوچھے کہ یہ کیا ہے تو چھپائے نہ بنے

اِس نزاکت کا بُرا ہو، وہ بھلے ہیں تو کیا
ہاتھ آویں تو اُنہیں ہاتھ لگائے نہ بنے

کہہ سکے کون کہ یہ جلوہ گری کس کی ہے؟
پردہ چھوڑا ہے وہ اُس نے کہ اُٹھائے نہ بنے

موت کی راہ نہ دیکھوں؟ کہ بن آئے نہ رہے
تم کو چاہوں؟ کہ نہ آؤ تو بُلائے نہ بنے

بوجھ وہ سر سے گرا ہے کہ اُٹھائے نہ اُٹھے
کام وہ آن پڑا ہے کہ بنائے نہ بنے

عشق پر زور نہیں، ہے یہ وہ آتش غالبؔ
کہ لگائے نہ لگے اور بجھائے نہ بنے

193

چاک کی خواہش اگر وحشت بہ عریانی کرے
صبح کے مانند زخمِ دِل گریبانی کرے

جلوے کا تیرے وہ عالم ہے کہ گر کیجیے خیال
دیدۂ دِل کو زیارت گاہِ حیرانی کرے

ہے شکستن سے بھی دِل نومید، یارب کب تلک
آبگینہ کوہ پر عرضِ گرانجانی کرے

میکدہ گر چشمِ مستِ ناز سے پاوے شکست
مُوئے شیشہ دیدۂ ساغر کی مِژگانی کرے

خطِّ عارض سے لکھا ہے زُلف کو اُلفت نے عہد
یک قلم منظور ہے جو کچھ پریشانی کرے

194

وہ آ کے خواب میں تسکینِ اضطراب تو دے
وَلے مجھے تپشِ دِل مجالِ خواب تو دے

کرے ہے قتل، لگاوٹ میں تیرا رو دینا
تری طرح کوئی تیغِ نگہ کو آب تو دے

دِکھا کے جُنبشِ لب ہی تمام کر ہم کو
نہ دے جو بوسہ تو منہ سے کہیں جواب تو دے

پلا دے اوک سے ساقی جو ہم سے نفرت ہے
پیالہ گر نہیں دیتا نہ دے شراب تو دے

اسدؔ خوشی سے مِرے ہاتھ پانو پھول گئے
کہا جو اُس نے ذرا میرے پانو داب تو دے

195

تپش سے میری وقفِ کشمکش ہر تارِ بستر ہے
مرا سر رنجِ بالیں ہے مرا تن بارِ بستر ہے

سرشکِ سر بہ صحرا دادہ، نور العینِ دامن ہے
دلِ بے دست و پا اُفتادہ برخوردارِ بستر ہے

خوشا اقبالِ رنجوری، عیادت کو تم آئے ہو
فروغِ شمعِ بالیں طالعِ بیدارِ بستر ہے

بہ طُوفاں گاہِ جوشِ اضطرابِ شامِ تنہائی
شعاعِ آفتابِ صبحِ محشر تارِ بستر ہے

ابھی آتی ہے بو بالش سے اُس کی زُلفِ مشکیں کی
ہماری دِید کو خوابِ زُلیخا عارِ بستر ہے

کہوں کیا دِل کی کیا حالت ہے ہجرِ یار میں غالبؔ
کہ بیتابی سے ہر یک تارِ بستر خارِ بستر ہے

196

خطر ہے رشتۂ اُلفت رگِ گردن نہ ہو جاوے
غرورِ دوستی آفت ہے، تو دُشمن نہ ہو جاوے

سمجھ اس فصل میں کوتاہیِ نشو و نما غالبؔ
اگر گُل سرو کے قامت پہ پیراہن نہ ہو جاوے

197

فریاد کی کوئی لَے نہیں ہے
نالہ پابندِ نے نہیں ہے

کیوں بوتے ہیں باغبان تونبے
گر باغ گدائے مَے نہیں ہے

ہر چند ہر ایک شے میں تو ہے
پر تجھ سی کوئی شے نہیں ہے

ہاں کھائیو مت فریبِ ہستی
ہر چند کہیں کہ ہے، نہیں ہے

شادی سے گزر کہ غم نہ رہوے
اُردی جو نہ ہو تو دَے نہیں ہے

کیوں ردِّ قدح کرے ہے زاہد
مَے ہے یہ مگس کی قے نہیں ہے

ہستی ہے نہ کچھ عدم ہے غالبؔ
آخر تو کیا ہے اے نہیں ہے!

198

نہ پوچھ نسخۂ مرہم جراحتِ دِل کا
کہ اُس میں ریزۂ اَلماس جُزوِ اعظم ہے

بہت دنوں میں تغافُل نے تیرے پیدا کی
وہ اِک نگہ کہ بہ ظاہر نگاہ سے کم ہے

199

ہم رشک کو اپنے بھی گوارا نہیں کرتے
مَرتے ہیں ولے اُن کی تمنّا نہیں کرتے

در پردہ انہیں غیر سے ہے ربطِ نہانی
ظاہر کا یہ پردہ ہے کہ پردا نہیں کرتے

یہ باعثِ نومیدیِ اربابِ ہَوس ہے
غالبؔ کو بُرا کہتے ہو اچھا نہیں کرتے

200

کرے ہے بادہ ترے لب سے کسبِ رنگِ فروغ
خطِ پیالہ سراسر نگاہِ گُلچیں ہے

کبھی تو اِس دلِ شوریدہ کی بھی داد مِلے
کہ ایک عمر سے حسرت پرستِ بالیں ہے

بجا ہے گر نہ سُنے نالہ ہائے بلبلِ زار
کہ گوشِ گُل نمِ شبنم سے پنبہ آگیں ہے

اسدؔ ہے نزع میں، چل بے وفا برائے خُدا
مقامِ ترکِ حجاب و وَداعِ تمکیں ہے

201

کیوں نہ ہو چشمِ بُتاں محوِ تغافُل، کیوں نہ ہو
یعنی اِس بیمار کو نظّارے سے پرہیز ہے

مَرتے مَرتے دیکھنے کی آرزُو رہ جائے گی
وائے ناکامی کہ اُس کافر کا خنجر تیز ہے

عارضِ گُل دیکھ رُوئے یار یاد آیا اسدؔ
جوشِشِ فصلِ بہاری اشتیاق انگیز ہے

202

دِیا ہے دِل اگر اُس کو، بشر ہے، کیا کہیے
ہُوا رقیب تو ہو، نامہ بر ہے، کیا کہیے

یہ ضد کہ آج نہ آوے اور آئے بِن نہ رہے
قضا سے شکوہ ہمیں کس قدر ہے، کیا کہیے

رہے ہے یوں گہ و بے گہ کہ کوئے دوست کو اب
اگر نہ کہیے کہ دُشمن کا گھر ہے، کیا کہیے

زہے کرشمہ کہ یوں دے رکھا ہے ہم کو فریب
کہ بِن کہے بھی اُنہیں سب خبر ہے، کیا کہیے

سمجھ کے کرتے ہیں بازار میں وہ پرسشِ حال
کہ یہ کہے کہ سرِ رہگزر ہے، کیا کہیے

دیوانِ غالب

تمھیں نہیں ہے سرِ رشتۂ وفا کا خیال
ہمارے ہاتھ میں کچھ ہے، مگر ہے، کیا کہیے

انھیں سوال پہ زعمِ جنوں ہے، کیوں لڑیے؟
ہمیں جواب سے قطعِ نظر ہے، کیا کہیے!

حسد سزائے کمالِ سخن ہے، کیا کیجیے!
سِتم بہائے متاعِ ہنر ہے، کیا کہیے!

کہا ہے کس نے کہ غالبؔ بُرا نہیں لیکن
سِوائے اِس کے کہ آشفتہ سر ہے، کیا کہیے

203

دیکھ کر دَر پردہ گرمِ دامن افشانی مجھے
کر گئی وابستۂ تن میری عریانی مجھے

بن گیا تیغِ نگاہِ یار کا سنگِ فَساں
مرحبا میں! کیا مبارک ہے گِرانجانی مجھے

کیوں نہ ہو بے التفاتی، اُس کی خاطر جمع ہے
جانتا ہے محوِ پُرسش ہائے پنہانی مجھے

میرے غم خانے کی قسمت جب رقم ہونے لگی
لکھ دیا منجملۂ اسبابِ ویرانی مجھے

بدگماں ہوتا ہے وہ کافر، نہ ہوتا کاش کے
اس قدر ذوقِ نوائے مُرغِ بُستانی مجھے

وائے واں بھی شورِ محشر نے نہ دَم لینے دیا
لے گیا تھا گور میں ذَوقِ تن آسانی مجھے

وعدہ آنے کا وفا کیجیے یہ کیا انداز ہے
تم نے کیوں سونپی ہے میرے گھر کی دربانی مجھے

ہاں نشاطِ آمدِ فصلِ بہاری، واہ واہ
پھر ہُوا ہے تازہ سَودائے غزل خوانی مجھے

دی مِرے بھائی کو حق نے از سرِنو زندگی
میرزا یوسف ہے غالبؔ یوسفِ ثانی مجھے

204

یاد ہے شادی میں بھی ہنگامۂ یارَب! مجھے
سبحۂ زاہد ہُوا ہے خندہ زیرِ لب مجھے

ہے کُشادِ خاطرِ وابستہ در رَہنِ سخن
تھا طلسمِ قفلِ ابجد، خانۂ مکتب مجھے

یارَب اس آشفتگی کی داد کس سے چاہیے
رشک آسائش پہ ہے زندانیوں کی اب مجھے

طبع ہے مشتاقِ لذّت ہائے حسرت کیا کروں
آرزو سے ہے شکستِ آرزُو مطلب مجھے

دِل لگا کر آپ بھی غالبؔ مجھی سے ہو گئے؟
عشق سے آتے تھے مانع میرزا صاحب مجھے!

205

حضورِ شاہ میں اہلِ سخن کی آزمائش ہے
چمن میں خوشنوایانِ چمن کی آزمائش ہے

قد و گیسو میں قیس و کوہکن کی آزمائش ہے
جہاں ہم ہیں وہاں دار و رَسن کی آزمائش ہے

کریں گے کوہکن کے حوصلے کا امتحاں آخر
ہنوز اُس خستہ کے نیروئے تن کی آزمائش ہے

نسیمِ مصر کو کیا پیرِ کنعاں کی ہَوا خواہی
اُسے یوسف کی بوئے پیرہن کی آزمائش ہے

وہ آیا بزم میں دیکھو، نہ کہیو پھر کہ غافل تھے
شکیب و صبر اہلِ انجمن کی آزمائش ہے

رہے دِل ہی میں تیر اچھا، جگر کے پار ہو بہتر
غرض شستِ بُتِ ناوَک فگن کی آزمائش ہے

نہیں کچھ سُبحہ و زُنّار کے پھندے میں گیرائی
وفاداری میں شیخ و برہمن کی آزمائش ہے

پڑا رہ اَے دِلِ وابستہ، بیتابی سے کیا حاصل
مگر پھر تابِ زُلفِ پُرشکن کی آزمائش ہے

رگ وپَے میں جب اُترے زہرِ غم تب دیکھیے کیا ہو
ابھی تو تلخیٔ کام و دَہَن کی آزمائش ہے

وہ آویں گے مِرے گھر؟ وعدہ کیسا، دیکھنا غالبؔ
نئے فتنوں میں اب چرخِ کُہَن کی آزمائش ہے

206

کبھی نیکی بھی اُس کے جی میں گر آ جائے ہے مجھ سے
جفائیں کر کے اپنی یاد شرما جائے ہے مجھ سے

خُدا یا جذبۂ دِل کی مگر تاثیر اُلٹی ہے
کہ جتنا کھینچتا ہُوں اور کھنچتا جائے ہے مجھ سے

وہ بدخو اور میری داستانِ شوق طولانی
عبارت مختصر قاصد بھی گھبرا جائے ہے مجھ سے

اُدھر وہ بدگمانی ہے اِدھر یہ ناتوانی ہے
نہ پوچھا جائے ہے اُس سے، نہ بولا جائے ہے مجھ سے

سنبھلنے دے مجھے اَے نااُمیدی، کیا قیامت ہے
کہ دامانِ خیالِ یار چھوٹا جائے ہے مجھ سے

تکلُّف برطرف، نظّارگی میں بھی سہی لیکن
وہ دیکھا جائے، کب یہ ظلم دیکھا جائے ہے مجھ سے

ہوئے ہیں پانو ہی پہلے نبردِ عشق میں زخمی
نہ بھاگا جائے ہے مجھ سے، نہ ٹھہرا جائے ہے مجھ سے

قیامت ہے کہ ہووے مُدّعی کا ہم سفر غالبؔ
وہ کافر جو خُدا کو بھی نہ سونپا جائے ہے مجھ سے

207

زبسکہ مشقِ تماشا جنوں علامت ہے
کشاد و بستِ مِژہ سیلیٔ ندامت ہے

نہ جانوں کیونکہ مِٹے داغِ طعنِ بدعہدی
تجھے کہ آئنہ بھی ورطۂ ملامت ہے

بہ پیچ و تابِ ہوس سلکِ عافیت مت توڑ
نگاہِ عجز سرِ رشتۂ سلامت ہے

وفا مُقابل و دعوائے عشق بے بنیاد
جُنونِ ساختہ و فصلِ گُل قیامت ہے

208

لاغر اِتنا ہُوں کہ گر تو بزم میں جا دے مجھے
میرا ذمّہ دیکھ کر گر کوئی بتلا دے مجھے

کیا تعجب ہے جو اُس کو دیکھ کر آ جائے رحم
واں تلک کوئی کسی حیلے سے پہنچا دے مجھے

منہ نہ دِکھلاوے نہ دکھلا، پر بہ اندازِ عتاب
کھول کر پردہ ذرا آنکھیں ہی دکھلا دے مجھے

یاں تلک میری گرفتاری سے وہ خوش ہے کہ میں
زُلف گر بن جاؤں تو شانے میں اُلجھا دے مجھے

209

بازیچۂ اَطفال ہے دُنیا مِرے آگے
ہوتا ہے شب و روز تماشا مِرے آگے

اِک کھیل ہے اورنگِ سلیماں مِرے نزدیک
اِک بات ہے اعجازِ مسیحا مِرے آگے

جُز نام نہیں صورتِ عالم مجھے منظور
جُز وہم نہیں ہستیٔ اشیا مِرے آگے

ہوتا ہے نہاں گرد میں صحرا مِرے ہوتے
گھستا ہے جبیں خاک پہ دریا مِرے آگے

مت پوچھ کہ کیا حال ہے میرا ترے پیچھے
تو دیکھ کہ کیا رنگ ہے تیرا مِرے آگے

سچ کہتے ہو خود بین و خود آرا ہُوں نہ کیوں ہُوں
بیٹھا ہے بُتِ آئنہ سیما مِرے آگے

پھر دیکھیے اندازِ گُل افشانیٔ گفتار
رکھ دے کوئی پیمانۂ صہبا مِرے آگے

نفرت کا گماں گزرے ہے میں رشک سے گزرا
کیوں کر کہوں لو نام نہ اُن کا مِرے آگے

ایماں مجھے روکے ہے، جو کھینچے ہے مجھے کفر
کعبہ مِرے پیچھے ہے کلیسا مِرے آگے

عاشق ہُوں پہ معشوق فریبی ہے مِرا کام
مجنوں کو بُرا کہتی ہے لیلیٰ مِرے آگے

خوش ہوتے ہیں پر وصل میں یوں مر نہیں جاتے
آئی شبِ ہجراں کی تمنّا مِرے آگے

ہے موجزَن اِک قُلزمِ خوں کاش یہی ہو
آتا ہے ابھی دیکھیے کیا کیا مِرے آگے

گو ہاتھ کو جنبش نہیں آنکھوں میں تو دَم ہے
رہنے دو ابھی ساغر و مِینا مِرے آگے

ہم پیشہ و ہَم مشرب و ہَم راز ہے میرا
غالبؔ کو بُرا کیوں کہو، اچھا مِرے آگے

210

کہوں جو حال تو کہتے ہو مُدّعا کہیے
تمھیں کہو کہ جو تم یوں کہو تو کیا کہیے

نہ کہیو طعن سے پھر تم کہ ہم ستمگر ہیں
مجھے تو خو ہے کہ جو کچھ کہو بجا کہیے

وہ نیشتر سہی پر دِل میں جب اُتر جاوے
نگاہِ ناز کو پھر کیوں نہ آشنا کہیے

نہیں ذریعۂ راحت جراحتِ پیکاں
وہ زخمِ تیغ ہے جس کو کہ دِلکشا کہیے

جو مُدّعی بنے اُس کے نہ مُدّعی بنیے
جو ناسزا کہے اُس کو نہ ناسزا کہیے

کہیں حقیقتِ جانکاہیِ مرض لکھیے
کہیں مصیبتِ ناسازیِٔ دَوا کہیے

کبھی شکایتِ رنجِ گراں نشیں کیجیے
کبھی حکایتِ صبرِ گریز پا کہیے

رہے نہ جان تو قاتل کو خون بہا دیجے
کٹے زبان تو خنجر کو مرحبا کہیے

نہیں نگار کو اُلفت نہ ہو، نگار تو ہے
روانیٔ روش و مستیِ ادا کہیے

نہیں بہار کو فرصت، نہ ہو بہار تو ہے
طَراوتِ چمن و خوبیِ ہَوا کہیے

سفینہ جب کہ کنارے پہ آ لگا غالبؔ
خُدا سے کیا ستم و جَورِ ناخُدا کہیے

211

روئے سے اور عشق میں بیباک ہو گئے
دھوئے گئے ہم اِتنے کہ بس پاک ہو گئے

صرفِ بہائے مَے ہوئے آلاتِ مَے کشی
تھے یہ ہی دو حساب سو یوں پاک ہو گئے

رُسوائے دہر گو ہُوئے آوارگی سے تم
بارے طبیعتوں کے تو چالاک ہو گئے

کہتا ہے کون نالۂ بُلبُل کو بے اثر
پردے میں گُل کے لاکھ جگر چاک ہو گئے

پوچھے ہے کیا وجود و عدم اہلِ شوق کا
آپ اپنی آگ کے خس و خاشاک ہو گئے

کرنے گئے تھے اُس سے تغافُل کا ہم گِلہ
کی ایک ہی نگاہ کہ بس خاک ہو گئے

اِس رنگ سے اُٹھائی کل اُس نے اسدؔ کی نعش
دُشمن بھی جس کو دیکھ کے غمناک ہو گئے

212

نشّہ ہا شاداب ِرنگ و سازہا مست ِطرب
شیشۂ مے سروِ سبز جوئبارِ نغمہ ہے

ہم نشیں مت کہہ کہ برہم کر نہ بزمِ عیشِ دوست
واں تو میرے نالے کو بھی اِعتبارِ نغمہ ہے

213

عرضِ نازِ شوخیِ دَنداں برائے خندہ ہے
دعویٰ جمعیّتِ احباب جائے خندہ ہے

ہے عدم میں غنچہ محوِ عبرتِ انجامِ گُل
یک جہاں زانو تامُّل در قفائے خندہ ہے

کُلفتِ اَفسُردگی کو عیشِ بیتابی حرام
ورنہ دنداں در دِل اَفشُردن بِنائے خندہ ہے

سوزشِ باطن کے ہیں احباب مُنکر ورنہ یاں
دِل محیطِ گِریہ و لب آشنائے خندہ ہے

214

حُسنِ بے پروا خریدارِ متاعِ جلوہ ہے
آئنہ زانوئے فِکر اختراعِ جلوہ ہے

تا کُجا اَے آگہی رنگِ تماشا باختن
چشمِ وا گر دیدہ آغوشِ وداعِ جلوہ ہے

215

جب تک دہانِ زخم نہ پیدا کرے کوئی
مشکل کہ تجھ سے راہِ سخن وا کرے کوئی

عالم غُبارِ وحشتِ مجنوں ہے سربسر
کب تک خیالِ طُرّۂ لیلیٰ کرے کوئی

افسردگی نہیں طَرب انشائے اِلتفات
ہاں درد بن کے دِل میں مگر جا کرے کوئی

رونے سے اے ندیم ملامت نہ کر مجھے
آخر کبھی تو عقدۂ دِل وَا کرے کوئی

چاکِ جگر سے جب رہِ پُرسش نہ وَا ہُوئی
کیا فائدہ کہ جیب کو رُسوا کرے کوئی

لختِ جگر سے ہے رگِ ہر خار شاخِ گل
تا چند باغبانیِ صحرا کرے کوئی

ناکامیِ نگاہ ہے برقِ نظارہ سوز
تو وہ نہیں کہ تجھ کو تماشا کرے کوئی

ہر سنگ و خشت ہے صدفِ گوہرِ شکست
نقصاں نہیں جنوں سے جو سَودا کرے کوئی

سَر بر ہُوئی نہ وعدۂ صبر آزما سے عمر
فرصت کہاں کہ تیری تمنّا کرے کوئی

ہے وحشتِ طبیعتِ ایجاد یاس خیز
یہ درد وہ نہیں کہ نہ پیدا کرے کوئی

بیکاریِ جنوں کو ہے سر پیٹنے کا شغل
جب ہاتھ ٹوٹ جائیں تو پھر کیا کرے کوئی

حُسنِ فروغِ شمعِ سخن دُور ہے اسدؔ
پہلے دِلِ گداختہ پیدا کرے کوئی

216

ابنِ مریم ہُوا کرے کوئی
میرے دُکھ کی دَوا کرے کوئی

شرع و آئین پر مَدار سہی
ایسے قاتل کا کیا کرے کوئی

چال جیسے کڑی کمان کا تیر
دِل میں اَیسے کے جا کرے کوئی

بات پر واں زبان کٹتی ہے
وہ کہیں اور سُنا کرے کوئی

بک رہا ہُوں جنوں میں کیا کیا کچھ
کچھ نہ سمجھے خُدا کرے کوئی

نہ سنو گر بُرا کہے کوئی
نہ کہو گر بُرا کرے کوئی

روک لو گر غلط چلے کوئی
بخش دو گر خطا کرے کوئی

کون ہے جو نہیں ہے حاجت مند
کس کی حاجت رَوا کرے کوئی

کیا کیا خضر نے سکندر سے
اب کسے رہنما کرے کوئی

جب توقع ہی اُٹھ گئی غالبؔ
کیوں کسی کا گِلا کرے کوئی

217

بہت سہی غمِ گیتی، شراب کم کیا ہے
غلامِ ساقیٔ کوثر ہُوں مجھ کو غم کیا ہے

تمہاری طرز و روِش جانتے ہیں ہم کیا ہے
رقیب پر ہے اگر لُطف تو سِتم کیا ہے

سخن میں خامۂ غالبؔ کی آتش اَفشانی
یقیں ہے ہم کو بھی لیکن اب اُس میں دَم کیا ہے

نہ حشر و نشر کا قائل نہ کیش و ملت کا
خدا کے واسطے ایسے کی پھر قسم کیا ہے [1]

[1] یہ شعر دیوانِ غالب میں شائع نہیں ہوا۔

218

باغ پا کر خفقانی یہ ڈراتا ہے مجھے
سایۂ شاخِ گُل اَفعی نظر آتا ہے مجھے

جوہرِ تیغ بہ سرچشمۂ دیگر معلوم
ہُوں میں وہ سبزہ کہ زہر آب اُگاتا ہے مجھے

مُدّعا محوِ تماشائے شکستِ دِل ہے
آئنہ خانے میں کوئی لیے جاتا ہے مجھے

نالہ سرمایۂ یک عالَم و عالَم کفِ خاک
آسماں بیضۂ قمری نظر آتا ہے مجھے

زندگی میں تو وہ محفل سے اُٹھا دیتے تھے
دیکھوں اب مر گئے پر کون اُٹھاتا ہے مجھے

219

روندی ہُوئی ہے کوکبۂ شہریار کی
اِترائے کیوں نہ خاک سرِ رہگزار کی

جب اُس کے دیکھنے کے لیے آئیں بادشاہ
لوگوں میں کیوں نمود نہ ہو لالہ زار کی

بھوکے نہیں ہیں سیرِ گلستاں کے ہم وَلے
کیوں کر نہ کھایئے کہ ہَوا ہے بہار کی

220

ہزاروں خواہشیں ایسی کہ ہر خواہش پہ دَم نکلے
بہت نکلے مِرے ارمان لیکن پھر بھی کم نکلے

ڈرے کیوں میرا قاتل، کیا رہے گا اُس کی گردن پر
وہ خوں جو چشمِ تر سے عمر بھر یوں دَم بہ دَم نکلے؟

نکلنا خُلد سے آدم کا سُنتے آئے ہیں لیکن
بہت بے آبرو ہو کر ترے کوچے سے ہم نکلے

بھرم کھل جائے ظالم تیرے قامت کی درازی کا
اگر اس طُرّۂ پُر پیچ و خم کا پیچ و خم نکلے

مگر لکھوائے کوئی اُس کو خط تو ہم سے لکھوائے
ہُوئی صبح اور گھر سے، کان پر رکھ کر قلم، نکلے

ہوئی اِس دَور میں منسوب مجھ سے بادہ آشامی
پھر آیا وہ زمانہ جو جہاں میں جامِ جم نکلے

ہُوئی جِن سے توقع خستگی کی داد پانے کی
وہ ہم سے بھی زیادہ خستۂ تیغِ سِتم نکلے

محبت میں نہیں ہے فرق جینے اور مرنے کا
اُسی کو دیکھ کر جیتے ہیں جس کافر پہ دَم نکلے

کہاں مَیخانے کا دروازہ غالبؔ! اور کہاں واعِظ
پر اِتنا جانتے ہیں کل وہ جاتا تھا کہ ہم نکلے

221

کوہ کے ہُوں بارِ خاطر، گر صدا ہو جایئے
بے تکلّف، اَے شرارِ جستہ! کیا ہو جایئے

بیضہ آسا، ننگِ بال و پَر ہے یہ کُنجِ قفس
ازسرِنو زندگی ہو، گر رِہا ہو جایئے

222

مستی، بہ ذوقِ غفلتِ ساقی، ہلاک ہے
موجِ شراب، یک مِژۂ خوابناک ہے

جُز زخمِ تیغِ ناز، نہیں دِل میں آرزُو
جیبِ خیال بھی ترے ہاتھوں سے چاک ہے

جوشِ جنوں سے کچھ نظر آتا نہیں اسدؔ!
صحرا ہماری آنکھ میں یک مُشتِ خاک ہے

223

لبِ عیسیٰ کی جُنبش کرتی ہے گہوارہ جُنبانی
قیامت کُشتۂ لعلِ بُتاں کا خوابِ سنگیں ہے

224

آمدِ سیلابِ طُوفانِ صدائے آب ہے
نقشِ پا جو کان میں رکھتا ہے اُنگلی جادہ سے

بزمِ مَے وحشت کدہ ہے کس کی چشمِ مست کا
شیشے میں نبضِ پری پنہاں ہے موجِ بادہ سے

225

ہُوں میں بھی تماشائیٔ نیرنگِ تمنا
مطلب نہیں کچھ اس سے کہ مطلب ہی بر آوے

226

سیاہی جیسے گر جاوے دمِ تحریر کاغذ پر
مِری قسمت میں یوں تصویر ہے شب ہائے ہجراں کی

227

ہجومِ نالہ، حیرت عاجزِ عرضِ یک افغاں ہے
خموشی ریشۂ صد نیستاں سے خس بدنداں ہے

تکلُّف برطرف، ہے جانِستاں تر لُطفِ بدخویاں
نگاہِ بے حجابِ ناز تیغِ تیزِ عُریاں ہے

ہُوئی یہ کثرتِ غم سے تلَف کیفیّتِ شادی
کہ صبحِ عید مجھ کو بدتر از چاکِ گریباں ہے

دِل و دِیں نقد لا، ساقی سے گر سَودا کیا چاہے
کہ اِس بازار میں ساغر متاعِ دستگرداں ہے

غم آغوشِ بلا میں پرورش دیتا ہے عاشق کو
چراغِ روشن اپنا قُلزُمِ صَرصَر کا مَرجاں ہے

228

خموشیوں میں تماشا ادا نکلتی ہے
نگاہ دِل سے ترے سرمہ سا نکلتی ہے

فِشارِ تنگیٔ خلوت سے بنتی ہے شبنم
صبا جو غنچے کے پردے میں جا نکلتی ہے

نہ پوچھ سینۂ عاشق سے آبِ تیغِ نگاہ
کہ زخمِ رَوزنِ در سے ہَوا نکلتی ہے

229

جس جا نسیم شانہ کشِ زُلفِ یار ہے
نافہ دِماغِ آہُوئے دَشتِ تتار ہے

کس کا سُراغِ جلوہ ہے حیرت کو اے خُدا
آئینہ فرشِ شَشِ جہتِ انتظار ہے

ہے ذرّہ ذرّہ تنگئِ جا سے غُبارِ شوق
گر دام یہ ہے وُسعتِ صحرا شکار ہے

دِل مُدّعی و دِیدہ بنا مُدّعیٰ علیہ
نظّارے کا مُقدّمہ پھر رُوبکار ہے

چھڑکے ہے شبنم آئینۂ برگِ گُل پر آب
اے عندلیب وقتِ وَداعِ بہار ہے

دیوانِ غالب

پچ آ پڑی ہے وعدۂ دِلدار کی مجھے
وہ آئے یا نہ آئے پہ یاں اِنتظار ہے

بے پردہ سُوئے وادیِ مجنوں گزر نہ کر
ہر ذرّے کے نِقاب میں دِل بے قرار ہے

اے عندلیب یک کفِ خس بہرِ آشیاں
طُوفانِ آمدِ آمدِ فصلِ بہار ہے

دِل مت گنوا خبر نہ سہی، سَیر ہی سہی
اے بے دِماغ آئنہ تمثال دار ہے

غفلت کفیلِ عمر و اسدؔ ضامنِ نشاط
اے مرگِ ناگہاں تجھے کیا انتظار ہے

230

آئینہ کیوں نہ دُوں کہ تماشا کہیں جسے
ایسا کہاں سے لاؤں کہ تجھ سا کہیں جسے

حسرت نے لا رکھا تری بزمِ خیال میں
گلدستۂ نگاہ سُوَیدا کہیں جسے

پھونکا ہے کس نے گوشِ محبت میں اے خُدا
اَفسُونِ اِنتظار تمنّا کہیں جسے

سر پر ہجومِ دردِ غریبی سے ڈالیے
وہ ایک مُشتِ خاک کہ صحرا کہیں جسے

ہے چشمِ تر میں حسرتِ دیدار سے نہاں
شوقِ عناں گُسیختہ، دریا کہیں جسے

درکار ہے شگُفتن گُلہائے عیش کو
صبحِ بہار پنبۂ مِینا کہیں جسے

غالبؔ بُرا نہ مان جو واعِظ بُرا کہے
ایسا بھی کوئی ہے کہ سب اچھا کہیں جسے؟

231

شبنم بہ گُلِ لالہ نہ خالی زِ اَدا ہے
داغِ دلِ بے درد نظر گاہِ حیا ہے

دِل خوں شدۂ کشمکشِ حسرتِ دیدار
آئینہ بہ دستِ بُتِ بدمست حنا ہے

شعلے سے نہ ہوتی، ہوسِ شعلہ نے جو کی
جی کس قدر افسردگیٔ دِل پہ جَلا ہے

تمثال میں تیری ہے وہ شوخی کہ بہ صد ذوق
آئینہ بہ اندازِ گُل آغوش کُشا ہے

قمری کفِ خاکستر و بلبل قفسِ رنگ
اے نالہ نشانِ جگرِ سوختہ کیا ہے؟

خو نے تری افسردہ کیا وحشتِ دِل کو
معشوقی و بے حوصلگی طُرفہ بلا ہے

مجبوری و دعوائے گرفتاریِ اُلفت
دستِ تہِ سنگ آمدہ پیمانِ وفا ہے

معلوم ہُوا حالِ شہیدانِ گزشتہ
تیغِ ستم آئینۂ تصویر نُما ہے

اے پرتوِ خورشیدِ جہاں تاب اِدھر بھی
سائے کی طرح ہم پہ عجب وقت پڑا ہے

ناکردہ گناہوں کی بھی حسرت کی مِلے داد
یارَب اگر اِن کردہ گناہوں کی سزا ہے

بیگانگیٔ خلق سے بیدل نہ ہو غالبؔ
کوئی نہیں تیرا تو مِری جان خُدا ہے

232

منظور تھی یہ شکل تجلّی کو نور کی
قسمت کھلی ترے قد و رُخ سے ظہور کی

اک خونچکاں کفن میں کروڑوں بناؤ ہیں
پڑتی ہے آنکھ تیرے شہیدوں پہ حور کی

واعظ! نہ تم پیو نہ کسی کو پلا سکو
کیا بات ہے تمہاری شرابِ طَہُور کی

لڑتا ہے مجھ سے حشر میں قاتل کہ کیوں اُٹھا
گویا ابھی سُنی نہیں آواز صور کی

آمد بہار کی ہے جو بلبل ہے نغمہ سنج
اُڑتی سی اِک خبر ہے زَبانی طُیُور کی

گو واں نہیں، پہ واں کے نکالے ہُوئے تو ہیں
کعبے سے ان بُتوں کو بھی نسبت ہے دُور کی

کیا فرض ہے کہ سب کو مِلے ایک سا جواب
آؤ نہ ہم بھی سیر کریں کوہٗ طُور کی

گرمی سہی کلام میں لیکن نہ اِس قدر
کی جس سے بات اُس نے شکایت ضرور کی

غالبؔ گر اس سفر میں مجھے ساتھ لے چلیں
حج کا ثواب نذر کروں گا حضور کی

233

غم کھانے میں بودا دلِ ناکام بہت ہے
یہ رنج کہ کم ہے مئے گلفام بہت ہے

کہتے ہُوئے ساقی سے حیا آتی ہے ورنہ
ہے یوں کہ مجھے دُردِ تہِ جام بہت ہے

نے تیر کماں میں ہے، نہ صیّاد کمیں میں
گوشے میں قفس کے مجھے آرام بہت ہے

کیا زُہد کو مانوں کہ نہ ہو گرچہ رِیائی
پاداشِ عمل کی طمعِ خام بہت ہے

ہیں اہلِ خِرد کس روشِ خاص پہ نازاں
پابستگیٔ رسم و رہِ عام بہت ہے

زمزم ہی پہ چھوڑو، مجھے کیا طَوفِ حرم سے
آلودہ بہ مَئے جامۂ اِحرام بہت ہے

ہے قہر گر اَب بھی نہ بنے بات کہ اُن کو
اِنکار نہیں اور مجھے اِبرام بہت ہے

خوں ہو کے جگر آنکھ سے ٹپکا نہیں اِے مرگ
رہنے دے مجھے یاں، کہ ابھی کام بہت ہے

ہوگا کوئی ایسا بھی کہ غالبؔ کو نہ جانے؟
شاعر تو وہ اچھا ہے پہ بدنام بہت ہے

234

مُدّت ہُوئی ہے یار کو مہماں کیے ہُوئے
جوشِ قدح سے بزم چراغاں کیے ہُوئے

کرتا ہُوں جمع پھر جگرِ لخت لخت کو
عرصہ ہُوا ہے دعوتِ مژگاں کیے ہُوئے

پھر وضعِ احتیاط سے رُکنے لگا ہے دَم
برسوں ہوئے ہیں چاکِ گریباں کیے ہُوئے

پھر گرمِ نالہ ہائے شرر بار ہے نَفَس
مُدّت ہُوئی ہے سیرِ چراغاں کیے ہُوئے

پھر پرسشِ جراحتِ دِل کو چلا ہے عشق
سامانِ صد ہزار نمکداں کیے ہُوئے

پھر بھر رہا ہُوں خامۂ مژگاں بہ خونِ دِل
سازِ چمن طرازیٔ داماں کیے ہُوئے

با ہمدگر ہوئے ہیں دِل و دِیدہ پھر رقیب
نظارہ و خیال کا ساماں کیے ہُوئے

دِل پھر طَوافِ کُوئے مَلامت کو جائے ہے
پندار کا صنم کدہ وِیراں کیے ہُوئے

پھر شوق کر رہا ہے خریدار کی طلب
عرضِ مَتاعِ عقل و دِل و جاں کیے ہُوئے

دوڑے ہے پھر ہر ایک گُل و لالہ پر خیال
صد گلستاں نگاہ کا ساماں کیے ہُوئے

پھر چاہتا ہُوں نامۂ دِلدار کھولنا
جان نذرِ دِلفریبیٔ عنواں کیے ہُوئے

مانگے ہے پھر کسی کو لبِ بام پر ہَوس
زُلفِ سیاہ رُخ پہ پریشاں کیے ہُوئے

چاہے ہے پھر کسی کو مُقابل میں آرزُو
سُرمے سے تیز دشنۂ مِژگاں کیے ہُوئے

اِک نوبہارِ ناز کو تاکے ہے پھر نگاہ
چہرہ فُروغِ مَے سے گلستاں کیے ہُوئے

پھر جی میں ہے کہ در پہ کسی کے پڑے رہیں
سر زیر بارِ منّتِ درباں کیے ہُوئے

جی ڈھونڈتا ہے پھر وہی فُرصت، کہ رات دِن
بیٹھے رہیں تصوّرِ جاناں کیے ہُوئے

غالبؔ ہمیں نہ چھیڑ، کہ پھر جوشِ اشک سے
بیٹھے ہیں ہم تہیّۂ طُوفاں کیے ہوئے

235

نویدِ امن ہے بیدادِ دوست جاں کے لیے
رہی نہ طرزِ ستم کوئی آسماں کے لیے

بَلا سے گر مژۂ یار تشنۂ خوں ہے
رکھوں کچھ اپنی بھی مژگانِ خوں فشاں کے لیے

وہ زندہ ہم ہیں کہ ہیں روشناسِ خلق اے خضر
نہ تم کہ چور بنے عمرِ جاوداں کے لیے

رہا بَلا میں بھی میں مُبتلائے آفتِ رشک
بَلائے جاں ہے ادا تیری اِک جہاں کے لیے

فلک نہ دُور رکھ اُس سے مجھے، کہ میں ہی نہیں
درازدستئ قاتل کے اِمتحاں کے لیے

مثال یہ مِری کوشش کی ہے کہ مُرغِ اسیر
کرے قفس میں فراہم خَس آشیاں کے لیے

گدا سمجھ کے وہ چُپ تھا مِری جو شامت آئے
اُٹھا اور اُٹھ کے قدم میں نے پاسباں کے لیے

بہ قدرِ شوق نہیں ظرفِ تنگنائے غزل
کچھ اور چاہیے وُسعت مِرے بیاں کے لیے

دِیا ہے خلق کو بھی، تا اُسے نظر نہ لگے
بنا ہے عیش تجمل حُسین خاں کے لیے

زَباں پہ بارِ خُدایا یہ کس کا نام آیا
کہ میرے نُطق نے بوسے مِری زباں کے لیے

نصیرِ دولت و دِیں اور مُعینِ ملّت و مُلک
بنا ہے چرخِ بریں جس کے آستاں کے لیے

زمانہ عہد میں اُس کے ہے محوِ آرائش
بنیں گے اور ستارے اب آسماں کے لیے

وَرَق تمام ہُوا اور مَدح باقی ہے
سَفینہ چاہیے اِس بحرِ بے کراں کے لیے

ادائے خاص سے غالبؔ ہُوا ہے نکتہ سرا
صلائے عام ہے یارانِ نکتہ داں کے لیے

XXX

ہوں گرمیِ نشاطِ تصوّر سے نغمہ سنج
میں عندلیب گلشن ناآفریدہ ہوں

اسدؔ اُٹھنا قیامت قامتوں کا وقتِ آرائش
لباسِ نظم میں بالیدین مضمونِ عالی ہے

طرزِ بیدل میں ریختہ کہنا
اسدؔ اللہ خاں قیامت ہے

XXX یہ تمام اشعار ان غزلوں میں سے ہیں جو دیوانِ غالب میں شائع نہیں ہوئیں۔